O CAMINHO DA BRUXA

Elevando suas habilidades mágicas ao próximo nível

O CAMINHO DA BRUXA

Elevando suas habilidades
mágicas ao próximo nível

THORN
MOONEY

O CAMINHO DA BRUXA
Traduzido de: *The Witch's Path: Advancing Your Craft at Every Level*

Tradução: Renan Papale
Revisão: Luciana Papale
Diagramação: Décio Lopes
Ilustração da capa: Caroline Palumbo Cobra

DADOS INTERNACIONAIS DE CATALOGAÇÃO NA PUBLICAÇÃO (CIP)
Angélica Ilacqua CRB-8/7057

Mooney, Thorn

O Caminho da Bruxa: elevando suas habilidades mágicas ao próximo nível / Thorn Mooney; Tradução de Renan Papale. São Paulo: Editora Nova Senda, 2022. 1ª edição. 256 páginas.

ISBN 978-65-87720-15-9
Título original: *The witch's path: advancing your path at every level*

1. Wicca 2. Bruxaria 3. Magia I. Título

?????? CDD ????

Índices para catálogo sistemático:
1. Magia e feitiçaria ?????

EDITORA NOVA SENDA
Rua Jaboticabal, 698 – Vila Bertioga – São Paulo/SP
CEP 03188-001 | Tel. 11 2609-5787
contato@novasenda.com.br | www.novasenda.com.br

Para Corvus

Conteúdo

Agradecimentos

DIZEM QUE ESCREVER O SEGUNDO LIVRO, ao que parece, pode ser muito mais difícil do que escrever o primeiro. O livro *Traditional Wicca: A Seeker's Guide* veio a mim com relativa tranquilidade e meio que ganhou vida já totalmente formado. Este livro, no entanto, teve que ser retirado em pedaços, virado, reescrito, jogado fora e então reunido em algo que servisse a um grupo muito maior de buscadores e praticantes. Eu o escrevi quando estava em um platô, lidando com um esgotamento e frustrações. Bom para gerar insights – não tão bom para uma escrita firme e consistente. Mas havia muitas pessoas para me ajudar ao longo do caminho.

Deixo meus agradecimentos para Corvus, pelos telefonemas e cafés e pelas músicas mais profundas do Soul Asylum. Leitor, se você vir Corvus on-line ou em um festival, compartilhe suas fotos de gatos e diga que ela é uma ótima pessoa. Nada disso aconteceria sem ela.

Para Matt, porque, como aquele policial caubói charmoso do filme Da Magia à Sedução, eu tinha a certeza de que você não existia. Estou tão emocionada.

Para Jason Mankey, por me encorajar a escrever livros e ser sempre um ouvido amigo. Para Ari Mankey, por misturar os melhores coquetéis, planejar nossas aventuras e ser o tipo de Alta Sacerdotisa que todos esperamos ser.Para Kelden, por ser meu companheiro de escrita e por me deixar desabafar enquanto estava presa neste livro.

Vamos voltar para a escola e parar com toda essa bobagem de autor. Para Christopher Penczak e a todos os meus mentores e amigos do Templo da Bruxaria, especialmente Julia, Tessa, Deryn, Abigail e Tina Marie. Sou muito grata por ter todos vocês na minha vida!

Para Kithic, por ser fonte de grandes ideias e verdadeira camaradagem. Tenho a certeza de que vocês são o grupo de Bruxas, Pagãos e Magos mais inteligentes da internet. Estou tão feliz por ter encontrado vocês. Um grande abraço para Rhi, Maewyn e Veles, que são verdadeiros gênios. Maewyn, estou tão feliz que voltamos à vida um do outro. Rhi, você é uma das pessoas mais sábias que conheço. Estou tão feliz que você não é uma freira. Veles, vamos emboscar você um dia. Obrigada pelos anos de amizade. Abraços, apertos de mão e drinques tarde da noite para Spoons, Salt, Thorn, A. Llewellyn, Michael, Matt, Frank, Azaizall, Wren e o resto de Amyranth.

Para Foxfire, como sempre. Obrigada pelos anos de magia e por me ajudar a descobrir tudo isso. Desculpe, às vezes fica tudo muito confuso. Estou tão orgulhosa de você. Olha só, torço por você. Estou tão animada para o que vem a seguir. E, finalmente, para os líderes de Covens e mentores que me ensinaram muito do que aprendi ao longo do caminho, e aos amigos que me permitiram compartilhar suas histórias. Eu não sou tão inteligente, pessoal; acabei por me cercar de pessoas inteligentes que têm um controle melhor das coisas do que eu e são gentis o suficiente para me deixar escrever sobre elas.

Introdução

É noite de Lua cheia. Olho pela janela da cozinha e vejo nuvens escuras passeando pelo céu noturno. Perfeito para ver o brilho das estrelas. Na internet a estão chamando de "Super Lua", porque o satélite está mais perto da Terra em sua órbita do que o normal, o que faz com que a Lua pareça particularmente grande. Isso, combinado com choupos balançando suavemente e grilos cantando no ar de verão cria um cenário pitoresco para qualquer ritual de Bruxaria digno de televisão.

Houve um tempo em minha vida, particularmente quando iniciei a prática da Arte, que eu teria planejado um trabalho elaborado para marcar a ocasião. A Lua cheia é um ótimo momento para fazer mágica, e eu teria aproveitado a oportunidade. Talvez um feitiço para riqueza ou sorte. Talvez eu tivesse escrito uma meditação e misturado um incenso apropriado para encorajar visões. Talvez eu tivesse limpado e reconsagrado meu altar e simplesmente sentado em oração silenciosa.

Mas não nesta noite. Tive um longo dia de trabalho e tenho muitas outras coisas em mente. Meu chefe está me enlouquecendo, estou preocupada, porque fiz um orçamento errado e não terei dinheiro suficiente para pagar a conta do conserto do carro que acabei de receber, e ainda preciso descobrir qual fim de semana seria bom para nossa próxima reunião do Coven. Eu tento agendar duas reuniões por mês, mas entre um trabalho em tempo integral, aniversários, doenças e viagens não consigo ir mais que uma vez ao mês. Estou exausta e só quero sentar no sofá com uma taça de vinho e o controle remoto. Isso seria bom de vez em quando, mas a verdade é que fiz disso um hábito. Esta não é a primeira Lua cheia que deixei passar.

Eu me jogo no sofá e pego minha agenda, que guardo com fervor. Sem isso, minha vida inteira desmoronaria. Com todo o caos do mês que passou, acabei perdendo o Solstício de Verão. Organizei um ritual para alguns dos meus companheiros de Coven e passei o dia em um festival com minha comunidade pagã local, mas não tive tempo para fazer algo para marcar a temporada de maneira pessoal. Esses dois eventos foram divertidos, mas foram mais para os outros do que para mim. Meu trabalho como a Alta Sacerdotisa do meu Coven é ensinar minha tradição e servir de modelo de ritual eficaz para meus alunos. Meu crescimento espiritual pessoal e meu relacionamento com nossos deuses fazem parte disso (foi como cheguei aqui em primeiro lugar), mas minha obrigação com os outros é prioridade. O festival foi divertido, mas eu estava lá como apresentadora. Funcionalmente, eu estava lá para trabalhar, não para comemorar. Então, embora eu tenha colaborado com o Solstício, não necessariamente fiz coisas que alimentavam minha própria Arte e meu próprio espírito.

Depois de meses agindo assim, estou começando a sentir. Não é à toa que me sinto tão desconectada esses dias! Eu tenho trabalhado como Sacerdotisa, mas não tenho feito isso de uma maneira que me reabasteça. Estou falando e escrevendo para comunidades pagãs, mas tenho negligenciado minhas próprias necessidades espirituais. Sou uma líder de Coven e uma Alta Sacerdotisa, mas em algum momento deixei de ser uma Bruxa. Eu nem sabia que isso era possível.

É hora de admitir: eu caí em uma rotina mágica. Não sei exatamente quando aconteceu, mas reconheço a sensação, porque, depois de mais de vinte anos praticando feitiçaria, já estive neste mesmo lugar antes.

Atingindo o Muro

Descobri a Wicca no início da adolescência, inspirada, como muitos, por filmes e programas de televisão. Devorei livros e sites (era o final dos anos de 1990, então não havia muito desses materiais), aprendendo o máximo que pude, o mais rápido que pude. Descobri a grande variedade de feitiçarias no mundo – a Wicca era apenas um lado de uma longa e intrincada história. Explorei o máximo que pude. Conheci outras pessoas, envolvi-me com várias comunidades Pagãs e Bruxas diferentes e, finalmente, juntei-me a um Coven na Tradição Gardneriana e me tornei uma Alta Sacerdotisa por direito próprio. A mídia social me abriu inúmeras possibilidades de conhecer e aprender com as Bruxas e outros tipos de Magos em todo o mundo. Hoje, existem milhares de livros para escolher e varejistas especializados que atendem às Bruxas, tanto on-line quanto presencial, situados em vilas e cidades por todo o mundo. É mais fácil do que nunca se iniciar como uma Bruxa. Mas às vezes as coisas simplesmente não acontecem como imaginamos.

Por mais abençoada que minha vida tenha sido, houve pontos em meu caminho como Bruxa em que me senti presa. Estagnada Sem saber para onde ir em seguida. Mais recentemente, isso me aconteceu como líder de Coven. Passei tanto tempo transformando minha espiritualidade em meu trabalho, que perdi a magia de tudo, e foi assim que acabei naquele sofá, ignorando uma linda Lua cheia para assistir TV e ficar de mau humor. Anos antes, eu era uma buscadora com mais conhecimento de livros do que experiência. Eu estava frustrada com minha busca por livros "avançados" e professores que pudessem me levar além do que eu já vinha fazendo por conta própria. Tive a sorte de encontrar um Coven e uma Tradição que me ajudaram a sair dessa rotina, mas muitas Bruxas não têm acesso a esse tipo de oportunidade, ou preferem permanecer solitárias (a propósito, estar em um Coven não significa que você não experimentará a estagnação).

Foi então que tive meu primeiro obstáculo como Bruxa: começar! Lembro-me de descobrir a Bruxaria, pegar emprestado meus primeiros livros e me apaixonar. Senti como se meu mundo inteiro tivesse explodido em um instante. Havia muito para aprender e experimentar. Mas por onde começar mesmo? Como eu saberia se estava fazendo certo? Como encontraria orientação em meio a tanta desinformação? Acabou levando meses para eu criar coragem para experimentar meus primeiros rituais e começar a construir uma prática pessoal.

Quando você começa a explorar a Bruxaria, a vida parece quase esmagadoramente mágica. Do lado de fora, é fácil pensar que as Bruxas são pessoas etéreas, que passam seus dias glorificando a beleza da natureza, aproveitando poderes arcanos e construindo rituais significativos em todas as atividades mundanas, mas a verdade é que, ainda somos apenas seres humanos. Temos empregos estressantes, temos que pagar nosso carro e ainda temos dramas familiares e dias em que simplesmente não nos sentimos muito mágicos. Às vezes a vida fica tão louca, que colocamos nossa espiritualidade em segundo plano.

Encontrar-se em um platô mágico é realmente uma experiência comum, embora os desafios específicos que enfrentamos a qualquer momento possa ser diferente. Você pode estar tentando negociar como encaixar uma prática da Arte em sua caótica agenda diária. Por outro lado, você pode ter todo o tempo do mundo, mas está tão atolado por novas informações e teorias mágicas, que não sabe como começar a aplicá-las. Em comunidades pagãs e de Bruxas mais avançadas, às vezes você vai ouvir as pessoas falarem sobre o "ocultista de poltrona" – uma pessoa que tem muito conhecimento de livros, mas na verdade não faz nada com isso. É comum que praticantes tanto iniciantes como avançados se encontrem nessa posição. Assim como o esgotamento e a exaustão, isso pode nos deixar presos em platôs mágicos e espirituais. Embora esses cenários sejam diferentes, a questão fundamental em cada caso é a mesma: para onde eu vou em seguida?

Como usar este livro

Este livro nasceu desses obstáculos que surgem ao longo da vida de uma Bruxa, e é adequado para todos, exceto para os iniciantes mais absolutos (ou seja, não vou gastar muito tempo com vocabulário básico ou listar interminavelmente todos os tipos de Bruxaria que você pode escolher). O que você faz naqueles momentos em que se sente preso, perdido, esgotado ou apenas inseguro de como dar o próximo passo? Como você revive uma prática atrasada ou inicia uma nova? Como aproveita (ou recaptura) a magia em sua vida? Onde quer que você se encontre neste momento – Bruxa em ascensão oprimida, uma adepta desiludida, líder de Coven cansada ou em qualquer outro lugar – como você leva sua Bruxaria para o próximo nível? Se você nunca tentou lançar um feitiço antes, mas está morrendo de vontade de tentar e já se vê como uma Bruxa em seu coração, este livro vai lhe servir tanto quanto para qualquer pessoa. Se você administra um Coven há anos, mas ainda sente que precisa de encorajamento e uma nova perspectiva, este livro também é para você.

Juntos, veremos alguns dos aspectos mais importantes e comuns da Bruxaria, seja qual for seu estilo ou tradição particular. Vamos reconsiderar certas práticas, como aprender a criar Espaços Sagrados e a realizar rituais que, às vezes, são dados como certos ou até mesmo totalmente inexplicáveis ou não praticáveis em conversas populares. Também abordaremos tópicos que às vezes parecem tão complicados que deixam as pessoas se perguntando por onde começar, como interagir com os deuses ou com os espíritos e como construir rituais que são realmente significativos. Cada capítulo está cheio de ideias para ajudá-lo a expandir sua prática, reavaliar seu pensamento e inspirá-lo a seguir em frente como um Bruxo ou Bruxa. Também compartilhei minhas experiências me debatendo em vários pontos em minha própria Arte.

Ao final de cada capítulo há uma atividade estruturada, com modificações baseadas em um dos quatro elementos clássicos, que servem de base para muitos tipos de Bruxaria: Ar, Fogo, Água e

Terra. Você é iniciante e quer dar os primeiros passos? Olhe para o Ar, o elemento dos começos, o amanhecer e o despertar de uma nova maneira de pensar. Você é um praticante avançado tentando agitar a rotina? Considere a Água para ir mais fundo, descobrir mais mistérios e expandir sua experiência. Você está apenas procurando maneiras fáceis de incorporar sua Bruxaria em uma agenda lotada e construir uma rotina? O elemento Fogo lhe ensinará rapidez, eficiência e uma apreciação por ir direto ao ponto. Ou você está lidando com um esgotamento? A Terra pede que você reconsidere seus fundamentos e examine o que está na raiz de sua prática.

Não importa onde esteja, você encontrará estratégias para iniciar sua prática da Arte. Você pode estar em lugares diferentes dependendo do assunto – pode ser um novato em trabalhar com os deuses (se você acredita neles. E tudo bem se não acreditar!) –, mas um veterano em conjuração. Escolha conforme suas necessidades, mas não trate essas atividades como opcionais. Elas são projetadas para empurrá-la para a ação, e isso requer que você realmente se levante e faça alguma coisa. A intenção é a de se sentir desafiada, mas não sobrecarregada, então escolha de acordo. Sempre que possível, também, ofereço alternativas às visualizações e aos longos períodos gastos em meditação sentada, para acomodar Bruxas com *afantasia*[1], TDAH[2] e outras necessidades cognitivas, que tornam essas atividades desnecessariamente difíceis ou mesmo impossíveis. Há muitas maneiras de ser uma Bruxa e praticar magia, e convido você a modificar os exercícios em cada capítulo para se adequar às suas situações, que são únicas.

---

1. Afantasia é a incapacidade de visualizar imagens mentalmente. O problema afeta cerca de 2,5% da população mundial. Indivíduos com afantasia não possuem "olhos da mente", ou seja, sua imaginação é essencialmente cega. (N. T.)
2. Transtorno neurobiológico, de causas genéticas, que aparece na infância e muitas vezes acompanha o indivíduo por toda a sua vida. Os sintomas são desatenção, inquietude e impulsividade. (N. T.)

Escrevi este livro para que você possa interagir com ele como quiser, mas se você o ler do começo ao fim, vai perceber que comecei com tópicos fundamentais, individuais e em grande parte privados. Em seguida, passo para assuntos que são mais complexos e que, potencialmente, envolvem comunidades maiores. Começamos com as suposições mais básicas sobre o que significa ser uma Bruxa, para que serve a Bruxaria e como nossas definições pessoais (que muitas vezes mudam com o tempo) afetam nossa prática. A partir daí, exploramos o espaço sagrado pessoal, a devoção e o trabalho com outras entidades, além de nós mesmos, e depois o ritual e a magia. Terminamos com considerações sobre nossas interações com os outros, entrando em comunidades mais amplas (seja on-line ou off-line) e construindo planos no intuito de continuar avançando para uma prática pessoal mais forte.

Se algumas dessas coisas parecem simples, é porque são! Mas para construir uma prática forte e significativa da Arte, temos que considerar suas estruturas e princípios mais básicos, mesmo que pensemos que já vimos tudo. Às vezes, a prática do próximo nível resulta em reconsiderar aquilo que paramos de olhar há muito tempo. Se nossas fundações estão fracas, desmoronando ou apenas sobrecarregadas com muito peso, precisamos reconstruí-las e reforçá-las.

Por favor, note que eu escolhi capitalizar as palavras Bruxa e Bruxaria ao longo deste livro. Isto é em grande parte por uma questão de simplicidade. Muitas Bruxas optam por capitalizar a palavra quando se referem a tradições religiosas da Arte, mas deixá-la em letras minúsculas ao discutir casos históricos de Bruxaria ou Tradições contemporâneas não religiosas. Esta prática, no entanto, torna-se excessivamente complicada, especialmente quando adicionamos como sinônimo a palavra *Arte*, que é frequentemente maiúscula, mesmo apesar do que acabei de falar. Como estou discutindo muitos tipos de Bruxaria, optei por simplificar e fornecer um contexto específico quando necessário. Não tome isso como se todas as Bruxas estivem praticando uma única Tradição. Tão pouco acreditem que as pessoas perseguidas por Bruxaria ao longo da história estão inerentemente relacionadas às Bruxas contemporâneas. Além disso, eu não uso Wicca e Bruxaria de forma intercambiável. Wicca é um tipo de Bruxaria e Wiccanos são os praticantes da Arte. Portanto, quando me refiro à Wicca, faço isso diretamente para evitar confusão. Sempre que necessário, também distingo entre formas ecléticas de Wicca e Wicca Iniciática Tradicional. Da mesma maneira, observe que deus e deusa são apresentados em letras minúsculas, a menos que se refiram explicitamente ao Deus ou à Deusa como títulos formais para divindades Wiccanas, cujos nomes são geralmente considerados secretos ou desnecessários, pois algumas dessas Tradições ensinam que todos os deuses e deusas são abrangidos de acordo com suas interpretações específicas. Eu respeito essa convenção quando apropriado, mas não a confunda com a grande variedade de linguagens que outros tipos de Bruxas usam para discutir o divino. Não há padrões acordados, mesmo entre as Bruxas da mesma Tradição.

Em qualquer prática de Bruxaria, é normal esmorecer de vez em quando. Batemos com a cara na parede, saímos do prumo e, periodicamente, temos que recalibrar nossas crenças e práticas à medida que crescemos e mudamos em outras partes da nossa vida. Minha Arte não parece a mesma de quando comecei, e a sua provavelmente também não. Se você começou agora na Bruxaria, já está em meio a grandes mudanças em sua vida. Lidar com a mudança e avançar faz parte do trabalho da Bruxa. Pode ser difícil, mas também muito divertido. Aproveite a experiência!

Capítulo Um

O que Exatamente é a Bruxaria?

Ao longo da história, a imagem da Bruxa sempre nos encantou. Benevolentes ou perversas, jovens ou velhas senhoras, homem, mulher (ou qualquer coisa assim!), ou ainda alguém que desafia essa categorização simples, as Bruxas prosperaram em toda a cultura ocidental. São as vilãs e heroínas de nossas histórias favoritas, pontos de controvérsia e violência nos contos de fadas e inspiração para as nossas buscas espirituais e pessoais. Nós as amamos, a tememos e nos comparamos com elas. Por ser uma figura tão complexa, não é surpresa que uma Bruxa possa gerar tanta confusão: mas o que exatamente faz de alguém uma Bruxa ou um Bruxo? Como uma pessoa pode se tornar Bruxa? Por que alguém iria querer ser Bruxa? Que tipos de feitiçaria existem e o que as diferencia? O que uma prática de Bruxaria realmente requer e implica?

Nós, humanos, amamos regras e categorias. Sentimo-nos compelidos a classificar e rotular as coisas, e isso leva a muitas afirmações absolutas sobre o que são as coisas e como devemos falar sobre elas. Se você acabou de usar as *hashtags* da internet de hoje, pode achar que uma Bruxa é uma mulher jovem e descolada (e apenas uma mulher) com interesse em cartas de Tarô e uma enorme coleção de cristais. Ela faz ioga, tem uma manicure perfeita e está muito interessada em cura holística. Antes disso, quando eu estava aprendendo sobre Bruxaria nos anos de 1990, Bruxaria e Wicca eram usadas de forma intercambiável. Uma rápida olhada nos livros daquela época revela uma Bruxa que adere estritamente à regra de "não prejudicar a ninguém" e adora uma deusa tripla na forma de Donzela, Mãe e Anciã. Todos os deuses e deusas são realmente aspectos de um Deus e de uma Deusa. As Bruxas nunca foram sombrias, nunca praticaram magia perniciosa e praticavam uma religião de forma muito inflexível.

Mas vamos voltar ainda mais! Há apenas algumas décadas, antes da palavra *Wicca* ser um termo que todos conheciam, tínhamos o Culto das Bruxas. Em outras épocas, Bruxas contemporâneas se reuniam em Covens secretos e dizia-se que praticavam uma Tradição mágica sobrevivente, nativa das Ilhas Britânicas. Para ser uma Bruxa, você tinha que ser formalmente iniciada e ter aprendido os nomes sagrados dos deuses e o funcionamento dos ritos. Os acontecimentos exatos da vida do Coven eram segredo, pelo menos até que escritores como Gerald Gardner, Doreen Valiente, Justine Glass, Lois Bourne, Stewart Farrar e muitos outros começassem a compartilhar material com o público. Mesmo antes disso, a Bruxaria já era uma tradição familiar, enraizada no folclore das terras que a originaram, variando de acordo com a região. Ao longo dos anos, a Bruxaria foi considerada uma heresia cristã, o caminho do Diabo e às vezes um crime punível com a morte.

Então, qual dessas definições é realmente a Bruxaria? Qual deve ser o nosso padrão?

A verdade é que não concordamos com nenhuma definição única de Bruxaria ou sobre a natureza exata da Bruxa. Por isso há tanta variedade! Todos esses tipos mencionados são aceitos como Bruxas, mesmo quando se contradizem. Além disso, a maioria dos estilos de Bruxas existiram ao mesmo tempo. Desisti há tempos de tentar encontrar uma única definição que se aplique igualmente bem a todos as épocas, culturas e indivíduos. Isso geralmente cria grandes dores de cabeça e muita raiva, e não estou convencida de que seja um esforço tão útil. Quem e o que define uma Bruxa e o que achamos que a Bruxaria pode fazer parece depender mais de quem somos, em qual período de tempo vivemos e em qual região estamos, do que de qualquer coisa inerente ou objetiva sobre as Bruxas. Em vez disso, prefiro uma abordagem pragmática. Nossa verdadeira preocupação é nossa própria prática, nossas próprias tradições e nossas próprias comunidades. Outros são livres para construir suas próprias definições e limites como acharem melhor.

Para os propósitos deste livro, vamos considerar algumas das coisas que esses diferentes tipos de Bruxaria têm em comum. Afinal, só porque provavelmente não podemos chegar a uma definição que satisfaça a todos, isso não significa não poder saber muito bem o que a Bruxaria é para você. Para uma iniciante na Arte, parte disso pode ser surpreendente – muitas vezes vai contra as ideias mais populares sobre o que é a Bruxaria (especialmente se sua formação é em formas ecléticas contemporâneas de Wicca). Se você é uma Bruxa mais experiente, este capítulo ainda vale o seu tempo. Às vezes, as barreiras que encontramos em nossa própria prática vêm de suposições antigas sobre o que estamos fazendo. Se suas perspectivas sobre o que é a Bruxaria, para o que ela serve e o que pode ser feito não mudaram desde que você começou a praticar, então pode ser valioso reconsiderar as coisas. Se você chegar às mesmas conclusões, suas convicções serão mais fortes por isso. Se descobrir algo novo ou mudar de ideia sobre algo, terá novos caminhos para explorar. Em ambos os casos, sua própria Arte vai ser revigorada.

Cruzando fronteiras

Há uma razão pela qual as Bruxas em contos de fadas, romances de fantasia e filmes de terror são frequentemente vilãs. Não importa quanta boa impressão as Bruxas contemporâneas ganhem ou quantas vezes você mesmo insista com amigos e conhecidos que está praticando uma religião que afirma a vida, que não adora Satanás, que não pratica magia perniciosa, que luta pelo equilíbrio e harmonia com a natureza – ou qualquer que tenha sido sua defesa da Arte para os de fora – isso simplesmente não parece agradar a maioria das pessoas. Além de que nenhum de nós pode falar sobre o que todas as Bruxas fazem ou não fazem (algumas são, de fato, satanistas, muitas praticam magia nociva e, cada vez mais, algumas não consideram o que fazem uma religião). A Bruxaria tem uma história longa e emaranhada e a ideia de que as Bruxas são automaticamente vilãs na história não será desfeita em apenas algumas décadas.

Na verdade, quando nos sentamos e consideramos a maioria das Bruxas do livro de histórias com as quais crescemos, é difícil não se perguntar se talvez sejamos nós que estejamos erradas. Geralmente elas são, afinal, indiscutivelmente vilãs. No início do século 20, a folclorista Margaret Murray (1863-1963) concluiu que a razão para isso foi o esforço consciente por parte das várias igrejas cristãs que assumiram o controle da Europa Ocidental por mais de mil anos. As Bruxas, segundo Murray, eram praticantes de uma religião pré-cristã nativa da Europa, centrada na adoração de um Deus Chifrudo da Caça, sobrevivente da Era Paleolítica[3]. Que as Bruxas acabassem sendo constantemente escaladas para o papel de antagonistas foi o resultado de uma campanha conscientemente orquestrada por parte de líderes cristãos que buscavam justificar o extermínio de seus rivais religiosos. É muito mais fácil matar e oprimir as pessoas se você primeiro transformá-las em vilões.

As ideias de Margaret Murray não são mais aceitas pelos estudiosos hoje, mas dominaram por décadas e continuam a inspirar as Bruxas contemporâneas muito depois de serem desacreditadas. Se você já insistiu que a Bruxaria está enraizada na antiga prática religiosa ou que o Deus Chifrudo da Caça e a Deusa da Lua sobreviveram de várias formas em toda a Europa, então Margaret Murray merece sua admiração, mesmo que você nunca tenha lido os livros dela.

---

3. Margaret Murray, *The God of the Witches* (New York: Oxford University Press, 1952).

Incomodou Murray, como incomoda muitos de nós, que as Bruxas tenham uma reputação tão ruim. Indiscutivelmente, uma das razões pelas quais Gerald Gardner – o famoso fundador da Wicca – veio a enfatizar sua própria prática como "bruxaria branca" e por que a chamada Rede Wicca – "Sem nenhum dano causar, faça o que desejar" – passou a ter tanto destaque na Arte, foi porque as Bruxas da época estavam totalmente empenhadas em mudar as percepções populares. Até muito recentemente a Bruxaria era ilegal na Inglaterra, então, fazia sentido que as Bruxas naquela época trabalhassem tanto para se apresentarem como gentis e inofensivas, mesmo que a história real fosse um pouco mais complicada.

No entanto, as histórias sobre Bruxas malignas e assustadoras continuam. Mesmo em histórias em que as Bruxas são personagens positivos, elas geralmente têm parentes mais sombrios e menos amigáveis. A franquia Harry Potter, de J. K. Rowling, é o exemplo contemporâneo mais óbvio em que vemos as Bruxas como heroínas e vilãs. Considere ainda a benevolente Cordelia Foxx versus a sedenta de poder Fiona Goode, em *American Horror Story: Coven*, ou o conflito entre as Bruxas da luz e das trevas na popular série de livros de romance para jovens adultos, de Kami Garcia e Margaret Stohl, *Beautiful Creatures* (*Dezesseis Luas*). Na série *Coven*, de Cate Tiernan, a jovem Bruxa Morgan Rowlands se pergunta se ela pode ser realmente boa, apesar de ter nascido em um clã sombrio de Bruxas hereditárias. E veja a bondosa Sabrina Spellman versus as coniventes "Irmãs Estranhas" (Prudence, Agatha e Dorcas), em *O Mundo Sombrio de Sabrina*, da Netflix. Em todas essas narrativas, temos jovens Bruxas escolhendo lados. Em nossa narrativa contemporânea, pelo menos agora acreditamos que as Bruxas podem ser as duas coisas: boas e más, luz e escuridão.

Historicamente, tanto na imaginação quanto na verdade, as Bruxas têm sido as "outras". Boas ou más, elas se distinguem das pessoas "normais" pelo poder que possuem. Foram odiadas e caçadas por isso, ou procuradas, mesmo que com medo, em tempos de grande necessidade. Mesmo quando trabalham sua magia para o bem, as Bruxas são assustadoras. Elas existem à margem da sociedade, seja literalmente (como quando fazem suas casas fora dos muros da aldeia), seja figurativamente (como no caso da Bruxa rica em sua casa imponente, onde todos passam em suas rondas diárias e sussurram em particular). Qualquer que seja o teor da Bruxaria que consideremos, a ideia de que a Bruxa é uma estranha persiste. Mesmo quando elas procuram ser incluídas na sociedade cotidiana (como Sally Owens, em *Da Magia à Sedução*; Samantha Stephens, em *A Feiticeira* ou Prue Halliwell, em *Charmed),* suas diferenças são impossíveis de esconder.

Então, o que isso significa para nós, Bruxas contemporâneas?

Gostaria de sugerir aqui que abracemos essa identidade. Estar do lado de fora de algo permite uma perspectiva única. Cria espaço para observar padrões e, em seguida, afetá-los quando necessário. Também nos aproxima de outros mundos, de outras formas de ser. Uma das características da Bruxaria é a capacidade de atravessar outros reinos, seja o reino espiritual, o submundo, o inferno, seja até mesmo a floresta escura além da aldeia. Os Wiccanos falam sobre operar "entre os mundos", geralmente na forma de um Círculo Mágico. As Bruxas tradicionais falam de *hedgecrossing*[4]. Outras, ainda, descrevem como "jornada para o astral". As Bruxas tem facilidade com esse tipo de coisa, porque já estão um passo mais perto dos espaços externos do que outras pessoas.

Nos últimos anos – especialmente para Bruxas com origens ecléticas da Wicca e da Nova Era – tornou-se costume (mesmo que superficial) insistir que não somos diferentes. Que somos incompreendidas, que praticamos uma religião como qualquer outra e que as pessoas não devem nos temer ou nos evitar. Esses esforços têm hora e lugar. Houve muitos pontos na história em que o melhor negócio seria esconder sua Arte. Muitos de nós continuam

4. Passagem entre os mundos. (N. T.)

a ter que se esconder, de familiares conservadores, empregadores, colegas de trabalho e outros. Isso é verdade. Sua segurança é sempre primordial e não deve ser desconsiderada casualmente. Porém, para um número cada vez maior de pessoas, podemos falar abertamente, especialmente se ocuparmos posições de privilégio[5] . E mesmo que não estejamos dizendo diretamente às pessoas que somos Bruxas (pode me chamar de antiquada, mas acho que seu chefe não precisa saber sobre sua vida pessoal, especialmente tratando-se de religião ou de política), ainda assim, geralmente eles têm a sensação de que somos diferentes. Mais observador, talvez, ou mais introspectivo. Mais franco. Mais criativo. Mais ousado. Mas não há necessidade de ninguém saber por que você é do jeito que é, a menos que você queira compartilhar.

Quando estamos conscientes de nossa diferença e a abraçamos com alegria, isso nos dá ainda mais poder. Pense nas pessoas em sua vida que você mais admira. Pense nos grandes pensadores, construtores, artistas e ativistas da História. Muito provavelmente quem veio a sua mente primeiro já foi considerado como um *outlier*[6], um esquisito, um agitador ou até mesmo louco. Em suma, perigoso. Grandes mudanças e grandes poderes raramente vêm de um lugar de normalidade. Se a sua Bruxaria não o está diferenciando de alguma forma, eu, francamente, questionaria sua eficácia.

Como Bruxa, posso não viver à beira de uma floresta e posso não comer crianças ou amaldiçoar o gado dos meus vizinhos, mas sou assustadora. Eu sou estranha. Sou temida, porque vejo o *status quo* e o questiono. Falo contra os poderes dominantes e questiono os

---

5. Considere, por exemplo, que muitos de nós ainda desfrutam de privilégios brancos, heterossexuais e cisgêneros. Podemos ter "outras" religiões (mesmo quando não nos identificamos como religiosas), mas raramente somos alvos da violência, discriminação e exclusão experimentada por pessoas "de cor", pessoas *queer* e outras, cuja "alteridade" é impossível ocultar.

6. Pessoa "fora da curva", " fora da caixinha", "fora dos padrões". Essas pessoas não procrastinam e sempre apresentam resultados diferentes dos demais. (N. T.)

principais modos de pensamento quando vejo injustiça, ineficiência, crueldade ou opressão. Procuro capacitar aqueles ao meu redor. Estou trabalhando para mudar minha realidade para melhor, e isso às vezes significa trabalhar contra os poderes constituídos. Procuro me transformar. Nego o poder de deuses cruéis e instituições e hierarquias religiosas injustas. Eu valorizo a liberdade. Cultivei o poder mágico de mudar o mundo como bem entender, sem pedir permissão ou oferecer explicações.

Não preciso me esconder na floresta para ser aterrorizante.

Então, não, eu não sou normal. Se você está lendo isso, há uma chance mais do que justa de que você também não seja. Desta forma, a Bruxaria, embora signifique muitas coisas para muitas pessoas, é rastreável e reconhecível.

As Bruxas são assustadoras. Ponto final.

Fazendo Magia

Ainda mais pontual para a Bruxaria do que ser considerada "suspeita", o medo e a transgressão são elementos. As Bruxas realizam trabalhos mágicos. Na História, nos contos ou na cultura pop, Bruxas são Bruxas, porque elas possuem poderes além dos das pessoas comuns. Esses poderes variam. Nos registros de julgamentos europeus medievais, as Bruxas podiam tornar os homens impotentes, voar pelo ar e espalhar doenças. Nos contos de fadas, as Bruxas muitas vezes podem se comunicar com os animais ou até se transformar neles. Elas podem fazer as pessoas se apaixonarem, conceder desejos e fazer reinos inteiros desmoronar. As Bruxas de hoje afirmam poder curar com poções de ervas e velas acesas; viajar em reinos astrais; contar o futuro em leituras de cartas, estrelas ou folhas de chá e até mesmo falar diretamente com deuses e espíritos.

Isso tudo são coisas incríveis. Se fôssemos capazes de apenas um pouco disso, estaríamos fazendo algo verdadeiramente notável. Mas tudo isso é realmente possível? Mesmo que seja, e quanto a todos os outros tipos de magia do mundo? Como a Bruxaria pode ser distinta da Magia Cerimonial, do Hoodoo, dos dons cristãos do Espírito Santo, da oração, do Reiki, da fitoterapia ou de qualquer uma das inúmeras outras práticas no mundo que podem ser interpretadas como mágicas? Mesmo as Bruxas às vezes insistem que os feitiços não são diferentes das orações ou de outras tradições mágicas (como a magia folclórica da América do Sul, por exemplo), são realmente apenas feitiçaria com outros nomes. Então, qual é o segredo? Como definimos e consideramos a magia praticada exclusivamente pelas Bruxas?

Há uma boa chance de você já ter ouvido falar que as Bruxas usavam a palavra *magicka* com um K no meio para distingui-la da magia de palco. Essa prática realmente se consolidou nos anos de 1980 e 1990 graças a um *boom*[7] editorial e, particularmente, à ampla influência de autores Wiccanianos, como Raymond Buckland, Silver RavenWolf, Christopher Penczak e DJ Conway. Vale a pena notar, no entanto, que essa prática nem é realmente da Wicca, porque não a vemos nos livros Wiccanianos de antes (e é particularmente notável também, que não encontramos nada parecido nos primeiros escritores da Wicca, feitos por Gerald Gardner e Doreen Valiente). Também não vemos a palavra *magick* usada por outros tipos de Bruxas, como aquelas inspiradas por Robert Cochrane, Cecil Williamson e escritores mais contemporâneos como Gemma Gary e Robin Artisson.

Aleister Crowley (1875-1947), o famoso Mago do século 20 e líder da O.T.O – Ordo Templi Orientis –, geralmente recebe o crédito por adicionar o K à magia para distingui-la conscientemente. O K não era apenas para evitar que as pessoas ficassem confusas (e, vamos lá, será que as pessoas realmente confundem o que as Bruxas contemporâneas fazem com o que David Copperfield faz em Las Vegas?). Em vez disso, a magia para Crowley era o método

---

7. Explosão editorial. Nessas duas décadas o mercado de livros na área de Bruxaria teve um crescimento significativo, que se manteve até os dias atuais. (N. T.)

pelo qual um indivíduo poderia adquirir autocompreensão e, assim, o poder de exercer sua verdadeira Vontade. Isso vai além de simples desejos e necessidades, refere-se à realização do próprio destino. Magos cerimoniais, dentre outros, às vezes se referem a esse tipo de magia como "Alta Magia", e as práticas das Bruxas, dos Magos populares e outros neste sentido como sendo "Baixa Magia", que geralmente está mais preocupada com questões mundanas como saúde física, encontrar ou manter o amor, ser contratado para trabalhos ou coisas do gênero. Mudar a ortografia era uma maneira de diferenciar Alta Magia – magia relativa ao Eu Superior – da Baixa Magia (por essa razão, talvez as Bruxas realmente não devam usar o K). Crowley tinha outras razões mais sofisticadas para adicionar o K também, particularmente relacionadas a associações numerológicas com os números 6 (o número de letras na magia) e o 11 (K é a décima primeira letra do alfabeto[8]). Ao longo dos anos, a letra K como elemento de diferenciação ficou atrelada principalmente aos espaços cerimoniais e ecléticos da Wicca.[9]

Aleister Crowley e seus contemporâneos e seguidores não (e digo um enfático *não*) se consideravam Bruxos. Nem a maioria dos médicos de raiz, curandeiros, xamãs ou médiuns espíritas se consideravam assim. Graças ao colonialismo, à globalização, à publicação em massa desenfreada e à Internet, há uma tendência comum de muitas Bruxas contemporâneas pensarem em todas as práticas mágicas e espirituais como sendo de alguma forma iguais, ou pelo menos relacionadas. Vemos uma Sacerdotisa Vodu fazendo oferendas aos espíritos e comparamos isso ao nosso próprio trabalho devocional. Vemos templos espíritas dirigindo sessões para falar com os mortos e reconhecemos isso como necromancia.

---

8. A autora se refere aqui ao Alfabeto Romano. Este é o Alfabeto mais utilizado no mundo. (N. T.)

9. Para mais informações, veja o ensaio de Aleister Crowley *The Revival of Magick*, disponível como parte de uma coleção de mesmo nome da New Falcon Publications, editada por Hymenaeus Beta e Richard Kaczynski.

Também adoramos usar a palavra *Xamã*, graças, em grande parte, às apropriações da Nova Era. Até Scott Cunningham, o mais amado autor da Wicca, abre seu best-seller *Wicca: Guia do Praticante Solitário* com a insistência de que "muitas das técnicas da Wicca são de origem xamânica". Muitas Bruxas também insistem que sua Arte está ligada à religião oriental (como se isso por si só fosse uma coisa singular) e, portanto, incorporam a ioga, a cura através dos chacras e concepções de carma.

Há muito espaço aqui para confundir a Bruxaria com outras tradições e práticas. Alguns deles são razoáveis e inofensivos, mas outros potencialmente causam grandes danos a grupos e religiões marginalizados e devem ser abordados com cuidado ou evitados completamente. É tentador apontar apenas certos tipos de Bruxaria e exemplos particularmente flagrantes, mas a apropriação cultural é um problema que afeta todos os tipos de Bruxas. Você terá que fazer sua lição de casa e usar seu melhor julgamento aqui. Coloco esse assunto em pauta agora, por ele ser útil para estabelecer as bases do que queremos definir como "magia" em uma discussão sobre Bruxaria.

Em vez de chegar a um extremo e argumentar que toda magia é realmente Bruxaria, e em vez de cair na dicotomia de Alta ou Baixa Magia ou como preferir escrever), prefiro matizar as coisas recorrendo ao psicólogo Abraham Maslow (1908-1970). Maslow é mais famoso por sua Hierarquia das Necessidades, que ele descreveu pela primeira vez na revista Psychological Review, em 1943. A Pirâmide de Maslow, como também é chamada, é usada por psicólogos e cientistas sociais para explicar o que motiva as pessoas a se comportarem de maneiras específicas, e sugere que não podemos atender a algumas necessidades sem primeiro atender outras. Na base da hierarquia (imagine uma pirâmide, é assim que a Hierarquia das Necessidades de Maslow é frequentemente ilustrada) estão as necessidades fisiológicas fundamentais: comida, abrigo, sono, sexo e afins. Acima disso encontramos segurança:

saúde, estabilidade financeira, segurança emocional e assim por diante. Isso progride para o pertencimento social – a necessidade de amizade e intimidade. As camadas finais são a estima e o controle, fechando com a autorrealização no topo da pirâmide. A estima inclui a necessidade de autorrespeito, autoconfiança, independência e um senso de liberdade pessoal. A autorrealização, esse ápice indescritível da experiência humana, inclui necessidades mais abstratas, como buscar a felicidade, cumprir o próprio destino e desenvolver o talento pessoal para isso[10].

Houveram muitas revisões e reformulações da Hierarquia das Necessidades de Maslow ao longo dos anos, mas é seguro dizer que começamos com nossas necessidades mais básicas e seguimos em frente à medida que essas necessidades são devidamente atendidas. Atuamos em diferentes lugares em diferentes momentos da nossa vida, e onde caímos está intimamente ligado à nossa classe econômica, aos corpos em que nascemos e às culturas que nos criaram.

Ao longo da história e nas narrativas através dos tempos, a magia praticada pelas Bruxas tende a operar nos degraus inferiores e médios da hierarquia. As pessoas procuram as Bruxas para curar doenças, encontrar amantes, garantir empregos, vencer batalhas judiciais e proteger os entes queridos do mal. Há uma razão pela qual a maioria dos livros de feitiços nas prateleiras hoje giram em torno de dinheiro, amor e cura. É também por isso que muitas Bruxas optam por praticar fora do reino de qualquer religião ou tradição devocional. Trabalhar com magia não tem necessariamente nada a ver com deuses! É também por isso que nem sempre é justo equiparar o lançamento de um feitiço com o ato de rezar.

Quando as Bruxas estão interessadas em autorrealização, ascensão (como algumas Tradições chamam) e desenvolvimento pessoal, geralmente é graças à influência de outros grupos mágicos

---

10. Você pode ler mais em *Motivation and Personality*, de Abraham Maslow, publicado pela primeira vez pela Harper (agora HarperCollins) em 1954.

e práticas religiosas. A Wicca, por exemplo, nasceu em meio a um renascimento do ocultismo europeu e tem laços estreitos com a ordem mágica da Golden Dawn, o Hermetismo e as obras de não Bruxos como Aleister Crowley e Dion Fortune. As Bruxas de hoje também são fortemente influenciadas pelo movimento americano da Nova Era, pela Teosofia, pelo Novo Pensamento e pelas interpretações do budismo da Europa Ocidental, das quais extraímos coisas como a cura com cristais, mestres ascensos, meditação Zen, carma e reencarnação.

Você verá uma mistura de conceitos mágicos discutidos neste livro e eu farei o possível para observar suas origens, bem como suas aplicações práticas. Sua tarefa daqui para frente é considerar sua própria prática mágica. Onde na hierarquia ela se encaixa? Em que área você gostaria de focar e ser capaz de atuar? O quanto de sua magia é Bruxaria e não outra coisa?

Trabalhando com Espíritos

Em "Branca de Neve", a rainha má usa um espelho mágico para realizar seus planos assassinos. Ela não está simplesmente procurando por sinais e presságios; ela realmente fala diretamente com o espírito do espelho, e isso lhe dá um conhecimento a qual ela não poderia alcançar sozinha. Em algumas versões da história, o espelho mágico tem maior ou menor grau de influência. Às vezes ele é frio e plácido, como uma Bola 8 Mágica[11] impessoal. Outras vezes o espelho zomba e faz piadas e até chora quando a rainha má ameaça quebrá-lo. O espelho não é um deus ou um espírito ancestral, e a rainha má certamente não adora ou serve ao espelho. Ele é que serve a ela, embora a maioria das versões da história não nos diga por quê.

---

11. Brinquedo inventado nos Estados Unidos, na década de 1950, no formato de uma bola de bilhar enorme, para qual você faz uma pergunta, balança a bola e respostas aleatórias diferentes aparecem em uma tela. As respostas podem ser positivas, negativas – ou algo intermediário. (N. T.)

O espelho mágico em Branca de Neve é um exemplo sólido do que muitos podem reconhecer como um familiar – um espírito que cumpre as ordens da Bruxa. Ao longo da história, os espíritos familiares foram entendidos como entidades não corpóreas convocadas ou mesmo criadas pela Bruxa, ou às vezes espíritos e demônios que assumem a forma de animais conforme necessário. Sapos, coelhos, gatos, cabras e cachorros – tipos de criaturas que você poderia encontrar facilmente em uma fazenda colonial da Europa Ocidental ou americana – eram escolhas comuns. Em algumas ocasiões, durante a Caça às Bruxas, animais reais foram executados como se fossem Bruxas.[12] Além disso, uma das maneiras de condenar uma Bruxa suspeita era despi-la e examinar seu corpo em busca de uma "Marca de Bruxa" (que poderia ser uma verruga, uma marca de nascença, uma cicatriz ou até mesmo um pedaço de pele que supostamente não registrava dor), onde se pensava que os familiares mamavam. Todos os caçadores de Bruxas sabiam que elas trabalhavam com espíritos, então era isso que eles procuravam.

E não apenas com os familiares! As Bruxas tinham a mesma facilidade de trabalhar com diabos, demônios, fadas e sombras dos mortos. Bruxas podem até não ter esses espíritos ligados a elas como familiares, mas certamente elas tinham acesso a eles. Podiam se comunicar com eles, ou até mesmo viajar para seus reinos, fossem eles o inferno, as terras das fadas ou outro lugar do Outromundo.

As Bruxas de hoje também trabalham com espíritos, embora a linguagem que usamos varie. Mais uma vez, podemos agradecer a Margaret Murray e a todos que ela inspirou na primeira metade do século 20, pela ideia de que as Bruxas realmente adoravam um deus à parte do cristianismo da época, e que eram parte de uma religião completamente diferente, em oposição a heresia da Igreja.

---

12. Marilynne Roach, *The Salem Witch Trials: A Day-by-Day Chronicle of a Community Under Siege* (Lanham, MD: Taylor Trade Publishing, 2004), 307.

Agora, a Bruxaria é sim uma tradição que pode potencialmente existir dentro de inúmeras estruturas religiosas. Algumas Bruxas acreditam que têm divindades patronas que as escolhem em vários momentos de suas vidas para trabalhos especiais, ou simplesmente porque os deuses gostam delas. Outras acreditam que devemos escolher nossas próprias divindades. Se considerarmos a grande variedade de mitologias mundiais e as culturas que deram origem a esses deuses e deusas, provavelmente é mais seguro dizer que quem faz a escolha depende da divindade envolvida. Diferentes ainda, algumas Tradições, como a Wicca iniciática, têm suas próprias divindades únicas, cujos nomes são revelados apenas na Iniciação.

Cada vez mais Bruxas descrevem sua prática como secular, porque ou elas não adoram ou trabalham com deuses, ou então suas práticas existem fora de uma única estrutura. Algumas rejeitam a palavra "religião" devido a traumas pessoais e culturais que cercaram seu uso. Isso pode fazer sentido dentro de nossas próprias comunidades até certo ponto, mas sugere uma compreensão um tanto limitada do que a "religião" pode implicar. Nem todas as religiões giram em torno da crença e adoração de deuses (considere a grande variedade que existe nas formas de budismo do leste asiático, por exemplo). Além disso, só porque as pessoas não se identificam como religiosas não significa que os outros não reconhecerão o que estão fazendo como "religioso", seja isso justo ou não. Os protestantes evangélicos nos Estados Unidos, por exemplo, se descrevem como "não denominacionais", mas têm práticas, valores, teologias e origens históricas claras e distintas. Sua autoidentificação serve para enviar uma mensagem particular sobre pertencimento e transcendência de suas crenças, além de uma Igreja única; isso na verdade não significa que eles não se comportem como uma denominação.

Da mesma forma, a Bruxaria secular se desenvolveu amplamente entre as pessoas que buscam reivindicar uma identidade fora das suposições populares sobre feitiçaria, especialmente à luz do monopólio que a Wicca deteve na publicação popular nas últimas décadas. Certamente é verdade que nem todas as Bruxas adoram deuses, e também é verdade que muitas se identificam como não religiosas inteiramente. Isso, no entanto, não deve ser entendido como se elas não praticassem rituais, não tivessem crenças ou não participasse de outras atividades que os de fora reconheceriam como religiosas.

Tudo isso para dizer que a linguagem pode variar muito, mas os significados podem ter mais semelhanças do que diferenças. Você pode não servir a um deus ou ter um familiar, mas pode falar com árvores e pedras. Talvez você seja um animista e possa ver e ouvir os espíritos presentes nos animais, plantas, objetos e paisagens ao seu redor. Você pode construir relacionamentos especiais com esses espíritos, como minha amiga Bruxa Acácia, que faz joias com pedras, ossos e outros restos naturais. Ela fala diretamente com os objetos, moldando os engastes de metal ou enrolando cada peça de acordo com suas qualidades e desejos únicos. A arte dela está enraizada na parceria – o resultado de uma conversa entre a Bruxa e o espírito. Minha companheira de Coven, Eis, tem uma inclinação semelhante, mas com plantas. Ela pode cultivar qualquer coisa (e até reverte regularmente o dano que faço às minhas próprias plantas de casa). E isso não é porque ela estudou horticultura – ela é uma garota que trabalha com TI o tempo todo. Eis se comunica com as próprias plantas, porque entende, de maneira única, que elas têm seus próprios espíritos.

Outras Bruxas – especialmente as Tradicionais – trabalham com espíritos da terra e outros espíritos locais. Isso pode ser relativamente simples, como cumprimentar o rio perto de sua casa enquanto caminha para o trabalho, que é o que meu amigo Lukaos faz todos os dias. Também pode significar deixar ofertas regulares ou cuidar física e financeiramente do bem-estar ecológico da própria terra. Muitas práticas de Bruxaria dependem inteiramente da localização. Você se relaciona com a terra em que vive. Se você se mudar, esses espíritos ficam para trás, no lugar a qual pertencem. Em algumas Tradições do norte da Europa, esses tipos de espíritos são chamados de "criatura".[13]

Estes são apenas alguns exemplos dos espíritos que podem fazer parte da prática de uma Bruxa. Também podemos matizar isso ainda mais. Por exemplo, podemos dizer que muitas Bruxas ateias estão trabalhando com espíritos, pois os deuses se tornam arquétipos – encarnações de qualidades humanas particulares. Pode-se erguer um altar para Atena não porque acredita que a deusa grega seja uma entidade famosa e sobre-humana com suas próprias ocupações, mas porque deseja promover sabedoria, justiça ou vitória em sua própria vida. De maneira semelhante, uma Bruxa pode realizar um ritual para conversar com um parente morto, porque sabe que isso lhe trará conforto, paz ou encerramento. Ele não precisa acreditar que os mortos podem literalmente ouvir suas palavras. Espíritos e deuses podem ser muito reais para você, ou podem ser abstrações. Alguns praticantes de magia até descrevem a criação de seus próprios espíritos, observando que se você colocar energia suficiente em algo, isso se tornará realidade. Como uma Bruxa, você pega o que tem e usa para sua vantagem. Você não precisa ter crenças específicas, além da crença de que pode efetuar mudanças.

Algumas Bruxas até se veem como os únicos deuses/deusas verdadeiros que valem a pena servir. Sua magia é projetada para fortalecer e desenvolver a si mesmo. Isso pode parecer egoísta para alguns, mas considere como é importante ser saudável e centrado antes de poder ajudar os outros. Considere que vivemos em uma cultura que exige que nos esforcemos para servir aos outros – chefes, colegas de trabalho, clientes, parceiros, pais, filhos. O autocuidado ainda é um conceito bastante radical, especialmente para pessoas

---

13. Em algumas Tradições, no entanto, "criatura" é um espírito dos mortos, ou mesmo apenas outra palavra para "espírito" genericamente. Certifique-se de entender o contexto.

em funções de "cuidador". Para alguns, a Bruxaria é uma maneira de retornar esse foco ao Eu, de se recuperar de um trauma, de quebrar padrões sociais destrutivos ou de curar. Às vezes, ser egoísta é a melhor coisa a ser, e esses tipos de Bruxas lhe dirão que, como Bruxas, somos seres sagrados.

Veremos a devoção e o trabalho espiritual em outro capítulo, mas agora tire um momento para se perguntar: a quem minha Bruxaria serve? A um deus? A uma comunidade? A terra? A mim? Tenho algum relacionamento com outros espíritos? Quais relacionamentos eu gostaria de construir?

Bruxaria no mundo real

É útil buscar inspiração e perspectiva na história, no folclore e na fantasia, mas essa utilidade é limitada. Ainda somos pessoas modernas vivendo na época em que vivemos, com todos os seus parâmetros, demandas e expectativas. Podemos fantasiar sobre viver vidas perfeitamente mágicas, mas para a maioria de nós isso continuará sendo uma fantasia. Já sabemos que a Bruxaria real não se parece com o que vemos nos filmes, mas também não se parece com as postagens filtradas das mídias sociais que percorremos diariamente. Mais do que provável, nem se parece com as expectativas que você definiu para si mesma na semana passada.

Como você desenvolve seu ofício no meio da vida profissional regular? E quando você está lidando com uma doença? Como você continua a estudar e a aprender quando tudo em que consegue pensar é em seu chefe, seus filhos, sua hipoteca ou aquela conta inesperada? Ser uma Bruxa torna você extraordinária, com certeza, mas não lhe permite deixar passar toda a responsabilidade que vem com a vida no mundo real. A Bruxaria é uma ferramenta que podemos usar para tornar algumas partes da vida mais fáceis, mas de certa forma também pode tornar as coisas muito mais desafiadoras.

Não se engane, por mais emocionante e divertido que a Bruxaria seja, ela também pode ser difícil. Não importa o caminho ou Tradição que você segue, cedo ou tarde será obrigada a confrontar o seu Eu, e isso significa enfrentar também as partes que você não gosta necessariamente. Se o seu caminho é devocional, os deuses e espíritos podem (e certamente terão) suas próprias exigências em relação a você. Se faz parte de um Coven, terá o peso adicional de um tipo único de responsabilidade social. Aquelas de vocês que estão fazendo isso há algum tempo sabem o que quero dizer quando falo sobre os desafios da Arte, especialmente se sua própria luta hoje em dia é o esgotamento. Mesmo aquelas que são novas, provavelmente encontraram a experiência de serem dominadas pelo poder e pela pura novidade da experiência. É alegre, mas também pode ser intimidante, confuso e frustrante. Seja qual for a sua prática individual da Arte e por mais longe que você esteja, se estiver crescendo como pessoa, acumulando poder e encontrando outros ao longo do caminho (espíritos, deuses ou outras Bruxas), você enfrentará dificuldade. E vai acontecer isso mais de uma vez. Mas você sabe disso! É por isso que você está estudando. Platôs acontecem quando ficamos presos. Podemos saber exatamente qual é o problema ou podemos não ter ideia. A boa notícia é que desafios como esses geralmente servem como indicadores de que estamos prontos para seguir em frente.

Agora que já falamos um pouco sobre o que é a Bruxaria, vamos começar a detalhar suas partes fundamentais. Há magia em voltar às nossas raízes, especialmente se somos veteranas. No Zen Budismo, encontramos o conceito de "mente de principiante", o que significa que escolhemos assumir nossa tarefa sem preconceitos. Pensamos e exploramos como se fosse a primeira vez. Considere o quanto as crianças pequenas ficam ansiosas quando começam a escola ou o quanto você fica empolgada quando finalmente tenta algo que sempre quis fazer. Essa é a estratégia que vou pedir para você seguir em frente.

• EXERCÍCIO •
Encontrando sua Magia

O objetivo das tarefas a seguir, qualquer que seja a sua escolha (e certamente você pode escolher mais de uma), é começar a desfazer algumas de suas suposições e expectativas sobre o que é a Bruxaria e o que ela pode fazer, mesmo que elas tenham sido arraigadas ao longo dos anos. Cada elemento tem uma estratégia ligeiramente diferente, dependendo de onde você está em sua jornada, então, por favor, revise as explicações na introdução conforme sua necessidade.

Ar

Se você ainda não mantém um diário mágico, um Livro das Sombras ou algum outro tipo de caderno ou registro reflexivo, agora é a hora. Sem desculpas. Não importa que tipo de Bruxaria você pratica, a introspecção lhe servirá bem, e uma das maneiras mais prontamente disponíveis de conhecer a si mesmo – seus objetivos, seus desejos, seus medos, seus problemas – é refletir sobre si mesmo! Seu livro não precisa ser sofisticado. Nem precisa ser um livro! Você pode digitar em um computador, se preferir, ou até mesmo ditar seus pensamentos em um gravador de voz. Não permita, jamais, que alguém leia ou ouça seus pensamentos, a menos que você os compartilhe (e eu sugiro que não o faça – mesmo quando insistimos que não, ter uma audiência altera nosso comportamento, então resista ao desejo de iniciar um blog ou mídia social para este fim). Ninguém vai verificar sua ortografia ou gramática, nem vai criticar as palavras que você escolher ou sua pronúncia. O objetivo da autorreflexão não é o de se tornar uma escritora, um historiadora ou um recurso de informação para os outros; é apenas fazer suas ideias fluírem e criar o hábito da reflexão. Se escrever é muito difícil ou fisicamente impossível, tudo bem! Você pode gravar mensagens de voz em seu telefone, usar um caderno de desenho para criar arte ou até mesmo coletar imagens em um álbum de recortes que ilustre significativamente seus pensamentos. Nenhum de seus trabalhos precisa fazer sentido para mais ninguém – apenas para você. Mas escolha um método (ou explore vários ao mesmo tempo) e comprometa-se com a autorreflexão ao longo deste livro.

Com tudo isso em mente, reflita sobre as seguintes perguntas o mais profundamente que puder: você é uma Bruxa? Como você sabe? O que torna alguém uma Bruxa? De onde vem sua compreensão do que é uma Bruxa? Você já conheceu ou ouviu falar de alguém que alegou ser uma Bruxa, mas que não atendeu a essa definição? Qual foi o raciocínio delas?

Fogo

As Bruxas são pessoas extraordinárias, porque assumem o controle de suas vidas e trabalham para criar mudanças, em grande ou pequena escala. Parte de ser uma Bruxa é desenvolver seu poder pessoal, aproveitá-lo e usá-lo para fazer magia. Como já discutimos, a Bruxaria costuma ser assustadora para quem está de fora, porque desafia o *status quo* e incentiva os praticantes a se afastarem do que muitas vezes é considerado normal. Com isso em mente, considere seus próprios medos. O que você faz ou não faz, porque tem medo de ser julgado, tem medo de falhar ou tem medo de se machucar (especialmente no aspecto emocional – não estou pedindo necessariamente que você comece uma escalada livre!)? A Bruxaria nos ajuda a transcender as limitações, mas apenas se tomarmos algumas atitudes mundanas primeiro. Comece a ouvir conscientemente uma voz em sua cabeça que lhe diz para não fazer as coisas e pergunte, por quê? Seus medos são razoáveis ou você está com medo porque a situação em questão é difícil, faz parte de um padrão pessoal ou está enraizada em ser socialmente aceitável? Você tem medo de seguir um hobby, por que acha que é muito velho ou por que é tradicionalmente associado a outro gênero? Você tem medo de ser honesto com as pessoas, por que quer a aprovação delas? Tem medo de abandonar um relacionamento tóxico, por que não saberá quem você é sem ele? Teme perseguir um sonho, por que acha que é muito difícil? Tem medo de começar algo, por que está preocupada em cometer um erro?

Seja qual for esse medo, dê o primeiro passo para superá-lo. Comece a lidar com os pequenos medos que você encontra no seu dia a dia. O que a mantém segura e o que a impede? Não há problema em ter medo, desde que ele não te impeça de fazer as coisas. O medo é uma emoção útil na medida em que nos mantém seguros, mas se deixarmos que dirija nossa vida, ele também vai nos impedir de crescer. A liberação que vem ao enfrentar os medos e seguir em frente está além de qualquer valor, e será importante à medida que você avança. Quando estou em dúvida, gosto de me lembrar de um conselho sábio de Terry Pratchett, por meio de sua personagem e Bruxa literária favorita de longa data, Vovó Weatherwax: "Uma Bruxa nunca deve se assustar na floresta mais escura... porque ela deveria saber em sua alma que a coisa mais aterrorizante da floresta era ela."[14]

Água

Você se lembra do que a fez querer ser uma Bruxa? Para muitas de nós, era a perspectiva de poder fazer magia para melhorar nossa vida. Para outras, era o glamour que parecia vir com a imagem da Bruxa. Pense em todas as coisas que a excitaram quando começou a estudar e praticar. Você pode até mesmo olhar para trás em seus diários mágicos e ler as primeiras etapas. Quais tipos de coisas ocuparam seu interesse? Você ainda está fazendo elas? Provavelmente há coisas que não faz mais, porque a vida atrapalhou. Você pode nem perceber. Houve um momento em minha própria vida, por exemplo, em que de repente percebi que não fazia ideia de em que fase a Lua estava. Eu costumava realizar rituais sazonais com a Lua,

14. Terry Pratchett, *Wintersmith* (New York: HarperCollins Publishers, 2006), 240.

mas teve um tempo que eu mal prestava atenção a ela. Eu já era Bruxa há bastante tempo – entendia intelectualmente que tipo de impacto a Lua pode ter no humor, na magia e no poder pessoal –, mas mesmo assim comecei a ignorar esses princípios. Eu costumava ficar empolgada em rastrear a Lua! O simples ato de recuperar essa consciência e alterar minha prática mágica para explicar as marés lunares foi um divisor de águas em um ponto baixo da minha prática.

Considere seus primeiros passos na jornada para se tornar uma Bruxa. Existem coisas que você costumava fazer que, de alguma forma, se perdeu? Escolha algo que deixou de fazer e reincorpore isso à sua prática. Concentre-se nisso, talvez durante todo o mês. Observe como se sente. Ainda é importante para você? Em caso afirmativo, como você vai reinserir isso em sua rotina atual? Se não, você o substituiu por algo melhor?

Terra

É um ditado comum, particularmente em espaços ecléticos Wiccanos, que a Bruxaria é o que você quiser. Muitos escritores ou palestrantes dirão que não há problema em experimentar várias crenças e práticas e simplesmente jogar fora o que não se encaixa. Há um elemento de verdade nisso. É verdade que você é sua própria autoridade e que tem o direito de decidir o que é melhor para si mesmo. Também é verdade que ninguém pode lhe dizer em que acreditar ou o que é melhor para sua prática espiritual. No entanto, se você escolher apenas o que é melhor, o que é mais confortável e o que é mais natural, vai prejudicar seu próprio progresso. Isso é tão verdadeiro na Bruxaria quanto no aprendizado de um instrumento ou no desenvolvimento de um atleta. Você tem que destruir o músculo para torná-lo mais forte, tem que passar horas executando escalas e desenvolvendo a força da mão se quiser ser um guitarrista de ponta. Progresso é trabalho. Avançar como uma Bruxa requer que você fique desconfortável.

Às vezes, as coisas que nos deixam desconfortáveis não são necessariamente situações das quais temos medo, algo que tentamos antes e simplesmente não gostamos, ou aquilo que colide fundamentalmente com nossas crenças. Muitas vezes – especialmente para aqueles de nós que estão por aí há algum tempo e estão bem estabelecidos em seus caminhos – as coisas nos deixam desconfortáveis só porque achamos que são, bem, meio idiotas.

Cheguei na Arte muito desconfiada da Nova Era e de tudo o que eu pensava e acompanhava. Minha Bruxaria – assim eu pensei – era mais escura, mais cheia de dentes, mais séria. Eu revirava os olhos quando as pessoas falavam em equilibrar os chacras, fazer ioga ou usar cristais na cura. Precisei de uma série de encontros com outra Bruxa para mudar minha mente. Eu tinha sido a Alta Sacerdotisa de um Coven por alguns anos, sabia como fazer magia eficaz e tinha uma baixa rotina, mas uma queda me levou a começar a explorar novas técnicas. Acabei fazendo uma aula com um professor de outra Tradição, achando que não tinha nada a perder. Era alguém que eu respeitava e fiz isso por um tempo, mas de repente me pediram para fazer coisas que sempre considerei muito *New Age* (na verdade, a palavra que eu tinha usado tão duramente antes era "burra"). Mas eu sabia que só ia conseguir de fora o que eu colocasse dentro, então aceitei e decidi confiar no meu professor.

E não é que fiquei surpresa ao descobrir que, mesmo eu achando aquilo bobo, às vezes era realmente eficaz e poderoso? Aprendi muito simplesmente deixando de lado minhas dúvidas pessoais sobre o que era Bruxaria "real" e experimentando coisas novas. Claro, ainda há muito da Nova Era que não combina com minha personalidade ou simplesmente não funciona para mim. Tudo bem, no final, esse experimento pessoal realmente me ajudou a reanimar minha prática.

Pense naquelas coisas que se enquadram ou até mesmo ficam um pouco fora de sua definição pessoal de Bruxaria, e que você não tentou seriamente (ou de todo), porque são desanimadoras. Talvez você pense que elas não são autenticas, são tolas, sem sentido ou apenas ignorantes. Escolha uma ou duas práticas diferentes para tentar, abordando-as com uma mente de principiante. Comprometa-se a explorá-las por um determinado período de tempo (um mês é bom) para que você saiba que está sendo o mais justa possível consigo mesma. Divirta-se com isso! Se achar que tudo é ainda um pouco bobo, no final, não vai precisa fazer isso de novo. Mas você pode se surpreender.

Capítulo Dois

Espaço Sagrado

Muitos livros introdutórios começam com instruções para montar um altar pessoal. Se você é Bruxa há algum tempo, provavelmente já tem o seu altar, talvez até mais de um, para diferentes propósitos. Se você é novata, pode estar aprendendo sobre os Instrumentos usados na Arte e para o que eles servem, para onde vão, como adquiri-los e todas essas coisas divertidas (e às vezes frustrantes). Todo mundo parece ter uma opinião forte sobre altares, e isso faz sentido porque, para muitas Bruxas, é aí que sua prática começa. Para postagens de mídia social, os altares favoritos são os permanentes. Adoramos decorá-los nos feriados e eles rapidamente se tornam pontos focais para nossa identidade como Bruxas. Infelizmente, é também no altar que muitas práticas pessoais se encerram.

É fácil se perder no materialismo e esquecer que o objetivo de um altar não é o de coletar seguidores nas redes sociais ou o de exibir Instrumentos caros, do quais você realmente não precisa. O significado pessoal tem uma maneira de se esvair sem que percebamos. Por outro lado, é tão fácil esquecer que o altar – embora seja um importante espaço sagrado – não é o único espaço sagrado que temos. Muitas vezes nos esquecemos da nossa casa, da nossa comunidade e até mesmo do nosso corpo! Neste capítulo, veremos o que significa o "sagrado", bem como e por que criamos espaços sagrados. Vamos reconsiderar os altares pessoais – podendo ser altares que estão sendo consagrados agora ou os que você guardou por toda uma vida – e os objetos sagrados em nossa vida. Por fim, veremos como as pessoas que mantemos ao nosso redor e como os cuidados com nós mesmos afeta nosso senso do sagrado.

Separando o Sagrado

"Uau. É como se a Bruxaria caísse aqui dentro."

Corvus olhou ao redor da minha sala. Eu tinha decidido que finalmente era hora de recuperar meu espaço. Ou pelo menos me livrar de todo aquele pó. Vinte e poucos anos praticando Bruxaria deixaram uma marca muito grande em sua decoração, e as coisas estavam ficando um pouco fora de controle. Além dos livros – que estavam empilhados ao acaso ao lado de prateleiras transbordando – havia pedras caídas, estátuas, jarros cheios de restos de feitiços e sabe deus o que mais, e ainda tinha recordações de rituais públicos e festivais que eu só lembrava pela metade. Depois de esparramar tudo pelo o chão para poder limpar as prateleiras, as coisas estavam por toda parte.

"O que é isso mesmo?" Ela pegou um sachê de pano vermelho desbotado, amarrado com uma fita puída, e deu uma cheirada, franzindo o nariz. "Uau... está vencido, seja lá o que for."

"Esse é o encantamento de prosperidade daquele workshop que fizemos na Starwood. Lembra?"

"Sim, isso foi há quatro anos."

"Mesmo?" eu não conseguia me lembrar. Parecia que foi no verão passado. "Tem certeza?"

"Sim. Acho que funcionou tão bem quanto vai funcionar." Corvus riu e levantou uma sobrancelha. "Sabe, você não pode salvar tudo."

Corvus estava certa, é claro. As coisas têm um jeito de se acumular e podem ocupar muito espaço se você deixar. Para algumas pessoas, a desordem é a sua estética. Pode ser encantador. Quando você ama algo e isso ocupa uma grande parte de sua vida, faz sentido que sua casa reflita isso. Minha casa certamente é assim! Aqui funciona como um ponto de encontro para o meu clã, o Foxfire, então há meia dúzia de outras Bruxas aumentando o caos.

O problema da aquisição total, porém, é que ela tende a estagnar a energia de um lugar. Você já entrou em um espaço de armazenamento e o ar parecia pesado? A desordem tem uma maneira de parar o fluxo de um lugar. Para mim, parece que o ar está muito quente e mais difícil de respirar. Se estou em um espaço como esse por muito tempo, posso começar a me sentir ansiosa ou irritada sem realmente saber o porquê. Isso pode ser especialmente verdadeiro quando muitos dos objetos no espaço são mágicos ou carregam muita emoção pesada com eles (pense em quão poderosas as fotografias ou outros itens pertencentes a entes queridos falecidos podem ser). Se você estiver familiarizada com a prática chinesa do Feng Shui, poderá ter uma visão adicional desse fenômeno. A colocação de objetos – móveis, decoração e bugigangas – afeta a forma como a energia se move em uma sala.[15] Essas coisas podem dar força ao nosso trabalho e elevar nosso humor, mas também podem nos sufocar, às vezes sem que percebamos.

Isso vale para os dois lados também. Talvez o problema não seja desordem ou estagnação; talvez seja uma simples falta de conexão. Se você está tentando praticar em condições menos do que ideais e não consegue tornar o espaço seu, o resultado final pode ser exatamente o mesmo. Talvez você tenha um colega de quarto menos compreensivo ou não tenha compartilhado seu caminho com sua família e não queira que eles descubram inadvertidamente. Talvez você simplesmente não sinta que tem os recursos para construir o espaço que deseja. As coisas geralmente custam dinheiro, afinal.

---

15. Historicamente, e de uma maneira curiosa, o Feng Shui estava muito preocupado com o enterro dos mortos e a colocação adequada de sepulturas para ajudar os espíritos a alcançar a vida após a morte. Nos anos mais recentes – graças pelo menos em parte ao colonialismo e a apropriação – o Feng Shui tornou-se sinônimo de organização doméstica de alto nível. Para mais, leia *The Tao of the West: Western Transformations of Taoist Thought*, de J. J. Clarke (Routledge, 2000).

Talvez seu espaço mágico não esteja servindo, porque, bem, simplesmente porque ele não parece muito mágico para você.

Quaisquer que sejam suas circunstâncias particulares, uma coisa é clara: seu entorno afeta sua prática de feitiçaria. As visões, cheiros, sons e a sensação de um lugar nos influenciam fortemente, embora muitas vezes não percebamos exatamente o quanto.

Muitos mentores da Arte aconselham que um dos objetivos mais importantes da prática é a integração. Seu trabalho como Bruxa deve se estender além dos Sabbats e das luas cheias e não deve parecer totalmente diferente de sua vida diária. Se você passou muito tempo em comunidades mágicas ou leu muitos livros sobre Bruxaria, pode já ter encontrado a ideia de que a distinção entre o mágico e o mundano é uma ilusão. Qualquer ato pode ser mágico. Isso é certamente verdade. E, para muitas Bruxas, este é um objetivo admirável. No entanto, como acontece com a desordem em sua casa, há uma linha a ser percorrida. Encontrar magia e se conectar com o divino no seu dia a dia é profundo quando acontece, mas nem sempre é possível, ou mesmo desejável. Às vezes a vida é brutal. Surpreendentemente, as Tradições da Bruxaria não são ascéticas. Não nos consolamos com a privação nem procuramos justificação espiritual no sofrimento. Você não falha como Bruxa quando não consegue encontrar alguma lição cósmica em trabalhos que lhe tira até a alma ou com a morte de um membro da família. A advertência de que precisamos raramente vem das pessoas que mais sofrem no mundo. Haverá momentos em sua vida em que sua prática como Bruxa será um refúgio do cotidiano.

Na busca de encontrar o espiritual no mundano, esquecemos que ser sagrado é ser reservado. A própria palavra "sagrado" vem do latim para o francês antigo e significa literalmente "pôr de lado", especificamente em referência a objetos ou lugares. Por definição, o sagrado não está em todos os lugares e em tudo.[16] Podemos encontrar

---

16. Mircea Eliade, *The Sacred and the Profane: The Nature of Religion* (Orlando, FL: Harcourt, 1957), 11-16.

o sagrado em lugares surpreendentes, podendo até ser subjetivo e móvel, mas insistir que está em toda parte, como na desordem, por exemplo, pode realmente nos esgotar e nos desencorajar.

Após anos de prática, se você estiver passando por uma pausa, considere que seu espaço sagrado não é tão sagrado quanto antes. Sentar-se diante de seu altar ou santuário muda seu humor? O lugar onde você trabalha ainda parece especial, você sente a magia nele? Os deuses e espíritos de sua Arte estão presentes lá? Só porque a resposta a essas perguntas foi "sim" no passado, não significa que as coisas não mudaram, talvez sem que você perceba.

Novas Bruxas podem ter problemas relacionados. Nossa cultura é materialista e somos inundados pelas mídias sociais com infinitas maneiras de gastar dinheiro em coisas que não precisamos. Você pode estar sofrendo muita pressão para construir um altar elaborado imediatamente ou para gastar dinheiro em Instrumentos sofisticados. Mas se o seu espaço sagrado não reflete você, não terá o efeito desejado em sua vida.

Com tantas fontes nos dizendo como as coisas devem ser feitas, por onde começamos? Só porque técnicas específicas são populares não garante que elas servirão para você.

As perguntas são inúmeras. O que as pessoas querem dizer quando afirmam que os objetos em um altar "falam" com elas? Tudo bem se o meu espaço sagrado não se pareça com as postagens que circulam nas redes sociais? Como eu sei se estou construindo algo que realmente vai ajudar em minha prática e no meu desenvolvimento?

Limpando seu espaço

Seu ambiente de vida afeta e reflete seu bem-estar. O estado de sua casa geralmente diz muito sobre seu estado mental, suas prioridades e a quantidade de controle que você está exercendo atualmente em sua vida. É verdade para muitos de nós, por exemplo, que quando estamos ocupados no trabalho, estressados com a escola ou lidando com coisas bagunçadas da vida, a louça nem é lavada na hora. As roupas vivem num canto, desdobrada. A cama não é arrumada ou o chão não é aspirado ou varrido. Isso é especialmente verdadeiro para muitos que vivem com depressão clínica, que é um número cada vez maior de nós. Sua inclinação pode ser a de deixar essas coisas de lado, porque outros assuntos são mais urgentes, mas a desordem em seu espaço de vida pode estar na raiz de suas práticas mágicas atrasadas. Colocar seu entorno imediato em ordem também é um ótimo lugar para começar, se essa for a primeira vez que você cria seu próprio espaço conscientemente sagrado. Agora, não estou dizendo que você precisa se transformar em uma aberração limpa, e o que constitui desordem é certamente uma questão de perspectiva e preferência, mas se você se pegar entrando em seus espaços íntimos e pensando instantaneamente: "Ugh, não está bom este lugar, mas cuido disso depois", há uma boa chance de que a bagunça esteja além de sua preferência estética.

Quando os espaços onde sua magia vive estão em desordem, há uma boa chance de sua magia também estar (ou de ela ficar). Antes de arrumar, é uma boa prática limpar. Então, coloque uma música ou um filme favorito para tocar no fundo e mãos à obra! Não importa quanto espaço tenha. Você pode até viver em um pequeno ambiente – como em um dormitório ou um quarto compartilhado – onde seu controle é limitado. O que importa é que, mesmo se você estiver curtindo no sofá da sala de estar organizada de um amigo, tome nota das coisas que você pode controlar, mesmo que seja apenas organizar o conteúdo de sua bolsa ou de sua mala. Quaisquer que sejam as tarefas que você tem evitado, enfrente-as agora. Não precisa fazer tudo de uma só vez se estiver se sentindo sobrecarregada. Comece com a área mais próxima do seu altar ou espaço de trabalho, isso se você já tiver um, e vá adiante como puder. Tire as coisas do chão, jogue fora qualquer pedaço de lixo perdido (se você for como eu, isso significa pilhas de lixo eletrônico e papéis que simplesmente não chegaram à lixeira) e poeira. Lembre-se, isso está lançando as bases para a Bruxaria, então se for para ajudar a motivá-lo, pense nisso como um ato mágico ou devocional. Volte a algumas daquelas técnicas mágicas de limpeza que você provavelmente encontrou em outros livros e que simplesmente não tenta realizá-las há algum tempo: ao varrer ou aspirar o ambiente, imagine que também está limpando a negatividade, a energia estagnada ou eliminando qualquer outra sujeira etérea junto com a sujeira local. Se a visualização e a imaginação forem difíceis, use sua voz para declarar o espaço limpo e purificado. Proferir palavras com convicção e autoridade é tão eficaz quanto ver algo em sua mente. Vá em direção à porta, fique do lado de fora e entre polvilhando água salgada para limpar e purificar ainda mais toda a área. Também gosto de usar um incensário no ambiente, geralmente queimando uma mistura de incenso, mirra, sândalo e lavanda (todos os quais há muito são associados em várias tradições à purificação).

Quando terminar, é hora de olhar para o seu próprio corpo! Tome um banho ou uma ducha. Seja tão ritualizado quanto quiser. A limpeza pode ser um trabalho difícil e, em um nível prático, você está apenas lavando a bagunça. Em um nível energético, você está se renovando e se preparando para um ato de magia maior. Algumas Bruxas usam óleos consagrados e espalham ervas na água do banho (certifique-se de envolvê-las em gaze ou algo semelhante para que não entupam o ralo). Eu prefiro sal puro e uma xícara de chá na borda. Faça aquilo que fizer você se sentir revigorado. Quando terminar, você pode optar por "vestir-se de céu"[17] ou trabalhar com um novo conjunto de roupas ou um manto ritual.

Se você trabalha como Bruxa há muito tempo, a próxima parte pode ser especialmente desafiadora. Você vai esvaziar seu espaço ritual! Seu altar, seu santuário ou qualquer outro lugar que construiu para praticar sua Arte – você vai limpá-lo. Isso pode ser uma coisa muito perturbadora de se fazer, mas confie em mim. Aconselho a ter uma caixa de papelão, um pano de pó e qualquer material de limpeza e armazenamento que achar necessário. Se este for seu primeiro altar, você não terá nada para limpar, o que é ótimo! Esta será uma

17. Nudez ritual. (N. T.)

oportunidade para começar com uma base sólida. Concentre-se em limpar um espaço para você: uma cômoda, uma mesa de canto, um parapeito de janela ou alguma outra superfície que você possa dedicar ao trabalho mágico. Se preferir, leia os próximos parágrafos para ter uma perspectiva mais real, ou simplesmente pule para a parte em que começamos a construir o altar.

Antes de começar, reserve um momento para refletir sobre os objetos à sua frente. Com qual você passou mais tempo? Qual foi o mais caro? E o mais difícil de adquirir? Qual você mesmo fez? Coloque suas mãos em alguma superfície deste espaço e tente sentir a energia dele. Ainda flui como deveria? Estar aqui ainda sinaliza ao seu cérebro que a magia está em andamento e os deuses e espíritos estão presentes? Se você sentiu sua prática estagnada, há uma boa chance de que parte do problema esteja bem aqui. Parece bastante óbvio que precisamos cuidar de nossos espaços sagrados para ajudar a manter nossa saúde espiritual, mas é surpreendentemente fácil permitir que as coisas caiam em desordem e negligência. A poeira tem um jeito de se tornar invisível assim que se instala. As oferendas costumam ficar de fora um ou dois dias a mais do que o pretendido. Se você é como a maioria das pessoas, não está imune a tais lapsos, não importa suas intenções.

Contemple cada objeto em seu espaço mágico. Um de cada vez, limpe-os e remova-os, colocando-os com segurança em uma caixa ou guardando-os fora da vista. Faça isso lentamente, mas de uma vez só. Deixe o significado de cada objeto ficar com você por um momento. Observe quando e onde você encontra energia mais fraca ou totalmente ausente. Faça isso para tudo, incluindo para as velas, os pratos e qualquer pano de altar que você possa usar. Quando terminar, seu espaço deve estar completamente vazio.

Quando fiz isso pela primeira vez, fiquei extremamente desconfortável. Em todo lugar em que morei, sempre mantive um altar em meu quarto, isso já tem mais de vinte anos. Alguns dos meus itens rituais mais preciosos estiveram comigo esse tempo todo. Meu cálice é uma xícara de cerâmica comprada em um festival de arte quando eu tinha dezesseis anos. Meus castiçais foram encontrados em um brechó quando eu era muito mais jovem do que isso. Os chifres foram um presente do meu tio, um caçador. O Pentagrama de argila e as estátuas da Deusa são ambos produtos de uma aula de arte que tive no último ano do ensino médio. As várias bugigangas mágicas são de minhas viagens, meus amigos e os encontros que tive com os deuses e outros praticantes ao longo dos anos. Mas também descobri coisas que não serviam mais e até objetos que agora tinham associações dolorosas. Coisas que eu não percebia no meu dia a dia, mas que estavam ocupando meu espaço, impactando-o sem que eu percebesse. Meu altar, embora eu estivesse cuidando dele e trabalhando nele por décadas, ainda guardava surpresas para mim. Era bizarro e inquietante ser confrontada por um espaço vazio.

Se você está desconfortável, permita-se ser assim. Este é um exercício contemplativo, portanto, permita-se experimentá-lo plenamente, não importando o que você sinta. Quando estiver pronta, realize qualquer limpeza mágica adicional que sua Tradição – ou sua intuição – possa exigir. Meu objetivo é uma simples consagração com água salgada e incenso. Você pode preferir uma lavagem com ervas, uma unção com óleo ou o uso de afirmações para declarar o espaço limpo e pronto para a rededicação. Ou pode optar por deixá-lo vazio por um determinado período de tempo, talvez de acordo com a Lua (considere desmontar na Lua nova e reconstruir na Lua cheia) ou até em um dia sagrado para quaisquer deuses ou espíritos com os quais possa trabalhar (ou apenas um que é especial para você pessoalmente). E pode também começar a reconstrução imediatamente, se sentir que está pronta.

Leve esse processo de reconstrução mais devagar do que fez na desmontagem, talvez ao longo de muitos dias. Comece com sua toalha de altar, se você usar uma. Em seguida, adicione um item de cada vez, começando com o mais fundamental ou o mais importante. Continue sua contemplação enquanto acrescenta algo ao seu altar. Qual é a importância deste objeto? O que isso agrega à sua prática?

Você despiu seu altar de uma só vez, mas provavelmente não vai remontá-lo na mesma velocidade. Permita que cada objeto se acomode, tendo uma noção de como é trabalhar com o Todo. Talvez adicionar uma coisa por dia seja o ideal. Leve o tempo necessário para construir e reafirmar sua conexão com o espaço mágico e todos os itens nele. Quando terminar, desempenhe qualquer dedicação que sua prática pessoal ou sua intuição possa exigir. Seu espaço, agora recém-limpo e reexaminado, será reenergizado. Ele terá um fluxo mais forte e será mais convidativo.

Se o seu espaço sagrado foi criado agora, pela primeira vez, provavelmente não terá toneladas de coisas para colocar em um altar, e tudo bem. De qualquer forma, várias Tradições de Bruxaria exigem diferentes tipos de Instrumentos e arranjos, e talvez você ainda não esteja no ponto de pensar em praticar qualquer estilo específico de Bruxaria. É melhor começar com pouquíssimas coisas – cada uma sendo muito significativa – do que com muitos objetos adquiridos apenas porque alguém lhe disse que você deveria tê-los. Em vez disso, tente o seguinte: deixe a superfície que escolheu vazia, exceto por uma única vela (e qualquer suporte necessário para queimar com segurança). Cor, forma e materiais não importam neste momento. Basta escolher aquilo que seja especial para você. Toda vez que estiver em seu espaço sagrado, acenda a vela. Se quiser orar, meditar ou realizar algum outro tipo de exercício espiritual enquanto queima a vela, tudo bem. Mas também acenda a vela quando estiver estudando com livros mágicos, quando estiver escrevendo um diário, quando estiver conversando com outras Bruxas on-line ou quando estiver simplesmente sentada em contemplação. O ponto é chamar sua atenção para seu novo foco espiritual e treinar para estar atenta quando estiver neste espaço. Você pode decidir exatamente como isso se parece. Se não puder queimar uma vela, vá lá fora e pegue uma pedra do tamanho da palma da sua mão. Use essa pedra para se lembrar das fundações que você está construindo. Segure-a em contemplação, mantenha-a perto quando estiver fazendo qualquer tipo de trabalho mágico e reflita sobre o que significa estar conectada ao mundo toda vez que olhar para a pedra.

A partir desse simples começo, você pode adicionar outras ferramentas ao longo do tempo, conforme informado por qualquer Tradição à qual você se sinta chamada ou o que sua intuição sugerir. Você pode optar por adicionar objetos naturais – como bolotas ou conchas – que reflitam sua região. Pode adicionar fotos de entes queridos já falecidos, imagens de divindades que o inspiram, qualquer ferramenta de adivinhação que possa adquirir, seu diário mágico ou quaisquer outros objetos que o inspirem. Eu gosto de decorar meu altar com minha própria arte, que é de natureza mágica. Também guardo testemunhos que simbolizam meus relacionamentos com entes queridos, projetos e objetivos que tenho, às vezes decoro até os livros que estou estudando no momento. A questão é que, seu altar não é para gastar seu dinheiro ou adquirir muitas coisas que não são imediatamente significativas para você. Eventualmente, você pode optar por buscar ferramentas tradicionais, como um Caldeirão, uma Varinha ou uma Faca Ritual[18] de algum tipo, mas permita que essas coisas entrem em sua vida conforme necessário. Você não precisa necessariamente de nenhuma delas para ser uma Bruxa. O que realmente precisa é de certo senso de conexão e entendimento de que, potencialmente, qualquer coisa pode ser usada para fazer magia.

Consagrando e se (re)conectando com seus Instrumentos

Não precisamos de nada nesta vida, é verdade, mas isso não parece nos impedir de adquirir coisas! Quaisquer que sejam nossas Tradições ou nossos caminhos pessoais, nós, Bruxas, adoramos objetos. Talvez pelo fato de termos sido treinadas para trabalhar com a magia presente em todas as coisas, ou porque naturalmente vemos potencial onde outros podem ver apenas objetos simples e antigos. Muitos de nós

18. Uma faca consagrada ou um Athame. (N. T.)

nascemos colecionadores, mal conseguimos nos aventurar sem trazer para casa pedaços interessantes da paisagem natural (tenho uma queda por rochas interessantes) ou bugigangas velhas descartadas por outras pessoas, potes, bolsas, cordas ou restos de ingredientes dos feitiços. Minha própria casa fica em algum lugar na fronteira entre o Museu de História Natural e o Chalé de Gengibre. Qualquer outra Bruxa a reconheceria como uma casa mágica só porque, energias à parte, tendemos a ter padrões semelhantes.

Tradições diferentes exigem ferramentas diferentes. Como praticante da Wicca Gardneriana, minha prática ritual costuma ser um pouco mais cerimonial do que a de muitos outros tipos de Bruxas. Temos muitos Instrumentos específicos, como o Athame, a Varinha, o Pentagrama do altar, o Cálice e muitos outros. Outras Bruxas podem usar ferrões, cordas, caldeirões, flagelos, contas de oração, ferramentas de adivinhação, como cartas de tarô e runas, cristais e inúmeras outras coisas. Também é provável que ao longo dos anos você tenha acumulado mais do que realmente precisa ou usa. É muito comum que os recém-chegados à Bruxaria sintam que precisam esgotar e adquirir muitas ferramentas rapidamente. Então, uma vez que realmente tiveram a oportunidade de usá-los, descobrem que, na verdade, são muito mais atraídos por outra coisa (ou não sentem a necessidade daquilo!). "Este não era o Atrhame certo", ou, "Prefiro trabalhar com um Bastão e não com uma Varinha". Praticamente todos os livros e professores nos dizem para não ter pressa, mas às vezes não podemos deixar de nos apressar.

Assim que tivermos nossos novos objetos preciosos, geralmente os consagraremos de alguma forma. Isso pode ser simples ou muito complexo. Um cristal só pode ser deixado sob o luar ou banhado em água salgada, enquanto uma espada ritual pode ser esculpida ou gravada com símbolos mágicos particulares.

No entanto, eu me dei conta de algo. Muitos de nós consagramos um Instrumento quando ele é novo e depois não pensamos em sua manutenção. Pense nos Instrumentos que você tem há mais tempo.

Quando foi a última vez que os limpou e os reconsagrou? Objetos, mesmo aqueles inerentemente mágicos e que requerem pouquíssima atenção (como os cristais), captam a energia do espaço em que vivem e das pessoas que os manipulam. O simples fato de ser usado regularmente em rituais não garante que uma ferramenta seja sempre adequada para esse propósito. Quando foi a última vez que você limpou seu Athame ou o seu Cálice? Ou quaisquer outras ferramentas nas quais você pode estar confiando há anos? Uma das coisas que me surpreendeu quando estava desmontando e reconstruindo meu altar foi há quanto tempo eu não abençoava e limpava meus próprios Instrumentos. Não é à toa que eles não estavam à altura! Não é de se admirar que as coisas não estivessem tão mágicas quanto eu queria.

Ganhei meu primeiro Athame aos dezesseis anos. Uma pequena lâmina barata, produzida em massa e que indescritivelmente veio em uma caixa de papelão estampada com "*made in Pakistan*". Digo "barata", porque a experiência de ter uma renda estável alteraram minhas perspectivas desde então, mas verdade seja dita, era uma coisa bastante preciosa para uma Bruxa adolescente com poucos recursos mágicos, contando com um mínimo salário, fruto de empregos de verão. Não importa que tive de persuadir meus pais! Como eu tinha menos de dezoito anos, não podia simplesmente sair e comprar qualquer tipo de arma por conta própria, mesmo uma faca cega que não cortaria nada. Foi preciso muito planejamento e muito trabalho para comprar aquele primeiro Athame! Consequentemente, eu o apreciava. Escrevi meu próprio ritual de consagração, que envolvia muita unção com óleo (azeite velho, simples, de supermercado, porque eu ainda era apenas uma novata e não tinha conhecimento ou recursos para óleos essenciais ou carreadores sofisticados... a propósito, funcionou muito bem), água salgada e fumaça de incenso. Também esculpi o cabo do Athame para incluir meu nome da Arte e uma série de símbolos mágicos que tinham significado para mim. Eu transformei ele em preto, queimando-o na chama de uma vela e depois esfregando-o com cera. Quando não estava descansando no altar do meu quarto, eu o mantinha envolto em um pedaço de tecido preto.

Desde aqueles primeiros anos, adquiri outras facas rituais. Um cheque de pagamento regular e meu próprio espaço me permitiram possuir Athames e Espadas mais caros – até personalizados. Mas você sabe, nenhum deles jamais foi mais mágico do que aquele primeiro Athame. Não por causa de nada, mas da energia e do tempo que coloquei nisso. Quase vinte anos desde que o comprei, este ainda é o *meu* Athame, e o escolhi várias vezes em detrimento de muitas outras facas mais caras. Não importa quanto você gaste ou quão única seja a ferramenta; é sobre como você valoriza isso.

Nem todas as ferramentas que você encontrar ao longo de sua vida terão esse nível de impacto. Alguns de seus objetos mágicos vão e vêm à medida que sua prática se desenvolve. Você tentará coisas que não falarão com você a longo prazo ou que só lhe servirão em pontos específicos de sua vida. Algumas de suas ferramentas podem muito bem estar embaladas naquela caixa que você preparou quando limpou seu altar.

Ao construir ou reconstruir seu espaço ritual, preste atenção especial a cada um de seus Instrumentos. Meu conselho para as novas Bruxas é: adquira suas primeiras ferramentas tão lentamente quanto necessário, concentrando-se em uma de cada vez e aprendendo a usar cada uma por conta própria, antes de ser cercada por outras. Já para as Bruxas experientes, digo que vocês não precisam tentar voltar no tempo e recapturar esses primeiros sentimentos de conexão – não sou mais a mesma Bruxa que eu era quando tinha dezesseis anos, e você sem dúvida mudou à medida que cresceu também –, mas podemos revisitar o mesmo nível de cuidado que foi dispensado a essas ferramentas inicialmente. Tome seu tempo e consagre seus Instrumentos. Limpe-os. Reconecte-se a eles ou conecte-se pela primeira vez. Comprometa-os com o propósito de servir a você. No final deste capítulo, confira uma variedade de exercícios para esse propósito.

Me diga com quem andas...

O espaço sagrado não é composto apenas de templos, altares, ferramentas ou de nossa casa. Ele compõe nossos corpos físico e energético, que são fortemente impactados pelas pessoas com quem passamos o nosso tempo. Discutiremos o autocuidado em breve, mas primeiro quero que analisemos de perto como nossos ambientes sociais podem nos impactar magicamente, o que, por sua vez, retorna conosco para nossa casa e empoleira em nosso espaço sagrado.

Lembra da época da escola, quando, na adolescência, sua classe meio que se dividiu naturalmente em panelinhas e grupos sociais? Atletas saíam com atletas; nerds, punks, estudantes de honra e garotos do teatro, todos encontraram suas tribos entre as aulas; e pode ser traumático descobrir que você não se encaixa confortavelmente em nenhuma delas. Filmes populares como *Meninas Malvadas* e *Jovens Bruxas* fazem questão de mostrar como a formação de panelinhas impacta os jovens, principalmente quando esse impacto é negativo. Se esses grupos realmente existem ou não em todas as escolas de ensino médio ou se são apenas estereótipos exagerados para nosso entretenimento, reconhecemos que as pessoas tendem a se reunir em grupos com outras que se parecem e agem como elas. Além disso, fazemos suposições sobre os outros com base em quais grupos eles pertencem. Em *Jovens Bruxas*, aquele filme favorito das Bruxas dos anos de 1990, a nova aluna, Sarah, inicialmente rejeita os avanços de Chris, o galã da escola, depois que seus amigos zombam dela na aula. Ele garante a ela que "esses caras são idiotas" e que não é como eles. Ela retruca: "Você é igual a com quem você anda". Resumindo, ficar com babacas faz de você um babaca.

Não estou sugerindo que usemos *Jovens Bruxas* como base para nossos valores sociais, mas Sarah tem um ponto: com quem você passa seu tempo tem um forte impacto em sua personalidade. O que importa para nossos propósitos é que isso afeta a maneira como você se relaciona com o sagrado, bem como quais tipos de energias carrega para seu espaço sagrado!

E mais que ferramentas rituais ou outros tipos de objetos inanimados, as pessoas geram energia que têm consequências muito reais para os outros em seu espaço imediato. Você já entrou em uma sala cheia de pessoas e soube instantaneamente que algo terrível tinha acabado de acontecer? Ou se sentiu meio deprimido, mas depois foi a uma festa com os amigos e se animou? Você já notou como as pessoas deprimidas, infelizes tendem a sair com outras que têm dificuldades semelhantes? Ou como as pessoas alegres e barulhentas tendem a atrair outras como elas? Onde quer que vamos, tendemos a nos reunir com mentes semelhantes, quer isso signifique pessoas com origens e interesses semelhantes ou pessoas com atitudes e experiências semelhantes.

Em algumas versões contemporâneas da Tradição Hermética, que está na raiz de muitos sistemas ocultistas ocidentais, incluindo a Wicca e algumas outras Tradições de feitiçaria, encontramos o princípio da vibração, que afirma que tudo, em seu nível mais básico, está em movimento. Objetos, coisas vivas, nossos pensamentos e até conceitos abstratos como amor, ódio e divindade têm frequências – taxas de vibração.[19] As coisas tendem a vibrar no ritmo do que está ao seu redor e, como Magos, podemos controlar nossa própria vibração mental. É isso que as pessoas querem dizer quando falam sobre suas "vibrações". Muitas pessoas acreditam que a forma como vibramos impacta o que atraímos para nossa vida. Pode soar um pouco esquisito em sites de mídia social, quando combinado com fotos de cristais e modelos órfãos vendendo serviços de *coaching* de vida, mas esse é, na verdade, um princípio fundamental em muitos

---

19. *O Caibalion*. Este não é um texto hermético por si só, nem seus princípios são históricos, mas sua influência na magia moderna é, no entanto, inegável. Nos Estados Unidos, especialmente, muito do que é popularmente entendido sobre o Hermetismo é fortemente impactado pelo Novo Pensamento, um movimento religioso americano do século 19. Embora esteja além do escopo deste livro, mesmo uma exploração superficial do Novo Pensamento revela uma visão surpreendente da evolução de várias tradições contemporâneas de Bruxaria.

sistemas de magia. Em muitas comunidades da Nova Era, cortesia da influência do Novo Pensamento, os praticantes conhecem esse princípio como a "Lei da Atração", que afirma que você atrai a energia que envia para o mundo. Você já deve ter ouvido aquele ditado: "semelhante atrai semelhante". Estas são ideias relacionadas. Este princípio também pode ser encontrado na prática da magia simpática, quando sua vontade é trabalhada para uma pessoa ou uma situação, incorporando materiais e símbolos que estão relacionados e refletindo o objetivo do feitiço. Você quer curar um ente querido de uma doença, então você pega a imagem dele (talvez uma foto ou um boneco à sua imagem) e a cerca com ervas curativas ou velas verdes (para saúde), tudo isso enquanto o imagina saudável. Você quer atrair a cura, então envia energia de cura. Quer trazer amor para sua vida, então envia amor. Seja qual for o seu desejo ou intenção, você se cerca de coisas que correspondem a esse objetivo. Este é um dos princípios mais básicos da magia.

Nos últimos anos, a Lei da Atração passou por um escrutínio merecido em comunidades mágicas, pois as pessoas passaram a usá-la para justificar o sofrimento, a pobreza e a opressão, ainda que involuntariamente. Se podemos criar nossa própria realidade com nossos pensamentos, então as pessoas são responsáveis pelas coisas ruins que acontecem com elas? A maioria das Bruxas – espero – diria, claro que não. Nossas atitudes, nossas escolhas e nossas circunstâncias são determinadas por inúmeros fatores, muitos dos quais estão objetivamente além de nosso controle individual. Como Bruxas, no entanto, assumimos o controle que podemos, e há muito mérito na ideia de que semelhante atrai semelhante.

Assim como naqueles filmes adolescentes, pessoas malvadas realmente tendem a ser amigas de outras pessoas malvadas (e a primeira impressão de Sarah estava certa: Chris era realmente um idiota). Pessoas disfuncionais tendem a se reunir com pessoas disfuncionais. Seja por circunstância ou por escolha, os seres humanos tendem a formar grupos compostos por outras pessoas que compartilham seus valores, seus interesses e suas crenças.

Com quem você anda afeta sua prática de feitiçaria. Sua personalidade é impactada por seu círculo social e ambos são componentes do sagrado em sua vida. Assim como a decoração do seu espaço ritual e as ferramentas mágicas do seu altar, as pessoas em sua vida podem ajudar ou atrapalhar você. Parte da construção de seus espaços sagrados envolve considerar com quem você os compartilha. Nós tendemos a assumir as características das pessoas ao nosso redor. É ótimo ser exposto à diferença e ser desafiado além de nossas confortáveis bolhas sociais. Certamente não estou sugerindo que você só saia com pessoas iguais a você. Não é assim que o crescimento acontece! Mas acabamos assumindo a energia das pessoas em nossa vida, muitas vezes sem perceber. Pegamos seus hábitos e participamos de suas lutas. Nós nos tornamos jogadores em seus dramas. Não podemos ajudar! Então trazemos tudo isso para casa conosco, mesmo que não estejamos cientes disso. Portanto, certifique-se de ser criterioso sobre com quem você gasta seu tempo. Certifique-se de não permitir que outros atrapalhem seu próprio desenvolvimento da Arte. Quando você quer se tornar um atleta melhor ou um músico melhor, treina e toca com atletas e músicos que são mais experientes que você e que irão desafiá-la a seguir em frente. Não é diferente na magia. Quando você quiser crescer em sua prática de Bruxaria, saia com Bruxas que a inspiram! Faça novos contatos on-line ou pessoalmente. Confira novos autores e professores. Visite novos eventos. Procure pessoas que estão fazendo o que você quer fazer. Cerque-se de pessoas que o incentivam a ser melhor. É muito mais fácil cultivar curiosidade, paixão e consideração quando você está saindo com pessoas curiosas, apaixonadas e atenciosas.

Em situações nas quais você deve estar com pessoas que a esgotam ou desencorajam, aprenda a se proteger. Esteja ciente de que os outros podem ter um impacto muito real em seu estado emocional e mágico e tome precauções quando necessário.

Blindagem

A blindagem é o processo mágico pelo qual nos protegemos energeticamente de forças externas. Isso pode significar a negatividade que irradia de seu chefe, após um longo dia de trabalho, o estresse que vem de "rolar" o *feed* de sua rede social e absorver a ansiedade coletiva ou, em casos raros, o comportamento de outras Bruxas e Magos que não têm em seus corações as melhores intenções. Seu corpo e sua psique estão no centro de seu espaço sagrado e requerem seu próprio tipo de manutenção. Como uma pessoa introvertida, que às vezes fica sobrecarregada com muito contato humano – por anos eu trabalhei em uma escola, então essa foi uma questão especialmente crítica para mim – eu me protejo o tempo todo para evitar que a energia de outras pessoas me deixe exausta no final do dia. Também usei blindagem para escapar da atenção de alguém (esse é um ótimo truque para evitar ex-namorados em locais públicos ou incentivar o professor a chamar outra pessoa na aula).

Ser capaz de se proteger de energias externas é uma habilidade valiosa para qualquer Bruxo, isso se você está preocupada com a gosma habitual que tendemos a acumular apenas nos movendo pelo mundo, ou está realizando um ritual intenso com entidades que garantem uma camada extra de preenchimento em sua psique. Infelizmente, a blindagem é uma daquelas coisas que é tão fundamental para a prática mágica, que frequentemente é negligenciada pelos iniciantes e também pelos Bruxos avançados. Assim como tendemos a adoecer quando deixamos de comer alimentos saudáveis e beber água suficiente, esquecer da própria proteção pode nos deixar energeticamente vulneráveis, tanto no espaço ritual quanto fora dele. Felizmente, existem muitas maneiras simples de proteção. Aqui está uma dica rápida que eu uso o tempo todo:

1. Se você tiver tempo e espaço para fazê-lo, coloque-se em estado meditativo por qualquer meio que preferir. Se você é totalmente nova na Arte, sente-se calmamente e concentre-se em sua respiração.

Sinta sua conexão com o chão abaixo de você. Permita-se estar consciente do seu corpo e estar o mais presente possível.

2. Imagine uma barreira se formando entre você e seu entorno. O tipo de barreira que você imagina pode mudar dependendo do que está tentando manter. Como meu nome é Thorn, gosto de imaginar um emaranhado de trepadeiras espinhosas crescendo ao meu redor (lembra da versão da Disney de *A Bela Adormecida*?). A Bruxa Corvus, minha amiga, gosta de imaginar uma parede de tijolos. Você pode se imaginar envolta em uma esfera de luz protetora, atrás de uma parede de escudos reais, ou sendo guardada por espíritos familiares ou outras entidades. Se esse tipo de visualização é uma barreira para você, é igualmente eficaz usar outras estratégias. Você pode traçar fisicamente um Círculo ao seu redor e depois declarar que está protegida, mesmo quando sair dele. Pode também recitar um encantamento ou afirmação para sinalizar a si mesma que seus escudos estão levantados, mesmo algo simples como: "Eu ativo meu escudo. Nenhuma energia ou intenção nociva pode me tocar."
3. Concentre-se nesta imagem e fortaleça-a com sua vontade. Declare-se protegida de forças externas que podem prejudicá-la. A cada expiração, imagine a força do seu escudo crescendo.

Use seu escudo diariamente para manter sua saúde energética, mas especialmente quando estiver em companhia ou circunstâncias desconfortáveis. Nem sempre podemos controlar com quem passamos nosso tempo ou onde, mas podemos magicamente nos impedir de permitir que a porcaria energética de outras pessoas nos atinja.

Cuidados pessoais

Cuidar do seu espaço sagrado também significa cuidar de si mesmo! Seu corpo, seu estado mental e sua saúde emocional influenciam seu desenvolvimento espiritual e seu progresso como Bruxa. Construir um espaço bonito e estimulante para sua prática da Arte é maravilhoso, mas só vai tão longe se você também estiver cuidando de si mesma.

Algumas Bruxas entendem que devem adotar uma dieta ou rotina de exercícios específicos. Isso pode até ser útil. Quando eu tinha vinte e poucos anos e levava minha prática da Wicca com mais seriedade, decidi que não fazer mal (que era como eu interpretava a Rede Wiccan na época) significava que eu deveria lutar por um estilo de vida vegano. Comecei a eliminar todos os tipos de produtos animais da minha vida, e isso foi uma parte importante da minha prática espiritual. Fiz outras escolhas à medida que envelheci (na verdade, agora sou uma caçadora licenciada[20]), e isso não é menos válido. Para viver uma vida mais saudável e gratificante, você pode decidir alterar seus hábitos alimentares, sua rotina de exercícios (se você tiver uma), seus hábitos de compra ou várias outras coisas nesse sentido.

A chave é esta: o autocuidado é individual. O que é certo para seu corpo e seu bem-estar emocional pode ser totalmente errado para outra pessoa. Para dar outro exemplo, considere como tratamos os problemas de saúde mental. Tomo medicação para controlar a depressão e a ansiedade, que tive durante a maior parte da minha vida. Também vou a médicos e psicoterapeutas especializados quando necessário, mas esses medicamentos são fundamentais para o meu bem-estar. Por alguma razão, meu cérebro simplesmente não produz todas as substâncias químicas reguladoras do humor que os cérebros neurotípicos produzem. Meus medicamentos podem realmente ser prejudiciais para uma pessoa neurotípica, mas eu preciso deles! Outros podem exigir outros tipos de medicamentos ou cuidados especiais. Tenho amigos que tomam insulina, testosterona, estrogênio e mais medicamentos do que eu poderia listar aqui. Alguns corpos precisam de assistência química para funcionar

---

20. Uma licença ou permissão de caça é um órgão que regulamenta ou legaliza e controla a caça, tanto comercial quanto recreativa. (N. T.)

bem. Outros requerem cadeiras de rodas, andadores ou suspensórios. Alguns corpos se beneficiam de massagem, ajuste quiroprático ou acupuntura. Outros têm alergias e precisam seguir dietas rigorosas. Alguns prosperam em dietas vegetarianas ou cruas. Outros precisam de proteína animal. Alguns corpos são gordos, enquanto outros são magros. Alguns são atléticos e musculosos. Outros franzinos.

Seu corpo é único para você, e ninguém mais pode lhe dizer exatamente como deve ser o seu autocuidado. O que é importante para sua prática de Bruxaria é que você esteja atento a esse autocuidado. Você tem negligenciado seu corpo da mesma maneira que seu espaço sagrado? Eles estão ligados.

Autocuidado pode significar adotar uma rotina de exercícios ou fazer uma mudança em sua dieta, mas também pode significar dormir o suficiente à noite ou tratar-se em uma manicure, porque relaxa e faz você se sentir bonita. Se você é introvertida, pode aprender a tirar um tempo e estabelecer melhores limites sociais. Se luta com os gastos, pode aprender a fazer um orçamento ou cortar seu cartão de crédito. O autocuidado para muitos, especialmente na prática da feitiçaria, geralmente envolve algum tipo de terapia ou aconselhamento. Só você pode decidir o que é certo para sua própria rotina, mas fique atento, porque "autocuidado" se tornou uma palavra da moda e agora representa um mercado consumidor crescente. Tornou-se comum as empresas anunciarem seus produtos como essenciais e justificáveis por esses ou aqueles motivos. Fique atenta quando alguém em busca de lucro pode estar tentando manipulá-la ("Mime-se! Você merece!"). Na maioria das vezes, o autocuidado não custa muito dinheiro e provavelmente não deveria custar tão caro nunca.

O autocuidado inclui todos os aspectos do seu ser: corpo, mente, relacionamentos e finanças, assim como a espiritualidade. Pequenas mudanças podem ter um impacto enorme no que diz respeito à sua prática da Arte. Às vezes, a chave para avançar em sua feitiçaria é garantir que você esteja cuidando adequadamente de sua vida mundana.

Seja você um iniciante sobrecarregado, preocupado em como começar, ou um veterano que apenas sente as paredes de sua prática se fechando ao seu redor, vale a pena começar observando seu ambiente físico. Isso significa seu altar, sua casa, seu corpo, sua mente e seu ambiente social. Pequenas mudanças geralmente fazem uma grande diferença. Esses pequenos atos também podem motivá-la a dar passos adicionais, fazendo com que seu poder mágico pessoal flua. Da mesma forma, para adotar uma nova rotina de exercícios ou uma nova dieta, é melhor seguir seu ritmo e fazer pequenas mudanças pouco a pouco, em vez de se comprometer demais e falhar no terceiro dia de uma nova rotina que era muito ambiciosa para começar. Quaisquer que sejam seus objetivos de longo prazo como Bruxa, seu ambiente deve apoiá-la e encorajá-la. Mude seu espaço, mude sua vida!

• EXERCÍCIO •
Construindo o Espaço Sagrado

O propósito dos exercícios a seguir é criar um espaço sagrado. Algumas dessas técnicas são mais elaboradas, puxando de outras Tradições ocultas ou exigindo que você saia, às vezes, um pouco fora de sua zona de conforto. Escolha o que mais lhe agrada ou experimente todos.

Ar

Muitas Bruxas usam coisas como cedro ou feixes de artemísia para limpar o espaço em preparação para o trabalho mágico ou apenas para eliminar a negatividade. Você também deve ter notado como simplesmente acender uma vela – mesmo uma que não seja consagrada e de outra forma não mágica – pode transformar instantaneamente a sensação de uma sala. O que muitas novas Bruxas não percebem, no entanto, é que todos os elementos, e não apenas Ar e Fogo, são úteis para limpar e construir o espaço sagrado. Os elementos não são suas representações físicas, mas, sim, energias que englobam modos de ser. Cada um deles é capaz de liberar espaço. Além disso, combinar todos os quatro – Terra, Ar, Fogo e Água – é ainda mais eficaz.

Você vai precisar de representações físicas de cada elemento: um prato com sal ou com terra para representar a Terra, uma chama para representar o Fogo, um incenso ou um leque para representar o Ar e um prato com água para representar a Água. Coloque tudo em seu altar ou em alguma outra superfície no espaço que você deseja tornar sagrado. Comece com qualquer elemento que pareça mais apropriado para você. Muitos começam com o Ar, porque ele está associado nas Tradições ocultistas ocidentais com o Leste, o amanhecer e, portanto, os começos. Outros optam por começar com a Terra, por estar associada às fundações e ao momento de silêncio que ocorre antes do início da criação. Suas associações pessoais podem informar suas escolhas aqui – não há uma maneira correta ou singular.

Fique no centro do espaço. Uma de cada vez, você carregará essas representações de forma circular (se estiver trabalhando em um Círculo Mágico, poderá fazer isso como parte de sua construção). Polvilhe o sal ou a terra levemente ao redor do espaço. Ao fazer isso, diga:

Eu limpo este espaço com (sal/terra)
e dedico-o pelos poderes da Terra.

Faça o mesmo com o incenso (você pode usar qualquer tipo) ou simplesmente agite o leque enquanto se move (durante anos usei uma grande pena de peru, adquirida de um amigo caçador). Enquanto você se move pelo espaço, diga:

Eu limpo este espaço com (incenso/leque)
e dedico-o pelos poderes do Ar.

Para o Fogo, carregue sua vela ou lâmpada acesa pelo seu espaço e diga:

Eu limpo este espaço com luz
e dedico-o pelos poderes do Fogo.

Por fim, carregue sua tigela de água, borrifando-a no chão enquanto se move e diga:

Eu limpo este espaço com água
e dedico-o pelos poderes da Água.

Quando terminar, volte para o centro do seu espaço e diga:

Pelo meu poder e pelo poder dos elementos,
Eu limpo e consagro este espaço.

Está feito. Você pode passar para outro trabalho mágico ou simplesmente aproveitar seu ambiente recém-santificado. Este pequeno ritual é fortemente inspirado pela Bruxaria Wicca, mas você pode modificá-lo de acordo com suas próprias estruturas. Também é bom saber que qualquer poder elemental pode limpar e purificar um objeto – você não precisa necessariamente dos quatro.

Fogo

Limpar e abençoar um espaço pode ser um processo demorado e elaborado, mas às vezes simplesmente não há tempo para tudo isso. Para limpar e consagrar o espaço rapidamente, tente manter um borrifador cheio de água consagrada à mão em sua área ritual. Você pode simplesmente pulverizar seu espaço antes de um trabalho ou sempre que as coisas começarem a ficar um pouco estagnadas. E pode também até usá-lo em si mesmo, no lugar de limpar com fumaça (se você não for um índio nativo, mas usa varetas de sálvia e está preocupado com a apropriação das práticas indígenas, esta é uma excelente alternativa).

Você vai começar infundindo um álcool claro (como vodca, Everclear[21] ou álcool isopropílico) com ervas associadas à purificação. Escolha entre resina de incenso ou mirra, alecrim, anis, artemísia,

21. Álcool retificado feito de milho, produzido pela empresa norte-americana Luxco, com alto teor alcoólico da ordem de 95%. (N. T.)

sálvia, cedro, maçã ou muitos outros. Você pode usar ervas frescas ou secas. Coloque as ervas em um frasco de vidro limpo com tampa de rosca e cubra-as com o álcool, permitindo que o líquido fique acima das ervas. Deixe as ervas de molho por vários dias em um local escuro (até cerca de duas semanas), agitando o frasco todos os dias. Se você deseja tornar esse processo ainda mais eficaz, comece em uma Lua nova e permita que eles infundam até a Lua cheia. Coe as ervas do álcool usando um pedaço de gaze, coletando-o em uma tigela ou em outra garrafa. Em seguida, dilua sua infusão com água. Se preferir, você pode usar água coletada durante uma tempestade, água consagrada sob a Lua ou qualquer outro tipo de água coletada ritualmente que seja relevante para sua prática pessoal. Use uma proporção de cerca de quatro partes de água para uma parte de infusão de álcool. Se quiser, misture um óleo essencial associado à purificação: lavanda, mirra, alecrim, incenso, hortelã-pimenta ou outros. Em seguida, engarrafe sua poção completa em um frasco de spray limpo! Se você trabalha com cristais, pode até optar por colocar um pequeno pedaço de quartzo transparente diretamente no frasco de spray para aumentar sua eficácia.

Antes de usá-lo, consagre a mistura de acordo com sua Tradição ou intuição. Você pode dedicá-lo a suas divindades patronas ou espíritos com quem trabalha, se os tiver. Você também pode simplesmente colocar as duas mãos na garrafa e recitar o seguinte, modificando-o ou adicionando seus próprios enfeites como preferir:

Eu abençoo e consagro esta água
pelos meus próprios poderes e pelo poder da Lua.
Eu o carrego para que possa limpar
e fortalecer tudo o que toca.
Assim seja!

Use seu frasco de spray, agora encantado, à vontade, especialmente quando precisar limpar e purificar um espaço ritual, mas estiver com pouco tempo ou energia.

Água

Você pode ser uma Bruxa por anos e anos e nunca tocar em nenhum tipo de Magia Cerimonial, mas às vezes, para sair da rotina, vale a pena pegar novos truques de outros sistemas mágicos. O Ritual Menor de Banimento do Pentagrama (LBRP) é um ritual fundamental em muitas tradições mágicas, mas especialmente aquelas diretamente ligadas à Ordem Hermética da Golden Dawn. Você não precisa ter uma afiliação religiosa ou mágica específica para praticá-lo, mas funciona melhor se entender o que está por trás disso, pois sua estrutura está claramente enraizada em interpretações ocultas do judaísmo e do cristianismo esotéricos. Desde que a Golden Dawn se desfez e suas ideias circularam mais livremente, existem diversas variações, e o ritual foi modificado para se adequar a diferentes paradigmas religiosos.[22] Eu vi pagãos contemporâneos removerem completamente os nomes de YHVH (o Deus antigo de Israel) e substituí-los pelos nomes sagrados de seus próprios panteões. Já vi ordens ocultas incluírem Asherah, o princípio feminino de Deus em algumas Tradições. Outros permanecem fiéis às versões mais antigas do texto. Eu recomendo pesquisar essas variações e escolher uma para executar consistentemente por um mês ou dois antes de fazer qualquer modificação significativa, apenas para que as mudanças que você opte por fazer sejam baseadas na experiência e não no resultado de preconceitos ou suposições sobre outras Tradições religiosas.

---

22. A apropriação das Tradições judaicas pelos ocultistas é uma conversa importante. Entre as comunidades existem muitos debates sobre a adequação de práticas como o LBRP. Eu a apresento aqui devido a sua onipresença e utilidade, mas se esse estilo de magia lhe agrada, você deve trabalhar para se familiarizar com seus contextos históricos. A Cabala impactou fortemente muito do ocultismo da Europa Ocidental e, por extensão, a Bruxaria, mesmo que seja menos aberta do que neste caso em particular. É importante fazer escolhas baseadas em informações para garantir que nossas práticas contemporâneas não contribuam para a marginalização de outras pessoas.

O importante aqui é a função, e o LBRP tem várias (que fazem mais ou menos sentido, dependendo da sua visão de mundo particular, paradigma religioso e a versão que você escolheu usar):

Primeiro, há o simples ato de limpar um espaço. Não é incomum encontrar Magos que realizam o ritual antes de erguer o templo em um novo local, especialmente quando em público (por exemplo, em uma suíte de hotel ou sala de conferências antes de realizar uma oficina mágica ou uma atividade pública). Acho que isso neutraliza muito rapidamente e completamente um espaço, eu mesmo o usei dessa maneira.

Em segundo lugar, muitos usam o LBRP para centralizar e alinhar. Isso, eu acho, é muito mais valioso do que o motivo anterior. Parte do que estamos fazendo aqui é jogar fora o lixo astral que coletamos apenas por estarmos vivos e nos movermos pelo mundo, e então invocar a proteção divina. Se você incorporar sistemas de chacras e auras em sua prática, poderá pensar nisso como alinhar seus chacras ou limpar sua energia pessoal. Se uma linguagem como essa o desencoraja, pense nisso como se estivesse se concentrando na preparação para outro trabalho. Como se estivesse se aquecendo magicamente antes de enfrentar algo maior. Para mim, é um gatilho: "Ok, Mooney centralize-se. Você é um filha divina do Universo e é feita de poeira estelar e tudo mais. Hora de agir assim."

Finalmente – e mais importante – o LBRP abre um canal entre você e coisas que são maiores que você. Na Cabala Hermética (que está na raiz da Tradição esotérica ocidental e, por extensão, da Wicca, embora a maioria dos Wiccanos não use esse tipo de linguagem), a Árvore da Vida diagrama a criação do Universo, bem como o caminho para o divino. Não é uma linha do tempo, mas, sim, um fluxo constante de energia, começando com a primeira respiração inaudível, antes da Palavra de Deus para a terra física, até nossos corpos insignificantes e apodrecidos. O que é glorioso é que, embora sejamos insignificantes e apodrecemos, ainda fazemos parte desse sistema perfeito, imbuídos desse sopro divino. Por causa disso, podemos viajar pela Árvore da Vida. Cada *Sephirah* (cada esfera na Árvore) é um momento na criação, com suas próprias correspondências e lições, e os caminhos traçados entre elas contêm o valor de uma vida inteira de trabalho espiritual. O LBRP não apenas bane o carma negativo e a gosma espiritual; ele "bane" a escravidão de *Malkuth* (Reino, Terra) e nos permite transcender aos reinos celestiais.

Isso significa que ele cria um canal através do qual podemos ouvir mais claramente a voz de Deus (ou dos deuses, se você preferir), conectar-se com nossas naturezas superiores e ver coisas que são maiores do que nossos problemas imediatos. Quando você precisa sair de sua própria cabeça, quando está buscando uma visão divina e quando só precisa sentir que não está sozinho no deserto, este é um ótimo lugar para começar.

Muitos professores de magia aconselham realizar este ritual duas vezes ao dia, ou até três vezes ao dia. Eu pessoalmente passo por fases – especialmente quando preciso me reorientar e me recompor – em que trabalho o LBRP regularmente. Ele vem e vai, e toda vez eu penso: "Cara, isso é fantástico. Por que não faço mais isso?"

O Ritual Menor de Banimento do Pentagrama é, na verdade, uma série de ritos praticados em sucessão. Esta é a versão que aprendi primeiro, modificada a partir de materiais da Golden Dawn publicamente disponíveis:

1. Comece no Leste, a direção associada na Tradição Hermética com começos, o amanhecer e o elemento Ar.
2. Primeiro realize o rito da Cruz Cabalística. Isso inclui a entonação de uma oração, *Atoh, Malkuth, Ve-Gedulah, Ve-Geburah, Le-Olahm*, enquanto cruza seu corpo na forma da Árvore. Não se preocupe com a pronúncia neste estágio se o idioma não for familiar – ele se desenvolverá à medida que você aprender e praticar. Comece na testa e, a cada palavra, mova-se para o próximo ponto: apontando para os pés, tocando o ombro esquerdo, tocando o ombro direito e depois juntando as palmas das mãos no peito.
3. Agora é hora de criar o Círculo. Ainda de pé no Leste, desenhe um Pentagrama de Banimento da Terra (com sua mão, sua Espada ou seu Athame), que começa no canto inferior esquerdo

e sobe. Entoe o primeiro nome de Deus (nesta versão, estamos começando com *AShRH*, *Ah-sher-ah*, o princípio feminino de Deus). Você pode visualizar o Pentagrama brilhando diante de você ou a luz saindo de seus pulmões enquanto canta. Ao fazer isso, faça o que chamamos de "Sinal do Entrante", que implica em dar um passo à frente com o pé direito e estender as mãos pelo Pentagrama, como se estivesse mergulhando. Entonar o nome e executar esse movimento deve deixá-lo exausto. Despeje-se nele. Seja alto, se ajudar (há uma maneira de fazer isso silenciosamente também). Quando você esticar os braços para frente e terminar de cantar o nome, retorne dando um passo para trás no "Sinal do Silêncio", que na verdade é apenas juntar os pés e levar o dedo esquerdo aos lábios, como se estivesse silenciando alguém. Como se estivesse em uma biblioteca.

Mova-se para o Sul, Oeste e Norte. As ações são as mesmas, mas os nomes são diferentes. No Sul, entoe o nome ADNI (A-don-ai, "Senhor"). No Oeste, AHIH (Eh-ei-eh, "eu sou"). No Norte, AGLA (Ah-gay-lah; esta é uma abreviação de Atheh Gibor Leolahm Adonai, "a ti seja o poder para sempre, ó Senhor").

4. De frente para o Leste, execute o que é chamado de "Grande Conjuração". Fique no meio do seu espaço, gesticulando para as direções (com a mão ou com a Espada) como você as chama: "Antes de mim Raphael; atrás de mim Gabriel; na minha mão direita Michael; na minha mão esquerda Uriel." Então diga: "Pois ao meu redor flamejam os Pentagramas, e no pilar do meio brilha a estrela de seis raios".
5. Termine executando a Cruz Cabalística uma última vez.[23]

---

23. Para outra versão do Ritual de Banimento Menor do Pentagrama, bem como uma explicação mais detalhada, consulte Israel Regardie, *The Golden Dawn: The Original Account of the Teachings, Rites, and Ceremonies of the Hermetic Order*, ed. John Michael Greer (Woodbury, MN: Llewellyn Publications, 2018), 360–67.

Terra

Os Instrumentos têm uma maneira de se tornarem invisíveis para nós. Quando os usamos por anos, repetidamente, eles às vezes perdem o poder de desencadear a mudança mental que o trabalho de magia exige. Isso é especialmente verdade se você pratica há muito tempo, e especialmente se estiver lidando com o peso de liderar um Coven, treinar alunos ou organizar eventos para uma comunidade. Isso é duplamente verdadeiro se outras pessoas manuseiam suas ferramentas rotineiramente. Lembra quando você era uma nova Bruxa e cada Instrumento recém-adquirido e invocação recém-aprendida era suficiente para empurrá-la para uma mentalidade mágica por si só? Apenas a emoção de tentar algo novo pode energizá-la. Quando você fica cansada ou estressada e seu trabalho mágico estagna, pode valer a pena recapturar a energia que acompanha a novidade.

Não podemos voltar no tempo, mas podemos brincar com as novidades enquanto nos desafiamos a aprender coisas novas. Com isso em mente, sua tarefa é construir seu altar ou construir seu espaço mágico usando ferramentas totalmente diferentes. Isso não significa que você tenha que sair correndo e comprar ou fazer novas ferramentas (na verdade, eu recomendo que você se desafie a não comprar nada). Significa apenas tentar misturar um pouco as coisas.

Quando fiz isso, saí da minha zona de conforto e construí um tradicional altar estilo Wiccano – com representações elementares, iconografia de deusas e deuses e uma lâmina para direcionar o poder – usando inteiramente cristais e pedras que eu já tinha em minha posse. Eu nunca me senti atraída por usar cristais ou minerais em magia e queria tentar, enquanto ao mesmo tempo sacudia minha prática pessoal atrasada. Esse tipo de configuração pode ter sido muito fácil e intuitivo para outra Bruxa, mas para mim foi difícil, porque costumo gostar muito de cerimônias e ferramentas tradicionais feitas por humanos. Passei a contar com meu Athame de aço, meu incensário de cerâmica e minha estatueta de madeira e resina. Além disso, os cristais sempre me fizeram sentir um pouco boba, graças aos meus próprios preconceitos e reticências sobre a Nova Era.

Estudantes universitários, prisioneiros e Bruxas que vivem em certos tipos de situações habitacionais mais regulamentadas, enfrentam desafios semelhantes, então essa é uma habilidade que vale a pena ter. Como você vai representar o Fogo sem chama? Como você representará suas divindades e espíritos se puder escolher apenas objetos que encontrar no chão do lado de fora?

Guarde temporariamente todas as suas ferramentas mágicas usuais e tente reconstruir seu espaço sagrado usando objetos completamente diferentes. Você pode definir seus próprios parâmetros para desafiar a si mesmo em qualquer grau que considere apropriado. Então, use seu espaço sagrado. Passe um ciclo lunar, uma estação ou algum outro período de tempo designado trabalhando neste ambiente diferente. Você não pode deixar de aprender coisas novas e de revigorar suas habilidades fundamentais quando necessário, para jogar o que sabe fora e começar tudo de novo!

Capítulo Três

Devoção

Lembro-me do momento exato em que senti os deuses pela primeira vez. Antes disso, posso me lembrar do momento em que aceitei, de forma inequívoca e esmagadora, a realidade do divino fora de mim. É provável que eles estivessem lá o tempo todo e só agora eu os estivesse ouvindo. Talvez alguma coisa mágica finalmente tenha clicado no meu cérebro e, de repente, eu me tornei visível para eles. Honestamente, estou sempre indo e vindo. Eu era Pagã desde a adolescência. A essa altura, eu já havia explorado vários tipos de feitiçaria, embora ainda não fosse iniciada em nenhuma Tradição. Eu sabia um pouco sobre magia (pelo menos em teoria), e certamente tinha lido muito sobre deuses e vários tipos de espíritos. Mas eu já estava praticando há anos antes de finalmente cair na realidade: eu não sabia coisa nenhuma.

Curiosamente, essa percepção profunda e transformadora não veio como resultado de nenhum grande ato de feitiçaria. Não aconteceu no estilo de Círculo da Wicca ao qual me acostumei, nem ouvi uma voz misteriosa na floresta, tive visões ou levantei minha voz ansiosa para a Lua (quer dizer, eu tinha feito isso, mas nestes primeiros dias os resultados eram questionáveis). Em vez disso, aconteceu durante um ritual de possessão em transe, inspirado no Vodu em um festival Pagão – um ritual para o qual fui convidada por um novo amigo, que teve algum impulso interior que disse que eu deveria estar lá.[24]

Naquela época da minha vida, eu nunca tinha visto nada parecido com aquele ritual, que meu companheiro disse se chamar *fête* – uma palavra francesa que significa "festa" ou "celebração", por conta de como os praticantes atraem os espíritos para se juntarem a eles. Um altar gigantesco e muito elaborado foi montado em frente a um prédio em ruínas, que parecia ter sido um ginásio. O local estava coberto de objetos que eram sagrados para os vários espíritos que seriam convidados naquela noite: leques e lindos lenços amarelos para Oxum, charutos gordos para Ogum, pulseiras de cobre e uma saia longa multicolorida para Oya. Os participantes usaram amido de milho para desenhar símbolos complexos, chamados de *veves*, representando cada espírito, derramando-os precisamente no chão de madeira. Enquanto um grupo tocava tambores, os dançarinos rodopiavam, batiam os pés no chão e giravam pelo espaço, seus pés levantando poeira amarela. Durante toda a noite, oferendas foram feitas, canções foram cantadas para convidar cada espírito individualmente, e alguns devotos escolhidos ofereceram seus corpos a eles para que pudessem desfrutar de bebidas, comidas, danças e palavras com as pessoas presentes.

Uma cética observadora, munida como eu de um curso de sociologia de primeiro ano e um conhecimento passageiro da obra de Émile Durkheim, atribuiria o que vi naquela noite à efervescência coletiva, que é o fenômeno de grandes grupos sociais mudando energicamente juntos para criar uma atmosfera que leva os indivíduos a uma experiência coletiva. Se você já foi a uma festa e foi pego no clima festivo, mesmo se sentindo cansado ou triste, ou se viu fãs de esportes em um enorme estádio parecerem enlouquecer durante

---

24. Digo "inspirado no Vodu", porque esta é uma religião iniciática com histórias e tradições estabelecidas. A maioria das pessoas presentes não eram iniciadas, e este era um rito especificamente para os participantes do festival, que podiam ou não ter sido praticantes (eu certamente não era). Para saber mais sobre Vodu e outras Religiões Tradicionais Africanas, recomendo o trabalho de Lilith Dorsey.

um jogo, você viu a efervescência coletiva em ação. Durkheim (1858-1917), famoso estudioso francês e há muito celebrado como pai das ciências sociais, descreveu esse fenômeno como uma forma de explicar o fervor religioso. Subsequentemente, este conceito foi aplicado com certo desdém à experiência religiosa como um todo. Afinal, em uma sala grande e quente cheia de tambores rítmicos, cantos e corpos insistentes, certamente não era grande coisa que um recém-chegado fosse arrastado pela atmosfera e começasse a sentir que algo de outro mundo estava de fato acontecendo.

Eu certamente não nego que a efervescência coletiva desempenha um papel no ritual de grupo eficaz, mas olhando nos olhos daqueles que estão sendo "montados" pelos espíritos naquela noite, eu sabia, no meu íntimo, que havia mais em ação ali. No final da noite, quando a mulher que estava encarnando Oya – uma mulher que eu nunca tinha visto antes, muito menos falado com ela – me procurou nos bastidores e me falou com autoridade sobre um assunto pessoal que ela não poderia ter conhecimento anteriormente, eu fiquei tão abalada que poderia ter ficado doente ali mesmo.

Então os deuses são reais? Os espíritos às vezes andam entre nós? Nossos ancestrais mortos ainda podem falar? Sim, eu sei que isso é verdade. Não pretendo ser uma teóloga e não descarto uma compreensão científica do mundo, mas como uma Bruxa – cujas experiências do Outromundo se tornaram mais frequentes e mais intensas depois daquela noite – acredito com todo o meu ser que existem forças divinas no mundo que vão além do que muitos de nós esperamos. E para muitas Bruxas, o que esperamos é bastante modesto. Muitos livros de feitiços lhe dirão que magia e oração são fundamentalmente sobre manipulação psicológica: mudamos nossas atitudes, então mudamos nossas percepções. Não importa se os deuses são reais, apenas que nossa crença neles altera nossas interações com o mundo. É melhor não esperar muito – livros para iniciantes e exposições de realidade on-line muitas vezes nos alertam –, porque a Bruxaria Moderna não é assustadora e dramática do jeito que é em Hollywood e nos contos de fadas.

Bem, por que não? Temos centenas de anos de história e folclore nos dizendo que as Bruxas se comunicam com o mundo espiritual, com os mortos, com as fadas e com os deuses antigos para fazer maravilhas. Bilhões de pessoas em todo o mundo aderem a religiões nas quais os deuses falam com os humanos, diretamente ou por meio de profetas. Mesmo as pessoas que dizem que não acreditam em magia ou nas divindades, muitas vezes se envolvem em práticas culturais mágicas, como "enviar pensamentos e orações" para pessoas doentes, não rotular o décimo terceiro andar de edifícios ou usar camisas da sorte em eventos esportivos para apoiar um time favorito. Então, e daí se colocarmos nossas expectativas um pouco acima do poder do pensamento positivo e dos trechos de Émile Durkheim?

Neste capítulo, exploraremos o relacionamento da Bruxa com as realidades divinas e outros mundos por meio de uma exploração da devoção, seja aos deuses, a um corpo de espíritos, à terra ou ao seu próprio desenvolvimento como pessoa. Você não precisa acreditar como eu, nem precisa experimentar os deuses de nenhuma maneira particular. É o epítome da arrogância declarar que a divindade só aparece em certas formas, ou mesmo dizer que ela existe definitivamente de uma maneira prescrita e não de outras. Existem muitos tipos de Bruxas e muitas maneiras de trabalhar com deuses, espíritos, com os poderosos mortos, fadas, criaturas da terra e muitos outros seres mágicos exclusivos de nossas várias Tradições. Há também Bruxas que se descrevem como ateias, seculares ou não religiosas, então não podemos dizer de forma alguma que você não deve experimentar outros seres divinos ou mágicos. No entanto, levar sua Bruxaria para o próximo nível, independentemente de suas crenças ou tradições específicas (ou a falta de qualquer uma delas) implica na decisão consciente e deliberada de esperar mais do mundo e elevar os limites do que você assume por meio da experiência ou do condicionamento social para que aquilo seja possível. Requer que você aborde a questão de quem você é e o que está fazendo com sua vida.

O que significa ser devoto?

Devoção pode ser uma palavra provocadora para alguns, porque, no sentido de adoração, parece remeter às igrejas que tantas Bruxas trabalharam para escapar. Uma das marcas da Bruxaria é a liberdade: liberdade para definir nosso próprio caminho, liberdade para fazer nossas próprias escolhas e liberdade da opressão (e para combatê-la onde ela surgir). A devoção parece implicar outra coisa. Muitas de nós ouvimos essa palavra e pensamos em regras, extremismo ou passividade diante de algo que alega injustamente superioridade. Até certo ponto, essas associações são justas. A devoção sempre exige coisas de nós: tempo, energia, esforço, estudo ou compromisso. Às vezes, a devoção requer dinheiro, pois podemos adquirir livros ou ferramentas, apoiar organizações religiosas locais (como quando os cristãos dão o dízimo de sua renda para suas igrejas), pagar para ter aulas ou economizar para viagens a eventos ou a lugares sagrados. Embora a devoção nunca deva ser cega ou passiva, muitas vezes é difícil negá-la.

A palavra *devoção* vem do latim, via francês antigo, e significa "dedicar com voto", "sacrificar-se" ou "consagrar" algo ou alguém, especialmente a serviço de uma divindade. Como sagrado, devotar é separar, e separar raramente é fácil, especialmente quando o que estamos separando somos nós mesmos. Isso pode nos isolar, pois amigos e familiares às vezes não entendem. E também significa mais obrigações – com pessoas, causas, comunidades e entidades divinas – e isso necessariamente deixa menos tempo para atividades mais casuais. Isso pode atrapalhar os relacionamentos românticos. Também pode ser doloroso, como quando você experimenta o julgamento de outras pessoas ou é obrigado a realizar tarefas pessoais desafiadoras, especialmente quando não consegue explicá-las aos espectadores. Considere que em muitas Tradições ao redor do mundo, indivíduos dedicados – geralmente Sacerdotes ou estudiosos de algum tipo – vivem separados do resto da comunidade e não se envolvem mais em assuntos mundanos.

Então, por que as pessoas fazem isso? Por que uma Bruxa – que talvez devesse apenas se preocupar em controlar seu mundo através da magia – escolheria ser devotada? Em um mundo onde é muito mais fácil viver puramente para você e seus prazeres imediatos, por que servir? Por que se colocar de lado?

Curiosamente, a resposta tem pouco a ver com suas opiniões sobre a natureza exata dos deuses ou espíritos e tudo a ver com a própria palavra *Bruxaria*. Isso é um ofício – uma coisa que envolve aprender, praticar e fazer.

Considere por um momento se você experimentou pessoalmente, ou não, o processo de aprender a tocar um instrumento. Como ouvintes, é fácil curtir uma música no rádio ou em uma apresentação ao vivo e pensar: "Uau, esse artista é realmente talentoso!" Se nunca tocamos guitarra antes ou nunca cantamos na frente de uma plateia, podemos ter dificuldade em imaginar os pontos mais sutis do que acontece nessa performance. Só conseguimos ver o resultado final e ficamos, se tudo correr bem, impressionados. Usamos a palavra "talentoso", porque isso, dizem, é a diferença entre o músico no palco e nós, leigos, assistindo da plateia.

O que não vemos são as milhares de horas gastas praticando. Não vemos as escalas tediosas, os dedos sangrando e as gargantas roucas. Nem as centenas de apresentações não tão espetaculares, o dinheiro gasto primeiro em aulas e depois na escola de música. Não vemos os anos de passeios sociais e noites relaxantes no sofá sacrificados por recitais e ensaios, audições e sessões de gravação. Nem os anos de luta que foram dedicados para aquela música, aquele show. Vemos apenas o produto final aperfeiçoado. Então é realmente justo dizer que a diferença é o talento? A habilidade bruta é uma bênção, certamente, mas a diferença entre mediocridade e grandeza é o trabalho e o sacrifício em praticamente qualquer instância que você possa citar, mesmo quando o gênio está envolvido.

Esse impulso para ser grande é a devoção. É por isso que o significado latino original da palavra *paixão* é "sofrer". Nós nos dedicamos a uma busca por amor e por um desejo por algo além do comum. Talvez queiramos ser como a divindade em questão, pois os cristãos aspiram viver como Cristo. Talvez queiramos ser ótimos em algo, como um instrumento, uma forma de arte, dança, erudição ou esporte. Como Bruxas, aspiramos viver ao contrário de outras pessoas – ter conexões mais fortes, mais controle em nossa vida, mais oportunidades, mais acesso ao poder e ao conhecimento. Em muitas tradições mágicas, há também o conceito da Grande Obra, ascensão ou propósito superior. Para realizar essas coisas – viver vidas extraordinárias – devemos praticar. Devemos trabalhar o Ofício da Bruxa.

Aqui, estou chamando essa prática de *devoção*. Você deve localizar o núcleo do seu Ofício e fazer o trabalho que ele requer. Para a maioria de nós, isso significa construir um relacionamento com o divino, conectar-se com nossos ancestrais mortos, comungar com a terra que sustenta nossa existência ou desenvolver nosso espírito pessoal – nossa alma – para que possamos viver vidas extraordinárias e ricas em significado.

Tocado por Deus

Em sua maioria, dentro das diversas variedades de Bruxaria, sendo elas Tradições formais ou práticas individuais, alguma concepção sobre deuses se apresenta, embora o que exatamente isso significa possa variar bastante. Graças à influência de Margaret Murray, que publicou *O Deus das Feiticeiras* em 1931, e de Robert Graves – cujo seu trabalho, *A Deusa Branca,* teve um impacto de longo alcance em comunidades mágicas de muitos tipos, depois que foi lançado, em 1948 –, Bruxas de muitas Tradições passaram a falar de uma Deusa e de um Deus a partir de então. Para os primeiros Wiccanos e, posteriormente, para os adeptos da Arte tradicionais de hoje, eles são o Deus Chifrudo da morte, ressurreição, lugares selvagens e animais, e sua parceira e mãe-amante, a Deusa Tríplice, cujo símbolo é a Lua. Ela rege os ciclos lunares, as marés, as trevas, o prazer, a reprodução e os mistérios internos dessas Tradições iniciáticas. A relação entre os dois – do nascimento à maturação, da união sexual à morte e ao renascimento – é marcada na mudança das estações e, metaforicamente (e às vezes literalmente), ligada aos ciclos agrícolas de plantio e da colheita. Muitos Wiccanos também vinculam essa interação divina aos nossos próprios corpos humanos, celebrando a Deusa enquanto ela se manifesta como Donzela, Mãe e Anciã. Os homens, enquanto isso, podem se relacionar com o Deus Chifrudo à medida que ele cresce da criança divina no Solstício de Inverno para seu auge sexual, na Véspera de Maio, e depois para o sábio enrugado e, eventualmente, o Senhor da Morte nos meses de outono. Os Wiccanos também entendem esses ciclos metaforicamente, especialmente quando levantamos questões culturais em torno das normas e expectativas de gênero, trabalhando com seus níveis de energia pessoal, projetos criativos e vida doméstica de acordo com a virada da Roda do Ano.

Para os Wiccanos, um dos objetivos mais fundamentais da prática é internalizar esses ciclos e construir um significado pessoal em torno deles. Não importa se um Wiccano vê esses deuses como entidades literais e discretas, abstrações, representações arquetípicas ou como aspectos de algum Todo Divino supremamente singular. O que importa é que os experimentemos de alguma forma significativa. Essa construção de significado faz parte do trabalho coletivo do Coven, mas também requer muito trabalho por parte do indivíduo. Com tanta variedade, mesmo entre as Bruxas de um Coven é fundamental que busquemos nossas próprias experiências, façamos nossas próprias perguntas e cheguemos a perspectivas (ou pelo menos passemos por elas) que pareçam nossas. Afinal, a reunião do Coven acabará, eventualmente, com cada Bruxa saindo para voltar para casa. Deve haver um significado esperando na chegada.

Bruxas não Wiccanianas, que em muitos lugares parecem superar em número cada vez maior os Wiccanianos, muitas vezes são fortemente influenciadas por esse modelo, apesar de terem outras diferenças. As Bruxas Tradicionais – assim chamadas devido às suas conexões com o folclore local e registros históricos de julgamentos de Bruxas – às vezes trabalham com um Deus das Bruxas, descrito como um Deus Ferreiro, Deus das Florestas, da Morte ou mesmo do Diabo da mitologia cristã, dependendo do contexto do trabalho específico. Muitos o emparelham com uma Deusa das Bruxas, que pode ser Lillith, Hécate, Babalon (ouvindo Aleister Crowley e as Tradições de Thelema), e muitas outras. Como acontece com qualquer movimento individualista e descentralizado, existe uma quantidade maravilhosa de variação (e muitas dessas Bruxas não Wiccanianas e tradicionais não acreditam em deuses, mas chegaremos a isso em outra seção).

Além desses dois grupos, existem muitos outros Bruxos que simplesmente se definem como ecléticos. Bruxas ecléticas podem ou não pertencer a uma tradição específica, mas o termo ganhou força nos anos 1990, com autores populares como Silver RavenWolf e DJ Conway, que escreviam em uma época em que a maioria das Bruxas estava aprendendo e praticando fora de uma estrutura de Coven. Isso pode não parecer revolucionário hoje, quando a esmagadora maioria das Bruxas é solitária, mas representou uma mudança significativa na forma como as pessoas se aproximavam para se tornarem Bruxas.[25] Anteriormente, os buscadores dependiam principalmente do contato com professores formais e dos Covens. Mas agora qualquer um pode ir a uma rede de livrarias ou aprender on-line sozinho! As Bruxas Ecléticas eram (e são) aquelas que se valem de múltiplas fontes, professores e Tradições para construir sua própria prática sem serem obrigadas a estabelecer estruturas,

---

25. Em 2003, Evan A. Leach, Helen A. Berger e Leigh S. Shaffer lançaram *Voices from, o Censo Pagão: uma Pesquisa Nacional de Bruxas e Neopagãos* nos Estados Unidos da University of South Carolina Press. Este relatório está um pouco defazado, mas as tendências que ele demonstra são úteis. *Pagãos Solitários de Berger: Bruxas Contemporâneas, Wiccanos e Outros que Praticam Sozinho* (Columbia: University of South Carolina Press, 2019) fornece informações adicionais e mais atuais.

linhagens ou códigos de conduta prescritos. Bruxas ecléticas podem trabalhar com qualquer número de deuses, dedicando-se inteiramente a um ou dois, ou invocando vários para diferentes propósitos.

Como uma Bruxa, esses modelos e muitos outros estão disponíveis para você, dependendo do seu desejo de seguir um caminho específico, suas inclinações naturais e as experiências que teve até agora em sua prática. A maioria das Bruxas – não importa o tipo – vai mudar de ideia em algum momento, de uma forma ou de outra. Crenças particulares podem nos servir perfeitamente em um ponto de nossa vida, mas depois começam a parecer incômodas mais tarde. Se sua prática for sincera e bem cuidada, ela vai crescer e mudar à medida que você aprender e experimentar mais.

Por que Adorar?

Tal como a palavra "religião", "adoração" é um termo que muitas Bruxas evitam. Usado casualmente, parece implicar subserviência. No vernáculo, tendemos a usá-lo com desdém ou para implicar algum tipo de falha pessoal ou grosseria. No filme Da Magia à Sedução (Practical Magic), a personagem de Nicole Kidman, Gillian, descreve seu relacionamento abusivo como aquele em que ela e seu namorado "adoram" um ao outro, o que preocupa sua irmã interventora (e dá a entender ao público que esse cara é um problema), porque enfatiza a dinâmica do poder destrutivo em jogo. Culturalmente, falamos da "adoração de heróis" por crianças, mas há também a adoração dos adultos que são impressionáveis e enganados, dedicando sua adoração a alguém que não os merece. Também criticamos os consumidores por "adorarem" o dinheiro ou a moda. Em cada um desses exemplos, o sacrifício pessoal é o resultado de mau julgamento, abuso ou ingenuidade. Não é à toa que tantas pessoas espiritualizadas se encolhem com a palavra quando esses são os exemplos que temos! Finalmente, e talvez com maior prevalência, a maioria de nós foi exposta (e superexposta) a comunidades e indivíduos evangélicos locais, cujas práticas de adoração são combinadas com preconceito e violência dirigidas a pessoas de fora e dissidentes. Esses tipos de associações negativas são motivo suficiente para que muitos evitem tanto o termo quanto a prática em si. No entanto, vale a pena ir mais fundo e questionar qualquer bagagem que você possa ter anexado aqui.

Tomada pelo valor nominal, a maioria das definições de adoração simplesmente aponta para reverência, admiração ou louvor dramático, e essas são todas as coisas que faço em relação aos meus deuses. Nenhuma dessas coisas necessariamente diminui meu valor ou compromete minha autonomia ou minha capacidade de tomar decisões. Eu reverencio meus deuses – eu os admiro – devido a profundidade dos sentimentos que os encontros que tenho com eles inspiram. Como o amor, eu simplesmente não consigo evitar. Fiquei em silêncio e comovida às lágrimas durante uma Invocação Ritual ao Divino, e muito da minha prática pessoal é sobre a busca desses momentos muitas vezes fugazes. Os intervalos entre esses momentos podem ser difíceis. É quando a vida parece atrapalhar ou a depressão me rouba a memória do divino. É também quando meu lado intelectual e racional parece me persuadir de que estou apenas fabricando essas experiências. Mas quando estou em um Círculo, estou trabalhando para tocar algo além de mim mesmo e ainda puxá-lo para baixo e carregá-lo comigo quando sair. Fazer isso me faz melhor, não menor. Embora algumas Bruxas optem por dizer que "fazem parceria" com os deuses, ou que "trabalham com" uma divindade em particular, essa linguagem não expressa adequadamente minhas próprias experiências. Posso ser uma expressão do divino e ter a capacidade de me transcender, mas ainda não cheguei lá. Eu sou dos deuses, mas não sou um deus.

Para algumas Bruxas, adoração é sobre reciprocidade. Adoramos os deuses, porque eles querem ser adorados. Em troca, eles nos abençoam e nos confortam, e ainda nos concedem habilidades especiais ou nos ensinam a tê-las. Nossos rituais são uma troca de energia – assim como damos aos deuses, os deuses nos dão. Sob este modelo, é possível procurar um relacionamento com um deus em particular, porque ele possui as qualidades que você deseja, ou porque deseja aprender uma de suas habilidades, ou ainda para pedir ajuda em alguma área de sua vida. Em troca, você pode dar oferendas específicas, realizar rituais especiais, espalhar o conhecimento desse deus para outras pessoas, para que sua influência cresça, ou lutar por causas que sejam significativas para esse deus. Esse tipo de relacionamento divino recíproco é muitas vezes onde as pessoas começam, e pode ser uma boa maneira de construir uma base, porém, é preciso se aprofundar além disso para permanecer viável. Afinal, a vida inevitavelmente vai se tornar difícil, e os deuses – qualquer que seja sua percepção deles – não o protegerão do sofrimento a cada passo. Se sua adoração é inteiramente sobre obter – bênçãos materiais, sorte e uma navegação tranquila pela vida – onde isso vai levar você quando a vida der errado? Existem muitos deuses no mundo e muitas maneiras de abordá-los, mas nenhum deles é uma máquina de vendas automática. Raramente você vai simplesmente fazer uma oração, deixar uma oferta e ter seus desejos atendidos sem questionar. A adoração deve estar enraizada no amor, primeiro, e esse amor geralmente nasce da experiência ritual ou de outros encontros diretos. A possibilidade desses encontros é o que impulsiona a devoção.

Divindades Patronas

Onde quer que você esteja em seu próprio relacionamento com os deuses, um conselho comum é começar com um patrono (ou às vezes uma "matrona", para uma deusa, embora linguisticamente esses termos não sejam intercambiáveis e tenham origens distintas – um patrono é um apoiador ou protetor, enquanto matrona é uma posição doméstica ou uma mulher casada mais velha). Há uma discussão acalorada nas comunidades de Bruxaria e politeístas sobre como exatamente alguém adquire uma divindade patrona. Muitos dirão que são os deuses que devem escolher você. Alguns até afirmam que os deuses nos escolhem no nascimento, e chegar até eles é um processo de despertar. Por ser um certo tipo de pessoa ou ter certos tipos de experiências ou afinidades, estamos inclinados a atrair e a nos relacionarmos mais com algumas divindades do que com outras. Um escritor ou um erudito pode ser inclinado ao Deus escriba Thoth, por exemplo, enquanto um soldado pode ser atraído pela Deusa Morrighan. Outros praticantes acreditam que podemos escolher livremente, com base no interesse ou no que desejamos atrair para nossa vida no momento. Algumas Bruxas podem escolher Afrodite como patrona, porque desejam aprender os mistérios do amor e atraí-lo para elas, ou Frigga, enquanto constituem um lar e cuidam das crianças.

Uma perspectiva é inerentemente melhor ou mais correta que a outra? Alguns criticarão aqueles que parecem tratar os deuses como meras correspondências, trocando-os para se adequar a um feitiço específico. Ao mesmo tempo, quem tem a arrogância de declarar definitivamente que pode falar por um deus – que só ele sabe o que é verdadeiramente apropriado e necessário? Alguns vão insistir que se aproximar de um deus de forma inadequada pode realmente colocá-lo em perigo, e ainda assim as pessoas fazem isso o tempo todo, aparentemente sem consequências (eu tendo a pensar que os deuses estão muito ocupados com coisas mais importantes para punir os descuidos de exploradores espirituais sinceros).

Se você ainda não o fez, deve explorar e alcançar seu próprio entendimento sozinho. Após anos de prática, é muito provável que suas experiências mudem suas perspectivas, sejam elas quais forem agora. Há mérito, e também sobreposição, em ambas as abordagens. Afinal, seus interesses e experiências possivelmente atrairão divindades específicas, pois você provavelmente será atraído por elas.

Se você é novo no conceito de divindades patronas, ou talvez esteja simplesmente interessada em iniciar um relacionamento com uma nova divindade, tente o seguinte exercício, que é parte pesquisa e parte ritual:

Imagine que você vai dar um jantar com um deus como convidado de honra. Esta poderia ser praticamente qualquer divindade neste momento: alguma que lhe desperte curiosidade, ou uma que você conheceu e está tentando estabelecer um relacionamento, ou alguma que você persegue há anos, mas que permanece misteriosa (o que, sejamos realistas, são muitas). Sua tarefa é montar um cardápio, escolher um local e fazer uma lista de convidados. Você pode ser tão criativa e abrangente quanto quiser aqui – estamos nos envolvendo em um jogo espiritual. Será um evento grande ou íntimo? Quais alimentos serão bem-vindos e quais serão tabus? Existe alguém que você deveria ter a certeza de que não iria aparecer? A conversa vai fluir por conta própria ou você deve planejar jogos de festa e outros entretenimentos? O que os convidados devem vestir? Caso presentes forem envolvidos, o que seria mais apropriado? Se você fosse montar um registro, o que estaria nele? Lembre-se: não se trata do que você prefere. Isto é para a divindade. É fácil se apoiar em suas próprias preferências e hábitos, mas force-se a realmente pensar e pesquisar o que elas gostariam (ou não).

Quando você imaginou e registrou o máximo de detalhes possível, use o que acumulou para realmente fazer um brinde formal ao deus em questão. Você pode escolher erguer um altar, temporário ou permanente, e decorá-lo com as coisas que criou em seu planejamento (ou use símbolos e imagens daquilo que intencionou). Faça ou adquira um dos alimentos ou bebidas do seu cardápio e apresente-o como oferta. Convide a divindade para participar, ofereça palavras favoráveis e depois peça-lhe que fique ou talvez demonstre interesse em um relacionamento com você. Este não precisa ser um processo elaborado ou misterioso: você pode escrever poesia ou falar com simplicidade. Depois, procure sinais, observe suas impressões e sentimentos e siga sua intuição. Sua tarefa final é decidir o que realmente fazer com a comida ou bebida que usou! Você deve consumi-la sozinha? Enterrar? Despejar em água corrente? Alimentar os animais? O que seria mais apropriado com base no que você aprendeu?

Este exercício pode resultar em um novo relacionamento ou não, mas em ambos os casos você terá aprendido alguma coisa.

A devoção não é apenas sobre deuses. É fácil esquecer isso, porque as divindades estão sempre à frente de muitas conversas sobre feitiçaria. Sua prática pode ou não incluir deuses, mas você ainda pode se dedicar como uma Bruxa. Para muitos praticantes de várias tradições, a devoção se manifesta por meio de uma relação com os espíritos ancestrais, que discutiremos a seguir.

De onde viemos

A veneração dos ancestrais é parte integrante de muitas tradições religiosas e culturais. Tanto católicos quanto budistas podem orar ou realizar rituais para ajudar entes queridos mortos, negociando a existência na vida após a morte (seja para escapar do purgatório ou para ser libertado do ciclo de nascimento e renascimento). Em algumas Tradições chinesas, os membros vivos da família podem queimar papel impresso especialmente para parecer moedas, muitas vezes chamando-as de "dinheiro do inferno", para os membros da família usarem na vida após a morte, o que é considerado tão burocrático quanto este. Em todo o mundo, os pais batizam os filhos com nomes de parentes falecidos e preservam memórias em receitas herdadas, bens valiosos e extensos álbuns de fotos. Os americanos, em particular – talvez porque muitos de nós sejam imigrantes, façam parte de comunidades da diáspora ou tenham sofrido deslocamento –, muitas vezes estão ferozmente interessados em suas heranças e genealogia, afirmando alegremente conexões distantes com a realeza, as primeiras colônias ou algum momento histórico de particular importância e significado. Muitos gastam dinheiro e esfregam cotonetes em suas bochechas no intuito de coletar DNA para análise, na esperança de descobrir uma resposta para a pergunta fundamental que é: "De onde eu vim?"

Por que nos importamos tanto? Bem, por muitas razões. Principalmente porque todos nós parecemos ter uma necessidade fundamental de nos conectar com os outros para construir um significado para nossa vida e, explorar nossa ancestralidade, é uma maneira de fazer isso. Saber mais sobre de onde viemos nos diz algo sobre para onde estamos indo, o que superamos e que tipo de pessoa poderíamos nos tornar. Em um nível mágico, muitas Tradições ensinam que carregamos memórias ancestrais, talvez escondidas na composição de nossas células ou armazenadas no inconsciente coletivo, como descrito por pensadores como Carl Jung. Aprender sobre nosso passado familiar e cultural pode ser uma maneira bonita e poderosa de alimentar nosso presente. Para alguns, isso é muito mais fácil do que para outros. Nos Estados Unidos, não há como ignorar o legado da escravidão, que negou a muitos negros americanos o conhecimento de sua ascendência nas últimas gerações. Os praticantes adotados ou alienados de suas famílias de origem podem ter um conhecimento genealógico ainda mais limitado. Alguns de nós têm o luxo e o privilégio de linhagens familiares claras, enquanto outros podem ter acesso apenas às suas famílias mais imediatas.

Para muitas Bruxas, seus ancestrais representam uma poderosa conexão com outros mundos e fontes de poder. Da mesma maneira que ter uma grande rede entre os vivos pode fornecer apoio, recursos, oportunidades e muitos outros benefícios, ter uma rede entre os mortos pode fazer o mesmo. Como no seu dia a dia, as pessoas com um investimento pessoal no seu bem-estar tendem a ser mais propensas a querer agir em seu nome do que os estranhos. Para muitos de nós, isso significa nossas famílias! Em todo o mundo, pessoas de inúmeras tradições recorrem a seus ancestrais genéticos diretos para orientação e apoio. Para alguns, como para os deuses, essa relação é de reciprocidade. Fornecemos aos nossos mortos oferendas, lembranças, louvores e realizamos seus desejos no mundo dos vivos, em troca, eles nos concedem bênçãos, proteção ou sabedoria além do véu. Para outros, a veneração ancestral não é sobre o que podemos obter, mas sobre o que podemos dar. Nós os celebramos e os honramos por amor ou pela necessidade de oferecer cura àqueles que podem ter morrido com feridas emocionais ou espirituais. Se uma Bruxa acredita em reencarnação, como muitas acreditam, então, eventualmente, nossos amados mortos podem renascer e nosso trabalho com eles pode servir para ajudá-los a progredir mais rápido, a viver vidas mais felizes e a se curar dos erros que foram cometidos a eles ou que eles mesmos perpetuaram em vida. Muitas Bruxas acreditam que quando nos curamos, também curamos nossas linhagens.

Família de sangue, no entanto, como a maioria das pessoas pode lhe dizer, não é o único tipo de família, e seus ancestrais não são apenas as pessoas que contribuem para sua composição pessoal. Para muitas Bruxas, um relacionamento com seus ancestrais biológicos diretos pode ser prejudicial devido a traumas passados e feridas emocionais profundas. Não há problema em não querer nada com as pessoas com quem você está relacionada. A verdade é que muitas outras pessoas podem ter feito de você a pessoa que você é hoje, sendo ou não parentes biológicos, e aqueles que morreram também podem ser contados entre seus ancestrais. Eles podem até ser mais importantes para você. Como iniciada na Wicca, por exemplo, possuo uma linhagem de Altas Sacerdotisas e Sumos Sacerdotes com a qual traço tanto o poder mágico quanto a autoridade dentro de minha Tradição específica. Algumas dessas pessoas eu nunca conheci. E nenhuma delas são pessoas com as quais estou conectada pelo sangue, mas elas representam uma espécie de família para mim. Eu as honro nos rituais e penso nelas como meus ancestrais espirituais, e elas são muito importantes para mim. Incluo também Bruxas que, embora possam não fazer parte desta linha ascendente ou mesmo da minha Tradição, foram extraordinariamente influentes em me guiar no meu caminho, embora a distância. Scott Cunningham e Raven Grimassi ocupam lugares de honra em meu santuário ancestral, pelo imenso impacto que tiveram em minha vida, ao lado de Doreen Valiente, Gerald Gardner e Ray Buckland. Nunca conheci a maioria dessas pessoas, mas o trabalho delas me ajudou a ser quem e o que sou.

Quem é e onde quer que esteja, você está conectada aos outros. Como exercício, pegue uma folha de papel e comece a listar aqueles que morreram e que tiveram importância na sua vida. Você pode optar por dividi-los em colunas de acordo com a família biológica, família adotiva, amigos, guias espirituais, figuras da história ou sua vida profissional. Pessoas que a inspiraram, ou mesmo animais que pode ter amado e perdido. Se você tem uma linhagem espiritual, rastreie-a o mais longe que puder. Quem influenciou as pessoas que a influenciaram? Por fim, faça uma árvore genealógica. Comece com seus pais (biológicos ou não, não importa quantos pais você tenha) e vá o mais longe possível. Você pode encontrar algumas surpresas!

Depois de fazer suas listas e reunir o máximo possível de sua árvore genealógica, escolha as pessoas de quem você se sente mais próxima ou, inversamente, que você não conhecia bem ou que deseja aprender com ela. Você pode construir um altar separado onde guarda símbolos ou lembranças desses ancestrais. Construa relacionamentos por meio de conversas, orações e oferendas (talvez os lanches favoritos da pessoa, flores frescas, bebidas favoritas e tigelas de água limpa. Leia em voz alta um livro favorito ou toque uma música preferida).

Tal como acontece com os deuses, estabelecer e desenvolver relacionamentos ancestrais significativos pode ser lento e muitas vezes exigirá atenção especial a sinais sutis, em vez de fogos de artifício. Um forte vínculo com o reino ancestral é a pedra angular de muitas práticas de feitiçaria. De fato, para muitos Bruxos, a função e o propósito essencial da Arte refletem a habilidade de se comunicar com os mortos, tanto para ajudar os vivos quanto aqueles que estão lutando na vida após a morte. Muitas Bruxas não teístas enfatizam uma prática ancestral, enquanto outras trabalham com os mortos além de seu trabalho com os deuses. Em ambos os casos, adotar uma prática devocional centrada em seus ancestrais pode contribuir muito para informar e expandir suas experiências como Bruxa.

A localização

Mais fundamental do que nossos queridos mortos ou os deuses que podemos servir, é a própria terra. De fato, para muitas Bruxas, é a terra em que vivem que é a base de toda a sua prática. Sem ela, não poderíamos sobreviver, então o que poderia ser mais importante? Aqui também há algo digno da devoção e da atenção mágica de uma Bruxa.

Muitos de nós, inclusive eu, viemos para a Bruxaria com a impressão de que ela era, em sua essência, uma religião da natureza. Quando jovem, explorando avidamente a Wicca nos anos 1990, li várias vezes em livros populares que se tornar Wiccaniana era construir uma conexão espiritual com o mundo natural e encontrar os rostos da Deusa e do Deus na virada das estações e da Roda do Ano. A frase "religião baseada na terra" foi lançada desenfreadamente, como se todos nós pudéssemos descansar com segurança no conhecimento de que ser um Pagão ou uma Bruxa (especialmente uma Bruxa Wiccaniana) era ser um ambientalista.

Se eu fiquei surpresa ao descobrir, ao longo dos anos, que esse não era necessariamente o caso? Sim, é típico que todos os tipos de Bruxas defendam a importância da natureza, mas o que exatamente isso significa? Os Sabbats Wiccanos são baseados em festivais agrícolas que não são aplicáveis para muitos praticantes que vivem em climas muito diferentes, não cultivam ou criam animais e não podem traduzir imediatamente esses símbolos e metáforas sazonais em suas próprias vidas. Enquanto isso, a maioria de nós aprende sobre magia animal, cristais e minerais e fitoterapia usando espécimes que foram coletados, caçados, extraídos e colhidos a centenas ou mesmo milhares de quilômetros de distância, e muitas vezes sob circunstâncias eticamente questionáveis. Colecionamos alegremente cristais lindamente lapidados e polidos do Brasil, Madagascar, Afeganistão e outros lugares, mas raramente podemos reconhecer os minerais que podem ser igualmente preciosos sob nossos pés. Procuramos guias de animais e baralhos de oráculos que romantizam lobos, ursos, veados, águias e outros animais impressionantes e amplamente reconhecíveis, quando talvez nunca tenhamos a oportunidade de encontrá-los na vida real. Enquanto isso, muitas vezes não temos noção dos animais que fazem suas casas em nossos próprios quintais.

Eu mesmo sou culpada disso, então não sou eu que vou jogar pedras em você. Acho que é algo que muitos de nós percebemos eventualmente e temos que lidar de alguma forma. Podemos realmente dizer que estamos nos envolvendo com a natureza, quando nossa experiência com essa natureza é muitas vezes pré-embalada, romantizada e comercializada para nós como qualquer outro produto que poderíamos comprar? Podemos até ver isso na linguagem que usamos: a natureza é algo que nos esforçamos para "voltar", "fugir" ou "descobrir", como se já não estivesse ao nosso redor e não fosse parte de nós. Paradoxalmente, quando buscamos nossa "religião baseada na terra", geralmente nos isolamos ainda mais, apenas de maneiras diferentes.

Há muito a perder quando esta é nossa única relação com o mundo natural. Quando a natureza está em outro lugar – apenas em florestas remotas e oceanos ou desertos intocados – perdemos o que está ao nosso redor. Se você mora em uma cidade gigante, em um subúrbio desenvolvido ou em uma casa de campo ideal de uma

Bruxa em algum bosque particular, há terra sob seus pés, céu acima de você e vida vegetal e animal ao seu redor. Quando não apreciamos isso, é mais fácil ser insensível às necessidades do nosso próprio ambiente. É mais fácil permitir tacitamente seu uso indevido e até mesmo participar desse uso indevido. A raiz de nossas crises coletivas com mudanças climáticas, extinção em massa e poluição não é o ódio ao mundo natural – a maioria de nós não está contribuindo maliciosamente para essas coisas terríveis –, mas com a indiferença. Estamos separados do mundo natural em um nível cultural, e isso se manifesta em nossas práticas espirituais e mágicas.

Além de tudo isso, como Bruxas, também estamos perdendo oportunidades mágicas quando ignoramos nosso próprio ambiente por alguma Arcádia distante. Imagine ser capaz de curar, lançar e entrar em contato com o mundo espiritual usando plantas que você coleta em sua própria vizinhança. Imagine extrair energia das pedras sob seus pés, em vez de orçar por cristais caros importados do outro lado do mundo. Imagine encontrar aliados entre os espíritos animais do lado de fora da sua janela. Você nunca estaria sozinho ou sem recursos.

Dadas nossas relações pessoais muitas vezes tênues com nosso ambiente imediato, pode ser injusto chamar a Bruxaria de "baseada na natureza" como um todo. Sua Tradição particular pode nem mesmo aspirar a tais coisas, como é o caso de muitos praticantes de Tradições mais cerimoniais de Bruxaria. No entanto, uma prática devocional centrada na terra está no cerne de muitos, e esta é uma busca digna para muitas Bruxas em evolução. Ao conhecer o lugar específico que o sustenta, você pode descobrir que ele tem suas próprias divindades, seus próprios espíritos e seu próprio poder inato. Mesmo que você não seja teísta nem animista, há um profundo significado e propósito em passar o tempo na natureza que o cerca e talvez se tornar um zelador dela. Imagine como o mundo poderia mudar se cada Bruxa passasse a amar a terra que imediatamente as sustentava e se encarregasse de servir ao seu bem-estar.

Valorizando seu território

Como se inicia uma prática devocional local? A maioria das pessoas atualmente não tem hábitos naturalistas, afinal. E muitas vezes não é pouca coisa simplesmente desaparecer em alguma floresta e se sentir instantaneamente em casa. Nem precisa! Para este exercício, talvez, você nem precise sair de sua casa, exceto talvez para visitar uma biblioteca. À medida que sua prática se desenvolver, você passará mais tempo ao ar livre, porque parte do que vai ver aqui seria impossível de aprender apenas pela observação. Você vai ter que "cavar" um pouco.

Pesquise e registre as respostas para as seguintes perguntas. Algumas delas você já deve conhecer, mas com certeza muitas vão surpreendê-la:

1. Quantos nomes foram dados ao local em que você vive? Como as pessoas locais chamam isso? Como é designado nos mapas? Você conhece os nomes dados pelos povos que viveram aqui antes de seus ancestrais? Tente encontrar pelo menos cinco.
2. Quem primeiro habitou esta terra? Quem foram as pessoas que resolveram ficar neste local e quando foi isso? A terra foi colonizada? Quais dessas pessoas ainda vivem aqui?
3. Como está o clima local? Qual é a sua classificação, cientificamente? Isso mudou em algum momento?
4. Que recursos naturais foram historicamente colhidos aqui? O que as pessoas cultivam, exploram, caçam ou produzem para consumo aqui hoje?
5. De onde vem a água que você bebe? Trace o ciclo da água da fonte à torneira.
6. E os alimentos que você encontra no supermercado, de onde eles vêm? Algum deles é produzido localmente? Existe um mercado de agricultores ou outra fonte de alimentos locais disponíveis para você?

7. Quanto lixo sua comunidade produz a cada ano e para onde ele vai? Se você participa de um programa de reciclagem, para onde vão os recicláveis e como são processados?
8. Cite cinco espécies de aves nativas. Para cada uma, descreva seu padrão migratório e reprodutivo, sua fonte de alimento e seus predadores. Quais espécies aparecem primeiro à medida que as estações mudam e quais são as primeiras a migrar para outros lugares?
9. Agora, cite cinco espécies de plantas nativas comestíveis. Onde você pode encontrá-las e como pode prepará-las?
10. Faça o mesmo com cinco espécies de árvores nativas, arbustos ou gramíneas. Como você os reconheceria? Algum deles é comestível? Tóxico? Quais são seus ciclos de vida?
11. Veja se consegue citar cinco espécies de plantas ou animais que foram extintas em sua região nos últimos 100 anos. Por que elas foram extintas?
12. A caça ou pesca é permitida na sua área? Como é regulamentado isso? Que animais as pessoas costumam caçar e quando são suas estações? Como a caça e a pesca impactam o ecossistema local?
13. Que répteis e anfíbios vivem aqui? Algum deles é venenoso? Algum está em perigo?
14. Alguma planta ou animals foi introduzido em sua área, quais foram? Como eles impactam o ecossistema local? Há algum esforço de erradicação em andamento?
15. Cite cinco espécies de insetos e aracnídeos que são nativos. Seja específico. Como você os reconheceria de espécies semelhantes?
16. E por fim, cite cinco animais não domesticados que podem compartilhar sua casa, esteja você ciente disso ou não. Eles são destrutivos ou úteis? Como você pode dissuadi-los ou encorajá-los?

Essas perguntas são apenas um ponto de partida, mas elas lhe darão uma compreensão muito melhor do que a média dos relacionamentos em ação no espaço ao seu redor. Você terá, é claro, que sair por aí e descobrir o que puder cara a cara! Você pode desenvolver uma nova paixão por observação de pássaros, jardinagem, forrageamento, caça, limpeza comunitária, reabilitação da vida selvagem e muitas outras coisas além. Qualquer um pode se tornar essencial para sua prática pessoal de feitiçaria.

O Eu Sagrado

Existem muitas Bruxas hoje que não são teístas. Muitas de nós não mantêm uma prática de veneração aos ancestrais. Muitas não são chamadas ao cuidado da terra e nem são ambientalistas. Essas Bruxas podem se descrever como seculares ou não religiosas, ou podem simplesmente não ter nenhuma designação. Não há exigência na Bruxaria de que um praticante adore (ou mesmo acredite em) deuses ou sirva a qualquer grupo particular de espíritos. Você deve se lembrar, como visto no capítulo 1, que minha própria definição de trabalho de Bruxaria envolvia três critérios: a transgressão de limites, a prática da magia e a interação com o mundo espiritual. É esse último que parece ser um obstáculo aqui. Se não os deuses, os mortos ou os espíritos da terra e sua fauna e flora, então o quê? Por que praticar feitiçaria se não há força externa que justifique nossa devoção? Bem, porque a Bruxaria também serve para expandir e desenvolver algo ainda mais fundamental do que qualquer coisa que discutimos até agora: você! Seu corpo abriga seu próprio espírito, e seu cuidado é uma prática devocional tão digna quanto qualquer outra.

Para muitos Bruxos, sua prática está especificamente enraizada em uma ética de desenvolvimento pessoal. Considere quantos livros surgiram nos últimos anos com foco na Bruxaria como um ato de autocuidado ou como um esforço terapêutico no qual os praticantes dominam suas “sombras” e saem do outro lado empoderados, autorrealizados e confiantes em suas identidades. Muitos assumem o manto da Bruxa por um desejo de se conectar com o Eu – para recuperar o poder diante da opressão ou para cumprir um chamado pessoal. Quando nos tornamos Bruxos, podemos nos conhecer e nos amar como realmente somos. Através da aquisição de conhecimento e poder, melhoramos a nós mesmos, a nossa profundidade e a qualidade da nossa vida.

Essas ideias são hoje relegadas ao reino da "autoajuda" ou do "desenvolvimento pessoal" quando as discutimos em companhias mistas e quando as procuramos nas prateleiras das livrarias, mas elas têm sido uma pedra angular da prática ocultista por mais de cem anos. No clássico *Dogma e Ritual da Alta Magia*, de Éliphas Lévi, meados do século 19, o foco central para o Mago é a realização da Grande Obra que, na verdade, é uma cadeia de realizações: a pedra filosofal, a medicina universal, a transmutação do metal, a quadratura do círculo e o segredo do movimento perpétuo. O domínio da magia implica a concessão de certos poderes e privilégios, cada um correspondendo a uma das letras hebraicas. Estes incluem o poder de conquistar tanto o amor quanto o ódio, viver acima do medo, conhecer o futuro e contemplar deus face a face. Em suma, dominar a si mesmo a tal ponto que a dor, a morte e até os exércitos do Céu sejam incapazes de tocar o Mago que os empunha.[26]

Outros ocultistas, Magos e Bruxas entenderam a Grande Obra como a reunião da alma com o divino, a ascensão da forma humana à divindade. Em algumas tradições, a Grande Obra nada mais é que a busca de contato com o Sagrado Anjo da Guarda, que é variadamente uma força externa pura, ou algum gênio interno ou aspecto da personalidade do Mago. Aleister Crowley nos diz em *Magick Without Tears* que "a Grande Obra é a união dos opostos. Pode significar a união da alma com deus, do microcosmo com o

---

26. Éliphas Lévi, *Transcendental Magic: Its Doctrine and Ritual*, tradução de Arthur Edward Waite (London: Bracken Books, 1995), 13-14.

macrocosmo, do feminino com o masculino, do ego com o não ego."[27] Outros Magos e Bruxas comparam a Grande Obra com a busca do Santo Graal.

De qualquer ângulo, a Grande Obra trata essencialmente do desenvolvimento pessoal e individual do Mago. Para muitas Bruxas contemporâneas, embora possamos usar uma linguagem diferente, esse foco está igualmente presente. Ser uma Bruxa pode ou não significar servir a deuses ou construir relacionamentos com espíritos e outras forças externas, mas é sempre uma questão de nutrir seu próprio poder e se tornar uma pessoa magistral e sintonizada. Para muitos, isso significa reivindicar o poder perdido: aprender a se defender, lutar contra a injustiça em seu nome ou em nome de outros, ou sobreviver e prosperar em um mundo cruel. Para outros, a Bruxaria é uma ferramenta para explorar a psique: aceitar traumas pessoais e padrões destrutivos, construir empatia e abraçar as emoções e peculiaridades pessoais (ou mudá-las conforme desejado). Muitos são atraídos pela Bruxaria, porque ela pode ajudar os praticantes a desenvolver o amor próprio, bem como um sentimento de gratidão. Por meio da feitiçaria, o corpo – que muitos de nós aprendemos a detestar desde tenra idade –, torna-se sagrado e merece o máximo cuidado, e isso pode ser uma experiência que muda a vida, especialmente para pessoas com corpos marginalizados. Em um nível mais prático, o ofício da Bruxa – a fitoterapia, trabalhos com energia, criação de encantos e muito mais – pode ser uma força significativa de cura, prosperidade, amor e crescimento em nossa vida mundana. Você pode descobrir que seu trabalho devocional como Bruxa está intimamente ligado às artes de cura, que é o caso de muitas de nós.

A feitiçaria é um receptáculo através do qual podemos mudar nossa vida, e isso pode ser completamente independente de deuses ou espíritos externos, ou pode estar integralmente ligado à adoração e ao servir. A maioria das Bruxas pratica alguma combinação das

---

27. Aleister Crowley, *Magick Without Tears* (Scottsdale, AZ: New Falcon Press, 1991), 7.

perspectivas que discutimos neste capítulo, embora você não deva permitir que ninguém o limite. A chave é saber o que está por trás de sua prática, e então permitir que isso o impulsione para frente. Quando você cai na rotina, ou quando não sabe para onde ir, sempre vale a pena reexaminar o que está no coração de sua Arte. Seja uma divindade, seja seus ancestrais, a terra, seu Eu sagrado, seja até mesmo uma atitude de devoção, vai lhe servir muito bem. No exercício a seguir, veremos como começar a cultivar (ou talvez redescobrir) essa perspectiva.

• EXERCÍCIO •
Vivendo uma vida de devoção

Os exercícios a seguir são projetados para promover um maior senso de devoção em sua prática, independentemente de suas crenças específicas no momento. Alguns pedem que você se conecte com deuses e espíritos, enquanto outros o pressionam a refletir sobre si mesmo. Poucas pessoas mantêm exatamente a mesma compreensão do sagrado durante toda a vida, então, permita-se explorar algo novo neste espaço sem necessariamente ficar desconfortável. Não há problema em sentir que está apenas fingindo por enquanto, ou modificar alguns deles para refletir sua própria visão de mundo. Você pode optar por explorar uma prática devocional teísta e então concluir que isso não é para você. Ou pode querer conhecer seus antepassados e depois decidir nunca mais falar com eles. O importante é centralizar sua feitiçaria em algo que seja profundamente significativo para você.

Ar

Muitos recém-chegados à Bruxaria são pegos com perguntas sobre deuses e espíritos, especialmente se eles vêm de outras tradições religiosas. Você tem que escolher um patrono imediatamente? Tem que trabalhar com seus ancestrais mesmo que não goste deles? Precisa se tornar um ambientalista ou parar de usar produtos de origem animal? Será que isso é real? É fácil se sentir sobrecarregada. Se você precisa de algo para se orientar à medida que avança e se aproxima da devoção – especialmente pela primeira vez – enraíze-se em seus valores centrais. As coisas que são mais importantes para você – os princípios pelos quais vive sua vida – é isso que vai guiá-la à medida que você constrói e desenvolve sua prática como Bruxa.

Provavelmente você já tem alguma ideia sobre quais são alguns de seus valores fundamentais. Se nunca pensou sobre isso ou não se autoanalisou recentemente, este exercício vai trazer novas ideias à tona e ajudá-la a fazer escolhas no futuro. Se você já sabe o que representa, fica mais fácil de responder às perguntas difíceis que vai enfrentar em seu desenvolvimento pessoal e espiritual. À medida que seus encontros espirituais acontecem ou questões teológicas mais profundas são exploradas, você vai se tornando capaz de comparar, continuamente, essas experiências com seus valores e prioridades mais íntimos.

Você vai precisar de um caderno e de algum tempo para escrever em seu diário! Comece considerando a lista de conceitos abaixo. Leia todos eles (adicione mais, se notar que algo importante está faltando) e escolha os dez que você mais valoriza em sua própria vida. Se não tiver certeza, considere qual deles acha mais atraente em outras pessoas. Faça suas escolhas e, em seguida, escreva-as em seu caderno.

Depois de escolher as dez palavras que mais falam de seus valores pessoais, corte essa lista pela metade. Se você tivesse que escolher apenas cinco dessas coisas para caracterizar o resto de sua vida, quais seriam? Trace uma linha pelas cinco palavras restantes. Em seguida, elimine mais duas. Isso pode parecer difícil! Use qualquer raciocínio que faça sentido para você, mas fique com apenas três palavras. Elas representam ou se relacionam diretamente com seus valores centrais.

Abundância	Liberdade	Perseverança
Aventura	Diversão	Posteridade
Ambição	Herança	Poder
Arte	História	Praticidade
Autonomia	Honestidade	Reconhecimento
Equilíbrio	Humanitarismo	Religião
Beleza	Humildade	Responsabilidade
Desafio	Humor	Segurança
Conforto	Inclusão	Autocontrole
Comunidade	Individualidade	Autoexpressão
Conservação	Influência	Serviço
Cooperação	Inovação	Compartilhamento
Coragem	Alegria	Narrativa
Criatividade	Justiça	Força
Curiosidade	Conhecimento	Sucesso
Dedicação	Aprendizado	Consideração
Diversidade	Amor	Tradição
Ecologia	Magia	Confiança
Eficiência	Dinheiro	Verdade
Empatia	Música	Compreensão
Excelência	Natureza	Fortuna
Excitação	Otimismo	Bem-estar
Justiça	Paixão	Sabedoria
Fé	Paciência	
Família	Paz	

Agora que você tem suas três palavras-chave, vamos refletir um pouco sobre elas. Você pode continuar escrevendo na mesma folha de papel ou adicionar seus pensamentos a um diário mágico ou Livro das Sombras:

1. Por que você escolheu essas três palavras acima de todas as outras?
1. Descreva pelo menos um momento em sua vida em que exemplificou esses valores (você pode escrever sobre um momento em que todos estavam presentes ou um momento para cada um, totalizando três). Como você se sentiu e quais foram as consequências?
2. Descreva um momento em que esses valores estiveram ausentes. Como você se sentiu e quais foram as consequências?
3. Onde estão esses valores presentes em sua Bruxaria? O que você pode fazer para torná-los mais centrais para sua prática?

Sua tarefa de seguir em frente é considerar suas respostas e então trabalhar para trazer seus valores centrais à tona de sua prática como uma Bruxa. Outros tipos de trabalho devocional podem vir mais tarde, por enquanto, vamos começar garantindo que as coisas que já são tão essenciais para sua identidade estejam no centro de todas as outras.

Fogo

Uma das maneiras mais fáceis e rápidas de promover uma prática devocional é pelo uso de devoções diárias. Na verdade, se você pratica Bruxaria ou outra arte mágica há algum tempo, é provável que já tenha tentado isso antes, ou pelo menos tenha lido repetidamente que deveria. Bem, eu estou aqui para lhe dizer novamente! As devoções diárias realmente são um divisor de águas. Elas criam espaço durante o dia quando você retorna seus pensamentos ao seu propósito central, e isso, por sua vez, fornece perspectiva e apoio quando as coisas ficam difíceis ou você começa a se sentir desconectado. Algumas Bruxas têm devocionais ao longo do dia, especialmente ao se levantar e antes de ir para a cama.

Outras praticam meditação de rotina, afirmações ou até mesmo rituais completos para reforçar as conexões que construíram em sua prática. Como prometer sair do sofá e ir para uma academia. No entanto, o erro vem justamente em prometer cedo demais e definir expectativas irreais. Se você é como a maioria das pessoas que lutam com devoções diárias, provavelmente é porque ficou um pouco ambiciosa demais, rápido demais.

Aqui, você encontrará uma declaração devocional que pode usar de forma confiável todos os dias. A natureza dessa declaração devocional, é claro, depende do objeto de sua devoção! Se você está procurando construir uma conexão com uma divindade ou com um ancestral, essa declaração pode ser uma oração. Se está se concentrando em si mesma ou em seu relacionamento com a terra, pode ser mais parecido com uma afirmação, na qual você declara uma intenção para si mesma ou para seu relacionamento com o mundo, tornando-a verdadeira ao longo do tempo.

Durante anos pensei que orações e afirmações eram bobas, desconfortáveis ou apenas resquícios de outras religiões ou de comunidades de autoajuda que não eram realmente úteis como Bruxa. Agora, porém, desenvolvi uma série de afirmações que recito como mantra, sentada em meu altar todas as manhãs. Algumas afirmações são sobre minha conexão com meus deuses ("Eu ouço a voz dos deuses e permaneço ciente deles durante todo o dia"), enquanto outras são sobre meu poder pessoal ("Eu atravesso livremente por outros reinos") ou sobre como eu me vejo ("Estou saudável e confiante"). Eu me senti boba no começo, mas esse ritual se expandiu ao longo dos anos e realmente impactou minha rotina diária. Acendo uma vela, medito por alguns minutos e também pratico adivinhação na forma de sorteio diário de cartas. Quando eu não faço essas coisas, sinto que o dia fica difícil.

Sua tarefa é apresentar uma declaração devocional e fazê-la todos os dias, na mesma hora do dia, durante um mês. É isso. Você não precisa acender velas, ficar do lado de fora (embora, se estiver procurando construir sua conexão com o mundo natural, isso ajude), ou ritualizar isso mais do que o absolutamente necessário. O ponto é ser fácil e atingível. Escreva sua declaração com base no que é importante para você em sua prática devocional. Aqui estão alguns exemplos:

Para uma divindade ou espírito:

- Eu honro [o nome do espírito] neste dia e peço para sentir sua presença em minha vida.
- Eu me dedico ao [nome do espírito] e peço para crescer em seu serviço.
- Que eu sempre seja lembrado de meus juramentos ao [nome do espírito].

Para a terra:

- Sou parte desta terra e prometo ser um zelador de todos os que vivem aqui.
- Eu ouço a voz da natureza e escuto seu chamado.
- Eu me comprometo a aprender sobre a terra que habito.

Para o seu desenvolvimento pessoal:

- Sou bonita e confiante enquanto me movo pelo mundo.
- Tenho limites fortes e me respeito como respeito os outros.
- Eu sou uma Bruxa poderosa que cresce em força a cada dia.

Observe que todas essas declarações estão no tempo presente e incluem apenas palavras afirmativas como "Eu sou", ou "Eu posso", em oposição a "Não sei", "Não posso". Falando-as como se já fossem verdadeiras, mesmo que não sejam, condiciona sua mente a aceitá-las como realidade. Você pode usar qualquer uma dessas afirmações ou escrever as suas próprias, de acordo com sua própria prática e seus próprios objetivos.

Esta pequena ação pode alterar o tom do seu dia. Pode parecer absurdo, mas se você não acredita em mim, tente fazer isso por um mês e depois pare por uma semana. Você vai sentir a diferença! Em um nível prático, falar de algo repetidamente traz isso à tona em sua mente e construirá esse sentimento de conexão em sua prática. Em um nível mágico, falar algo repetidamente no mundo faz com que ele se manifeste. O Universo, os espíritos, os mortos e os deuses podem ouvi-lo.

Água

Quando se trata de devoção, a profundidade vem quando construímos relacionamentos fortes, seja com nós mesmos ou com entidades externas. Este exercício é modificado de um que eu uso em meu próprio Coven há anos. Chamamos isso de "Projeto de Deus", mas pode ser aplicável se seu foco é uma divindade, um espírito ancestral ou da terra, ou até mesmo seu próprio espírito pessoal. É um projeto bastante simples, mas para tirar o máximo proveito dele, você precisa respeitar seu tempo e realmente ser o mais completo possível. Passe algum tempo conhecendo atentamente e interagindo ritualmente com uma divindade ou espírito. Se você já está trabalhando com algum específico, pode escolhê-lo, mas se estiver interessado em tentar algo diferente ou se for totalmente nova nesse tipo de experiência, agora vai ter de fazer uma escolha! Não se preocupe – esse relacionamento não precisa ser permanente. Você não vai fazer nenhum juramento!

Se seu interesse for o de trabalhar com um deus, você pode escolher um que conhece ou com o qual você já tenha algum tipo de conexão. Se está se sentindo corajosa, ou gostaria de incorporar alguma bibliomancia básica neste processo, pode pegar um guia de mitologia e escolher um deus ou deusa abrindo em uma página aleatória (parece irreverente, mas eu vi alunas fazerem isso e foi um sucesso!). Se você estiver interessada em se conectar com um espírito ancestral, pode escolher um parente de sangue, alguém de sua linhagem espiritual ou alguém cuja vida tenha impactado a sua. Se o seu objetivo é se conectar com a terra, talvez escolha o espírito de uma árvore ou de um rio favorito. E, claro, se você estiver interessada em fazer do seu desenvolvimento pessoal o foco da sua feitiçaria, então a escolha óbvia seria você mesmo!

Passe o próximo mês explorando atentamente essa entidade de uma perspectiva devocional. No início do mês, declare ritualmente suas intenções e peça ao deus/deusa ou espírito que permita que você os conheça. Faça isso da maneira que achar melhor (você pode até usar o ritual do início deste capítulo, no qual planejou um jantar, modificado da maneira que precisar). Depois, pesquise esse espírito! Existem textos sagrados associados a eles? Existem mitos para aprender ou rituais que foram realizados historicamente para honrá-los? Existem histórias de família que você poderia pedir a parentes ou pessoas que os conheceram? Se sua busca é conhecer a si mesma, considere trabalhar com um conselheiro ou terapeuta para aprender mais sobre sua personalidade e obter domínio adicional sobre seu comportamento e pensamentos. Se você estiver trabalhando com a terra, já terá feito muito deste trabalho com o exercício Valorizando seu Território. Mas você consegue aprofundar mais essas perguntas?

Monte um altar para o espírito que você escolheu (mesmo que seja você mesmo) e envolva-se com ele todos os dias. No final do mês, você projetará e realizará um ritual para essa entidade com base no que descobriu. Ao longo desse período, é possível que você descubra uma conexão intensa que deseja continuar e desenvolver. E pode também descobrir que não é compatível, como no caso de um deus/deusa ou espírito ancestral. Seu ritual final pode ser de agradecimento e de despedida, ou pode ser um olá retumbante e um pedido de mais! Um mês talvez não seja tempo suficiente. A natureza do ritual depende de você, planeje e realize-o com sinceridade. (Não se estresse se você é nova no trabalho ritual – simplesmente vá para o próximo capítulo!) Registre suas experiências, sentimentos e reflexões em seu diário ou Livro das Sombras.

Terra

É natural entrar em rotinas devocionais se você manter isso por um tempo. Talvez você tenha passado por dificuldades que o levaram a questionar suas Tradições de longa data. Às vezes, a passagem do tempo apenas nos faz esquecer quem somos. Outras vezes, o divino parece silencioso, como se tivéssemos sido "cancelados". Pensamos em partir, desmantelar nossos espaços sagrados, dar fim a nossas ferramentas sagradas e nos afastarmos de nossas comunidades. Poucos de nós falam abertamente desses sentimentos, mas muitos de nós já os tiveram, inclusive eu. Em outras religiões, existe o conceito da "noite escura da alma", no qual os crentes são levados à beira do desespero, desconexão ou trauma. Parece ser verdade que quando a vida fica difícil, a prática espiritual é muitas vezes uma das primeiras coisas a desaparecer e uma das últimas a retornar. O que fazemos quando nos encontramos em tal situação?

Primeiro, e mais importante, não há problema em se sentir presa, sem inspiração ou deprimida com sua conexão com a espiritualidade. Não há nada de errado com você, e esses sentimentos são válidos, mesmo que, como eu, você seja do tipo que se culpa por tê-los. Muitas vezes, diante dessa posição, pode parecer que só temos duas opções: desistir ou continuar e esperar que as coisas melhorem. Para este exercício, no entanto, vamos explorar um caminho do meio. É ilógico seguir em frente exatamente como está e esperar mudanças. Deixar sua prática totalmente de lado pode causar uma espiral difícil de se recuperar no futuro. Em vez disso, vamos mudar nosso foco para outro lugar.

No próximo mês, explore e trabalhe dentro de outra Tradição. Como iniciante, você pode já ter explorado outros tipos de Bruxaria ou Paganismo antes de se estabelecer onde está agora, mas você é uma pessoa diferente do que era quando estava começando. Você pode se surpreender com a forma como as coisas a atraem de maneira diferente mais tarde na vida. Se você é uma Bruxa eclética, ou de outra forma conquistou seu próprio caminho, pense nisso como uma oportunidade de aplicar alguma estrutura externa para obter suporte adicional enquanto se lembra por que escolheu o caminho que fez em primeiro lugar. Pode ser até que descubra que gosta de aprender dentro de uma nova estrutura!

Não precisa escolher necessariamente outra Tradição de Bruxaria. Você pode explorar um estilo não Bruxo de Paganismo ou explorar uma Tradição totalmente não mágica ou não oculta. Quando me vi lutando para me conectar com o divino há vários anos, tive uma enorme inspiração de frequentar uma pequena igreja cristã progressista à qual alguns amigos meus pertenciam. Eu nunca fui cristã e não queria me tornar uma, mas achei lindo ver como eles se conectavam com o deus deles e traziam a mensagem de sua fé para suas vidas diárias. Isso alimentou minha Arte de maneiras surpreendentes, mas apenas porque eu estava aberta o suficiente para permitir que isso acontecesse. (Eu não fui criada em uma família cristã, como muitas Bruxas foram, e por isso não tive as feridas emocionais que tantos carregam – essa situação não teria sido tão útil ou saudável para as Bruxas com traumas em torno das igrejas.)

Escolha outra Tradição com base em qualquer critério que você goste, talvez uma que esteja intimamente relacionada a algo que já pratica ou talvez uma Tradição ancestral. Se você tem amigos que pertencem a outras Tradições, considere pedir a eles para guiá-la. Se você é uma Bruxa Tradicional, considere outra Tradição que também valoriza o trabalho ancestral ou a natureza, como o Druidismo. Os Wiccanos tradicionais podem se beneficiar ao procurar seu corpo local da Ordo Templi Orientis e assistir a uma Missa Gnóstica. As Bruxas ecléticas podem gostar de explorar um panteão específico de divindades. Existem muitas tradições mágicas além da Bruxaria. Talvez a Magia Cerimonial ou uma marca local de magia popular lhe agrade. Caso já tenha trabalhado com uma divindade específica dentro do contexto da Bruxaria, considere sua Tradição de origem, se houver. Você pode descobrir um amor pela reconstrução histórica! Permita-se ser surpreendida.

Se você não tem um amigo ou contato que possa orientá-la, escolha um livro para começar. Se houver um grupo por perto, procure-os. Mantenha um diário enquanto aprende sobre essa nova prática e reflita sobre como ela é diferente do que já fez no passado. Lembre-se, isso é apenas para ampliar sua lente. Ninguém está sendo solicitado a fazer nenhum juramento ou assumir qualquer compromisso além da exploração inicial e sincera. Você pode ser re-inspirado, retornar feliz à sua Tradição de origem, ou pode encontrar um chamado genuíno em outro lugar, e isso não é algo a temer. E se realmente não gostar do que escolheu, é apenas um mês! Permita-se aprender com aqueles que são diferentes de você.

Capítulo Quatro

Ritual e Magia

Muitos de nós vêm à Bruxaria para aprender feitiços. Espero sinceramente que possamos descobrir algo mais profundo, que cause impacto ao longo da nossa vida e que mude totalmente a maneira como nos envolvemos com o mundo, mas é a capacidade de fazer magia que é o grande atrativo para maioria. Quando comecei a ler sobre a Arte, grande parte do apelo para mim era a ideia de realizar rituais misteriosos. Como seria esperar o cair da noite, encher uma sala com velas acesas e então cantar em uma linguagem secreta para algum poder arcano? E então saber que isso teve um efeito real no mundo (ou, no meu caso, na escola, onde eu rotineiramente sentia que não tinha poder algum)?

Magia e ritual estão profundamente interligados. Considerado de forma ampla, seria muito difícil separar um do outro inteiramente, pois, mesmo onde a Bruxa individual pode realizar um sem o outro, eles são frequentemente cultivados juntos. Usamos o ritual para construir mentalidades mágicas e temos habilidades que podemos empregar em tempo real. Enquanto isso, mesmo aqueles rituais que não têm como elemento central a prática de feitiços ainda envolvem a criação de espaço sagrado, cruzando fronteiras para outros mundos e mudando a consciência, que são todos os atos mágicos praticados, mesmo usando qualquer definição oculta que pudermos usar.

As Bruxas usam rituais e magia para mudar o mundo e mudar a si mesmas. Então, sim, é verdade que há muito mais na Bruxaria do que apenas fazer feitiços e realizar rituais assustadores, mas essa atração inicial que atrai tantos de nós também não é superficial ou equivocada. Ritual e magia são fundamentais, portanto, faz sentido que aprendamos a fazer ambos bem.

Neste capítulo, examinaremos de perto a função do ritual na Bruxaria, bem como as habilidades e perspectivas necessárias para se envolver com ele de forma eficaz. Também consideraremos um pouco do que está por trás da prática da magia e quais fundamentos podemos estabelecer para nos tornarmos mágicos mais eficientes.

Fazendo sentido

Mesmo que isso fosse parte do que me atraiu em primeiro lugar, eu estava explorando a Bruxaria por um longo tempo antes de realizar meu primeiro ritual ou lançar meu primeiro feitiço. Na verdade, por anos, realmente. Eu estava lendo livros e aprendendo o que podia com os outros, mas tinha que superar uma espécie de "corcunda" antes de levar as coisas além de velas ambientais, colecionar bugigangas mágicas e orações sussurradas para deuses que eu não tinha a certeza de que eram reais. Até muito recentemente eu teria dito a você que não sabia do que se tratava toda aquela hesitação. Lembro-me do momento exato em que decidi ir também! Eu estava sentada do lado de fora em um Halloween, terminando com o último dos doces ou travessuras do ano e apenas sentindo o espírito da temporada. De repente, percebi que a noite não precisava terminar quando o doce acabasse. Eu poderia ir fazer Bruxaria! Então corri para dentro e peguei um caderno, esboçando um ritual baseado naqueles que eu tinha visto nos livros. Foi curto, e fazê-lo no meu quarto sem experiência anterior foi mais do que um pouco estranho, mas também sincero, e lançou as bases para mais daquilo que estava por vir. O que me segurou por tanto tempo? Não demorou muito para que eu tentasse meu primeiro feitiço. Eu tinha cruzado um limite.

Recentemente, porém, reli alguns dos primeiros livros que tive sobre Bruxaria, e também me sentei e li meus diários daquela época (outro grande motivo para manter registros mágicos). A resposta foi imediatamente óbvia: não apenas fui instruída, mas avisada para ir devagar, estudar muito primeiro e depois ser cautelosa ao seguir vários protocolos. Esses livros – todos populares, todos ainda em circulação entre os iniciantes de hoje – alertavam sobre tudo o que aconteceria se eu fizesse alguma besteira. Desde me certificar de que os quadrantes estavam alinhados corretamente em um Círculo Mágico, até não invocar certas divindades a menos que eu fosse digno o suficiente. Não memorizar as coisas adequadamente, fazer um ritual de um livro em vez de escrever o meu próprio (ou, inversamente, ter o ousar escrever o meu próprio em vez de fazer algo testado e comprovado)... havia tanta coisa para estragar! Não é à toa que demorei tanto para criar coragem.

Nenhum desses autores ou primeiros professores queriam me assustar. Eles estavam simplesmente compartilhando suas próprias experiências e o que achavam importante em seu próprio desenvolvimento. Quando nos envolvemos em algo tão transformador quanto a feitiçaria, até mesmo o envolvimento pode ter consequências, mas geralmente são emocionais e sociais. Deixado para preencher as lacunas, faz sentido que muitos de nós, especialmente de origem cristã, preocupem-se em ofender os deuses, conjurar espíritos malévolos ou acidentalmente trabalhar magia destrutiva. No entanto, meus próprios anos de experiência ensinaram-me que os deuses estão muito ocupados para se preocuparem com os erros dos iniciantes, a magia requer prática e é bem improvável que vá explodir sua vida na primeira vez que tentar praticá-la, e espíritos malévolos empenhados em nos fazer mal são, em grande parte, um resquício de experiências religiosas passadas e filmes de terror (e onde quer que eles existam, como os deuses, eles tendem a estar menos interessados em nós do que nós mesmos). Em vez disso, a pior coisa que pode acontecer conosco quando damos nossos primeiros passos na prática ritual é, bem, nada. É infinitamente mais provável que você saia se perguntando se o que fez funcionou ou que se decepcione mais tarde ao perceber que não funcionou. E então terá que pensar em como pode melhorar, praticar mais no futuro e se tornar mais eficaz ao longo do tempo. E isso não é nada ruim!

A palavra "ritual" é bastante usada em diferentes espaços e, geralmente, (e no sentido mais amplo possível) significa algo que fazemos repetidamente, consistentemente. Às vezes usado de forma intercambiável com rotina, o ritual é algo que vai além da prática religiosa. Por meio da repetição, ele nos permite construir uma estrutura em nossa vida e atribuir significados onde antes não havia. Isso nos ajuda a marcar a passagem do tempo, chamar a atenção para o que é importante e causar mudanças tangíveis no que está acontecendo ao nosso redor. Casamentos, funerais, batizados e formaturas são tipos familiares de rituais, assim como jogos de futebol, festas de aniversário, histórias de fantasmas ao redor da fogueira e o bis após o grande show no estádio. Os rituais nos ajudam a contar histórias sobre nós mesmos e encenar essas histórias para torná-las verdadeiras. Podem ser formais ou informais, religiosos ou não. O ritual está na base de muito do que nós, como Bruxas, fazemos.

Os ritos servem a muitos propósitos. Livros inteiros foram dedicados a expor a teoria do ritual, mas para nossos propósitos, o mais essencial é a construção de significado. O ritual é uma maneira de pegarmos nossas ideias sobre a natureza do mundo e nosso lugar nele e colocá-las em prática de tal maneira, que damos sentido à nossa própria existência. Ele constrói a ordem, cria um mito e define nossos relacionamentos individuais – conosco e com os outros, com quaisquer deuses ou espíritos em que acreditemos e com o Universo como um todo. Um bom ritual nos remove temporariamente de nossas realidades mundanas – que podem ser caóticas, insatisfatórias, exaustivas ou até mesmo chatas – e cria um bolsão de tempo em que estamos no controle (ou talvez são nossos deuses que estão no controle, dependendo da perspectiva) e podem recriar o mundo como acharmos adequado. O grande ritual transcende aquele momento singular e nos permite sentir esses mesmos efeitos no dia a dia. O ritual não é apenas uma saída de emergência ou uma ferramenta para mudar as coisas que não gostamos; é também uma maneira de aumentar o que há de bonito no mundo. Pode haver uma variedade infinita de como as pessoas realizam rituais, especialmente se olharmos para as tradições religiosas e culturais como um todo, além da feitiçaria, mas todas elas procuram fornecer aos participantes um senso de propósito e significado.

Para as Bruxas, isso pode significar criar o espaço para decretar nossa vontade no mundo por meio da magia. Também pode significar envolver-se em pompa ou drama sagrado para compartilhar histórias sobre os deuses e nos ajudar a promover relacionamentos mais profundos com eles. Para os Wiccanos e outros Bruxos que se inspiram nas tradições esotéricas europeias, o ato de lançar o Círculo e construir o templo sagrado entre os mundos é um ato de construção do mundo. Assim como os quatro elementos se combinam para criar o Universo, também os invocamos e combinamos em sua recriação, conosco como engenheiros divinos. A natureza específica de seus rituais não importa – você pode estar celebrando uma estação, agradecendo a espíritos ancestrais ou lançando um feitiço. O que importa é que você encontre significado nesse ritual e que ele o alimente a continuar se envolvendo no mundo dia após dia.

É por isso que muitos de nós recorrem ao ritual em tempos de crise, alegria, estresse ou para marcar mudanças, mesmo aqueles de nós que se identificam como seculares. Geralmente não é suficiente simplesmente "enterrar" alguém quando morre; realizamos funerais. Marcamos relações significativas com casamentos, fim da escolaridade com formaturas e nascimentos com rituais de acolhimento da comunidade. Também acreditamos no poder dos atos de fala: declarações públicas que acreditamos vinculam as pessoas que as fazem, como quando médicos e policiais prestam juramentos ao ingressar em seus campos, ou quando aqueles que aparecem no tribunal são solicitados a jurar sobre objetos significativos para que digam a verdade. O ritual transcende a religião, permitindo-nos dar sentido e criar ordem ao longo de nossa vida. Parece estar ligado à nossa humanidade. Mas nem todos concordam que todos os rituais são igualmente significativos (as pessoas quebram juramentos o tempo todo, e muitas delas não acreditam em casamentos ou funerais). Só porque algo faz parte da tradição estabelecida não significa que terá sucesso em ser significativo para todos.

Quando Bruxas e Bruxos lutam com o ritual, muitas vezes é porque estão tendo dificuldade com questões relacionadas à construção de significados. Os recém-chegados frequentemente descrevem se sentir bobos tentando realizar seus primeiros rituais, ou então, ficam preocupados com a possibilidade de fazer algo errado. Aqueles que estão por aí há muito tempo, às vezes ficam entediados, perdem de vista o que é importante ou começam a estagnar, o significado se esvaindo despercebido. Também há muita pressão dentro de nossas comunidades e na nossa literatura para realizar rituais elaborados e regulares, e para muitos de nós isso não é muito realista o tempo todo. Discutiremos soluções para isso neste capítulo e no próximo.

Poder

Assim como o ritual, a magia é uma categoria ampla que pode incluir uma variedade de atos, desde o lançamento de Círculos até a aparição de divindades e a escultura e queima de velas. Você talvez já tenha sido exposto à definição de Dion Fortune de que magia é "a arte de causar mudanças na consciência de acordo com a vontade"[28]. A famosa afirmação de Aleister Crowley foi que a magia é "a ciência e a arte de fazer com que a mudança ocorra em conformidade com a Vontade"[29]. Considerando estes parâmetros,

---

28. Dion Fortune, "The Rationale of Magic", *London Forum* 60 (Setembro 1934): 175–81.
29. Aleister Crowley, *Magick: Liber ABA, Book 4* (York Beach: Samuel Weiser, 1997), 127.

os limites da magia podem ser potencialmente infinitos. Tudo o que fazemos pode ser mágico. Mesmo assim, muitas pessoas quando pensam em Bruxaria, associam ela a feitiços – e no uso de ferramentas e dispositivos simbólicos para direcionar as intenções à realidade. Às vezes, os feitiços são realizados em parceria com outras entidades, como deuses ou ancestrais, ou com o entendimento de que os componentes do feitiço, especialmente plantas e pedras, têm consciência própria que deve ser invocada para assistência. A ênfase, no entanto, tende a ser no poder da própria Bruxa. Ao contrário de muitos outros tipos de magia, os feitiços colocam a ação principal no praticante, em vez de nos poderes externos, como nos deuses ou nos espíritos. Assim, a conjuração transcende qualquer estrutura religiosa ou visão de mundo tradicional. Potencialmente, qualquer um pode lançar feitiços, baseando-se em quaisquer sistemas religiosos e culturais que sejam significativos para eles.

Quando pessoas de fora criticam as pessoas que buscam a Bruxaria, seja por se tornarem Bruxas, seja por se aproximarem delas como clientes, elas geralmente se concentram em sua suposta necessidade de poder. Mesmo em espaços acadêmicos, essa tem sido historicamente uma das diferenças definidoras entre "magia" e "religião". Para Émile Durkheim, que conhecemos em um capítulo anterior, religião e magia eram inerentemente opostas, porque os magos eram fundamentalmente egoístas, minando laços e sistemas comunais, enquanto a religião se preocupava em construí-los. Mais tarde, antropólogos como I. M. Lewis argumentariam que a magia – e particularmente a magia envolvendo possessão corporal por espíritos – era a proveniência dos desprivilegiados. Aqui estava uma maneira de pessoas marginalizadas, que de outra forma se encontrariam sujeitas aos caprichos de outros em posições de poder, terem alguma forma de liberdade. A ideia de que a magia é a ferramenta do forasteiro, do ignorante e do impotente, enquanto a religião pertence aos civilizados, aos educados e à elite, persistiu em todas as disciplinas até há relativamente pouco tempo, e ainda sobrevive nas conversas populares. Esta é pelo menos parte da razão pela qual uma Bruxa moderna pode ser ridicularizada por acreditar que seu feitiço de vela poderia ajudá-la a curar uma doença, mas tendemos a aceitar que orar para que uma pessoa doente se recupere é razoável e respeitável. A diferença está na localização do agente. Coletivamente, tendemos a ficar profundamente desconfortáveis com indivíduos que afirmam possuir poder fora dos parâmetros sociais estabelecidos e sistemas regulamentados.

Porém, esse desconforto nos segue em espaços mágicos às vezes, e permanece mesmo depois que nos tornamos Bruxas. Alguns dos debates mais intensos entre Bruxas de todos os tipos são sobre como a magia deve ser usada e onde devem estar os limites da conjuração. Muitos – mas certamente não todos – Wiccanianos responderam a isso com a máxima da Rede Wiccana: "Sem a ninguém prejudicar, faça o que desejar". Outras Bruxas acham isso excessivamente limitante e mantêm seus próprios códigos pessoais de conduta mágica. Para mim, este é realmente um dos componentes mais estimulantes e desafiadores da Arte. Todos somos responsáveis por nossas próprias escolhas e somos obrigados a traçar quaisquer limites que queiramos por conta própria, mesmo onde possamos pertencer a tradições específicas. Falaremos um pouco mais sobre o desenvolvimento de um código pessoal em breve, mas por enquanto, vale a pena considerar sua relação com o poder.

Por muito tempo fomos envergonhados (e nos envergonhamos) por buscar o poder. Muitos de nós são rápidos em negar que o apelo da Bruxaria pode estar em sua ênfase em lançar feitiços. Nós estigmatizamos o desempenho de feitiços para ganho pessoal ou frivolidade. Priorizamos a imagem da Bruxa como curadora, guardiã da sabedoria ou como Sacerdotisa. Mesmo a dicotomia frequentemente citada de "alta magia" versus "baixa magia" postula uma hierarquia, com a última vindo em segundo lugar. Encontrar amor, ganhar dinheiro, punir fofoqueiros ou encontrar uma vaga para estacionar, torna-se menos nobre do que evoluir espiritualmente ou adquirir sabedoria universal, embora a maioria das pessoas ache isso mais urgente no momento (isso se a popularidade dos livros nas prateleiras e o tipo de perguntas na minha caixa de entrada são qualquer indicação). Curiosamente, até enfraquecemos nossa magia insistindo que é puramente sobre nossos pensamentos. A intenção triunfa acima de tudo, e a magia torna-se apenas uma questão de mudar perspectivas ou reformular tarefas mundanas (e é claro que pode ser, mas isso não é tudo). É como se tivéssemos medo do poder que desejamos exercer ou, inversamente, medo de que ele simplesmente não fosse real.

Mas a magia eficaz requer que a abordemos sem medo ou vergonha. O feitiço persiste ao longo do tempo e dos povos – transcendendo qualquer estrutura religiosa ou cultural –, porque funciona. É perfeitamente natural desejar poder e controle sobre a vida e as circunstâncias. Existem muitas ideias diferentes circulando sobre como a magia realmente funciona, mas isso talvez seja menos importante do que parece ser. Se você ainda não fez isso, considere pegar alguns dos inúmeros livros de feitiços disponíveis comercialmente. Para um iniciante, vale a pena simplesmente reservar um tempo para ler o máximo possível, observando padrões e semelhanças. Quais tipos atraem você e por quê? Experimente vários, tomando o tempo entre eles para notar seus efeitos. Para praticantes mais experientes, concentre-se na estrutura mágica e no código ético do autor. O que é aceitável para eles? O que não é? Como eles acham que a magia funciona? Você concorda? O que você percebe sobre feitiços que funcionam versus feitiços que não funcionam?

Acima de tudo, encorajo você a abraçar a prática de lançar feitiços como uma ferramenta essencial da Bruxa. Não o descarte como secundário e use-o com alegria, com o entendimento de que você é responsável por suas ações.

Jogo sério

Uma das razões pelas quais a Bruxaria é tão tentadora, eu acho, é porque ela fala de algo da infância, seja nossa infância real, seja as idílicas que gostaríamos de ter (e que todas as crianças merecem). Os livros infantis estão cheios de tropos mágicos que nos influenciam muito depois de nos tornarmos adultos. Quando li meus primeiros livros sobre feitiçaria, magia e politeísmo, não pude deixar de relembrar dos meus favoritos: *O Jogo do Egito*, de Zilpha Keatley Snyder, *A Princesinha e o Jardim Secreto*, de Frances Hodgson Burnett, e *Matilda*, de Roald Dahl. Todos apresentam crianças vivendo vidas mágicas secretas, além do trabalho penoso da idade adulta.

Ser uma Bruxa é um pouco como ter uma vida dupla e acesso a um outro mundo mágico – como em Terabithia ou em Nárnia – que apenas alguns poucos sortudos sabem que existe. Fazer um ritual é como se conectar conscientemente a esse sentimento infantil de admiração. Mas esse sentimento de infantilidade também é inibitório para muitas Bruxas, principalmente no começo. O ritual parece difícil por que você se sente meio bobo? Sua conjuração sofre por que você duvida de si mesmo? Essas são preocupações comuns, especialmente para pessoas que vêm para a Arte quando são mais velhas. Por mais emocionante que possa parecer no papel, é difícil não se sentir pateta sozinho em seu quarto, fazendo um círculo, balançando um bastão mágico e recitando muita poesia florida, porque você ouviu que pode mudar sua vida e deseja que seja verdadeiro. Tenho um daqueles empregos de cubículo profissional e um armário cheio daqueles sapatos sensatos – acredite, sei como minha religião soa ridícula para outras pessoas. Eu deveria receber algum tipo de comissão toda vez que alguém descobrisse que sou uma Bruxa e dissesse: "Mas você é inteligente!" ou "Mas você parece normal!" As pessoas diziam o mesmo tipo de coisas para mim na pós-graduação (porque certamente apenas pessoas intelectualmente atrofiadas pensam que são Bruxas, certo?).

Mesmo que não tenha a sorte de ter pessoas chamando você de bobo na sua cara, pode ter uma voz dentro da sua cabeça se aproveitando dessa brecha. Eu sei que fiz isso. Ficamos bons em nos desencorajarmos e em desprezarmos nossas experiências, repreendendo-nos por sermos tolos ou crédulos. E se alguém entrasse e visse? E se alguém ouvisse através das paredes? Superar essa autoconsciência pode parecer um obstáculo gigante. Existem soluções, no entanto, e elas envolvem tirar proveito dessa voz em sua cabeça chamando você de infantil.

Muito tem sido escrito nos campos da psicologia e da educação sobre o papel que o jogo desempenha no desenvolvimento das crianças. Além de incentivar a criatividade, autonomia e destreza, na verdade ajuda no próprio desenvolvimento do cérebro. Brincar não é menos importante à medida que envelhecemos. Quando eu trabalhava como professora, meus alunos de dezessete e dezoito anos também precisavam de períodos de brincadeira na sala de aula para reter novos conhecimentos, regular seu humor e construir relacionamentos e conexões cognitivas. Brincar, ao que parece, é um negócio sério. Os adultos geralmente são desencorajados a se envolverem em brincadeiras, a menos que sejam canalizadas para esportes e jogos sancionados. Vestir-se e brincar de faz de conta, torna-se aceitável no teatro, nos festivais de Renascença, no cosplay e na dramatização de ação ao vivo (e mesmo essas coisas muitas vezes provocam escárnio de espectadores que pensam que os participantes são questionáveis). Mas seja uma fantasia de Halloween, futebol, videogames, seja até em jogos de mesa, todos nós precisamos jogar para sermos saudáveis e felizes.

O ritual – por mais sério que seja – também é uma forma de jogo. Pode envolver figurinos, ferramentas específicas, o uso de nomes especiais, regras únicas e habilidades que estão igualmente em casa no palco ou no filme. Recitar versos memorizados, alterar o caráter de sua voz, adotar uma nova persona, imaginar novas canções e poemas e muito mais, são estratégias que usamos tanto na simulação quanto na magia e no ritual. As habilidades da Bruxaria são as habilidades de crianças saudáveis e bem ajustadas, encorajadas a brincar à medida que crescem. Eu acredito que esta é uma das razões pelas quais a Bruxaria parece como "voltar para casa" para muitos de nós. Ou é um retorno a uma infância perdida, ou então é a oportunidade de experimentar a alegria que nossa infância deveria ter sido.

Se você começar a pensar em sua prática mágica como brincadeira e aceitar que brincar é saudável e necessário em todas as fases da vida, então grande parte da ansiedade em torno da respeitabilidade desaparece. Torna-se suficiente apenas aproveitar o que você está fazendo, seja dançando em sua sala de estar para celebrar o Dia de Maio, seja usando maquiagem dramática para liderar seu clã em um rito de Lua cheia. Sim, invocar deuses e espíritos é um trabalho absolutamente sério, mas também divertido. É catártico, estimulante e empoderador – exatamente o que brincar é para as crianças. Esgueirar-se pela floresta à noite, guardar segredos, balançar uma lâmina no ar e acender velas no escuro é divertido, não importa quantas iniciações exclusivas ou quantos anos você tenha. Pergunte a qualquer criança de dez anos. Permitir que sua Arte seja divertida – para ser conscientemente uma forma de jogo – vai aumentar sua confiança, o que, por sua vez, o tornará mais eficaz[30].

Você, a Maldição e a Magia Perniciosa

Quando comecei a praticar feitiçaria no final dos anos noventa, havia uma atitude quase fóbica sobre qualquer tipo de magia manipuladora ou perniciosa. A maioria dos livros disponíveis enfatizava imediata e repetidamente que as Bruxas nunca trabalharam com

---

30. E se alguém realmente ouvir através das paredes ou entrar sem avisar, você pode dizer a eles que está praticando para o teatro comunitário ou fazendo seu próprio filme para postar on-line. Como dica adicional, é muito mais fácil realizar o ritual ao ar livre em espaços públicos se você primeiro colocar uma câmera em um tripé e apontá-la para si mesmo (mesmo em uma posição "desligada"). Os transeuntes vão pensar que você está agindo como parte de um projeto e você pode ignorar o desconforto de ter que defender suas inclinações religiosas incomuns.

magia negativa, nem com o Diabo. Tampouco acreditavam em qualquer tipo de demônio ou se comportavam de alguma maneira que pudesse prejudicar os outros. Às vezes, a Rede Wiccana dominava até mesmo entre as Bruxas que não eram muito rápidas em identificar sua Arte especificamente como "Wicca". Mesmo as Bruxas retratadas na mídia popular – como no programa *Charmed* – eram incapazes de fazer magia para ganho pessoal. As Bruxas eram mordomos benignos da natureza, curadoras gentis e guardiãs incompreendidas de uma sabedoria antiga, isso se você aceitasse a imagem promovida pela mídia Pagã da época.

Olhando para trás, muitos vão afirmar que tudo isso foi o resultado da atenção desproporcional dada ao tipo de Bruxaria Wicca em detrimento de outras Tradições. Mas embora seja certamente verdade que a Wicca dominou o assunto, o quadro completo é um pouco mais complicado. Os anos 1990 vieram logo após um período da história americana caracterizado por um medo intenso de qualquer coisa percebida como de alguma forma ligada ao ocultismo, feitiçaria, satanismo ou sobrenatural. Apelidado de "Pânico Satânico", alimentado por uma onda de acusações de rituais de abuso infantil contra vários funcionários de creches, bem como pelo surgimento de um tipo particular de cristianismo fundamentalista. Os anos de 1980 e 1990 foram uma época potencialmente perigosa para se declarar ser um praticante de Bruxaria. Várias pessoas inocentes foram para a prisão e lá permaneceram por anos. Então, em abril de 1999, o tiroteio em Littleton, Colorado, na Columbine High School, perpetrado por dois estudantes vestidos de gabardina e com fama de ter conexões com o ocultismo, transformou adolescentes góticos e punks em bodes expiatórios fáceis. Escolas de todo o país – incluindo a minha – começaram a policiar estudantes inclinados a usar roupas escuras, joias ocultas e qualquer outra coisa considerada "alternativa". Não é de se admirar que as Bruxas da época fossem tão vocais sobre serem inofensivas, fosse isso ou não estritamente verdade. Não eram apenas os Wiccanos que estavam ansiosamente espalhando o "não prejudicar a ninguém" em todos os sites e insistindo que a Bruxaria era uma religião que afirmava a vida, merecedora de proteção federal como qualquer outra. A perseguição como Bruxa não era a abstração que é para a maioria de nós hoje.

É um pouco estranho, tendo crescido durante o final do Pânico Satânico, agora estar praticando em uma época em que a magia perniciosa é tão rígida. Muitas pessoas são rápidas em enfeitiçar e amaldiçoar, trabalhar feitiços manipuladores e explorar tradições e técnicas que seriam tabu apenas uma década atrás. Por um lado, é emocionante, porque estes sempre foram um componente importante da Bruxaria histórica, bem como algumas das primeiras tradições contemporâneas. Parece que estamos recuperando algo que nunca deveria ter sido tirado de nós ou esquecido. Por outro lado, presta-se ao abuso do cavalheirismo. Plantamos ervas tóxicas em nossas casas, porque elas nos fazem sentir mais *hardcore* e fornecem ótima forragem para as mídias sociais, mas podem matar os descuidados. Podemos usar a magia para punir os abusadores e coibir os malfeitores, mas quem precisa punir e restringir pode não ser tão claro quanto podemos acreditar. Afinal, nossos inimigos têm tanto acesso à magia quanto nós.

Não estou aqui para dizer a ninguém para não explorar a magia perniciosa, e certamente não tenho a mentalidade de que xingar nunca é justificado. Há uma pilha de esqueletos no meu armário também, e não me arrependo disso. No entanto, se a magia é real – e acredito que seja –, suas consequências também são. Se você optar por usar isso como arma, tenha o respeito de tratar com o cuidado de uma arma.

Seja você uma praticante nova na Arte, seja praticante experiente, é importante desenvolver conscientemente um código de ética pessoal. Quando a magia é apropriada e justificada? Existem circunstâncias na qual ela não é? Como você se sente sobre usar magia para ganho pessoal? Muitas Bruxas não fazem isso, por uma variedade de razões.

Como é trabalhar magia benéfica, mas sem o consentimento do seu alvo? Como é que você sabe o que é melhor para outra pessoa? Você está confiante de que suas decisões são sólidas?

Responda a essas perguntas para si mesmo agora, caso ainda não tenha feito isso. Faça antes que você esteja realmente encurralada em um canto no qual potencialmente terá que fazer uma escolha difícil. Se você trabalha com deuses ou espíritos, consulte-os. Pergunte a outras Bruxas. Esteja disposta a ouvir perspectivas conflitantes, fazer escolhas bem fundamentadas e, em seguida, ter a integridade de apoiá-las quando puder ser impopular fazê-lo.

Fogos de artifício e canto de pássaros

Às vezes, os efeitos de um feitiço ou ritual são instantâneos. Quando o clima está certo, a energia flui e as coisas acontecem sem problemas, é como um relâmpago. Você simplesmente sabe que está funcionando. O zumbido de um grande ritual pode durar por dias. Obviamente, um feitiço bem elaborado e oportuno, embalado com uma intenção clara e limites precisos, pode começar a funcionar imediatamente. E não seria ótimo se fosse assim todas as vezes?

Magia – seja falando sobre feitiços ou marcando as fases da Lua através de rituais – é realmente incrível. Não estou exagerando nem um pouco quando digo que mudou minha vida, mas não foi aquele show de fogos de artifício que tantas pessoas esperam quando começam a explorar a Bruxaria. Na verdade, muito raramente é algo próximo a isso. Uma das razões pelas quais muitos lutam com a magia e o ritual é porque eles começam com expectativas irracionais de como deveria ser. Mesmo aqueles de nós que abandonaram a maior parte do pensamento mágico da infância os reencontramos reavivado no nível da alma quando aprendemos pela primeira vez que as Bruxas são reais e que há poder e maravilhas para serem livremente aproveitados. Sabemos que aquilo que estamos fazendo não é sobrenatural. Não podemos iniciar incêndios com nossas mentes ou levitar..., mas no fundo eu não acho que a maioria de nós realmente pare de pensar que isso possa ser possível. Entendemos que quando encontramos um espírito, ele certamente estará em um estado visionário e não literalmente manifestado na carne diante de nós. Nossa mudança de forma é astral ou metafórica, e não física. Criamos caminhos de menor resistência para que a magia flua; não desafiamos as leis naturais. Mas a crianças ainda dentro de nossa psique não desistiu de sua esperança e, como adultos, ainda é difícil aprender que a magia quase nunca é o espetáculo óbvio e inegável que gostaríamos que fosse.

Uma das coisas mais profundas sobre a prática do ritual mágico é que ele cria um espaço onde há possibilidade. Nós nunca somos impotentes como Bruxas. Podemos entrar no espaço sagrado à vontade. Em nossos rituais, quando empunhamos nossas ferramentas – sejam instrumentos mágicos ou apenas a nossa mente – estamos no controle. Com o tempo, essa sensação de controle inevitavelmente vai alterar seu relacionamento com o mundo fora de seus espaços mágicos. Você pode descobrir que se torna mais confiante, mais direcionado ou mais autossuficiente. Essas coisas por si só tornarão sua magia mais bem-sucedida, mas antes mesmo de chegar aqui, saiba que a chave para resultados profundos e a coisa pela qual você deve se esforçar é uma maior sensibilidade ao seu entorno. Pode não haver fogos de artifício para alertá-la quando um feitiço está funcionando, mas uma percepção aguda e uma apreciação pelo mundo farão o mesmo.

Meu amigo Rhi gosta de citar o poema de Robert Frost "Never Again Would Birds' Song Be the Same"[31], no qual um narrador não identificado reflete sobre o efeito que a voz de Eva – talvez a mulher que ele ama, talvez a Eva bíblica, talvez uma metáfora para a própria vida – tem nos pássaros cantando na floresta. Ela fala e ri, e os pássaros acrescentam seu canto ao dela. A voz de Eva se cruza com o canto dos pássaros, de modo que mesmo depois que

---

31. Em tradução livre, *Nunca mais o canto dos pássaros seria o mesmo.* (N. T.)

ela se foi, seu canto persiste, alterando fundamentalmente como todos os outros ouvem o canto dos pássaros, embora possam não estar conscientes disso. "Nunca mais o canto dos pássaros seria o mesmo", escreve Frost, "E fazer isso com os pássaros foi o motivo pelo qual ela veio"[32]. Eva levantando a voz no jardim muda o tecido fabricado pelas criaturas ao seu redor. O narrador pode ouvi-la na música dos pássaros e sabe que os efeitos estarão lá mesmo depois que ela se for. A chave aqui é que para entender o poder da presença de Eva, é preciso ter parado para ouvir os pássaros, antes e depois que ela mesma passou pela floresta.

Isso, Rhi lhe dirá, é como a magia funciona. Isso muda absolutamente o mundo, até o ponto em que parece sobrenatural, mas não significa que esses efeitos serão óbvios e inegáveis. O canto dos pássaros pode parecer sem sentido e muitas vezes não é ouvido, mesmo onde permeia a paisagem, mas se você se treinar para ouvi-lo e ver a beleza inerente nele, nada poderia ser mais extraordinário.

É normal ter dúvidas como uma Bruxa. Às vezes, acho que a insegurança leva as pessoas a exagerar suas experiências quando as compartilham com outras Bruxas e Magos. Isso, por sua vez, altera as expectativas daqueles que ouvem, especialmente se são iniciantes que estão desesperados por uma transformação incrível. Ninguém quer ser a pessoa que nunca viu fogos de artifício, especialmente quando nosso eu interior, mais jovem, anseia por eles. Mas a magia geralmente é muito mais sutil do que isso. Você aprende a apreciar a sincronicidade e passa a acreditar que talvez nada seja coincidência. Você encontra significado no que ouve e vê, onde antes as coisas eram ignoradas. A música no rádio não parece mais um acaso. Você percebe padrões – números e formas repetidos ou a menção de alguém em quem não pensa há anos e para qual estava querendo ligar.

Aqueles momentos em que todos os seus cabelos se arrepiam e você jura que acabou de encontrar algo definitivamente de outro

---

32. Robert Frost, *A Witness Tree* (New York: Henry Holt and Company, 1942), 24.

mundo também acontecerão, mas você não precisará deles com cada vela acesa e a cada cântico sussurrado. Crescer como um mágico significa que o canto dos pássaros é extraordinário por si só, e que nunca mais será o mesmo depois que você ouvir o que está por baixo dele.

Quando não acontece naturalmente

Há um número potencialmente infinito de maneiras de se envolver em rituais. Como muitos de nós são expostos à Bruxaria pelos mesmos canais – textos introdutórios com sabor de Wicca, Círculos Pagãos públicos e mídia popular sobre Bruxaria – tendemos a nos estabelecer em um ou dois formatos e depois explorá-los até a morte. E tudo bem. Quando você está praticando algo que é realmente eficaz e o alimenta em um nível profundo, a repetição ao longo do tempo pode construir e aprofundar esse poder. Essa é a beleza da Tradição. Mas e se esses estilos e técnicas rituais mais típicos simplesmente não fizerem isso por você?

Durante anos, pensei que havia algo de errado comigo – que eu era magicamente deficiente ou incapaz de ser uma Bruxa eficaz. Eu ia abrir rituais na minha comunidade local, seguia as instruções nos livros, e eles, bem... deixavam-me um tanto fria. Eu adorava conhecer outras Bruxas e explorar esse novo mundo cheio de possibilidades, mas uma vez e outra eu me encontrava em círculos com pessoas extasiadas e intensas, respirando pesado, olhos fechados e balançando o corpo… e eu não sentia nada. O que piorou a situação foi me misturar ao grupo posteriormente e ouvir as pessoas descreverem suas experiências com tantos detalhes: "Eu podia ver a Deusa de pé, conosco, no Círculo", ou "A energia estava realmente poderosa esta noite", ou "Eu podia sentir a magia se movendo através de mim". Será que eu era insensível? Uma parede de tijolos quando se tratava de magia?

Em retrospecto, estou um pouco espantada comigo mesma por aguentar tanto tempo. Fã de longa data de *Buffy, a Caça-Vampiros*, comecei a me considerar o Xander da comunidade – o personagem sem poderes especiais, sem talentos sobrenaturais, que contribuiu para as travessuras de combate ao mal da equipe por meios mundanos. Outros trouxeram o cortejo. Eu trouxe os lanches ou ajudei a garantir o espaço. Trabalhos importantes, com certeza, mas que perspectiva sombria! Quem quer descobrir que a magia é real apenas para ser relegado ao papel de ajudante humano?

Foi preciso ir ao meu primeiro festival e depois praticar com um Coven tradicional íntimo para experimentar algo mais parecido com o que eu ouvi ser possível. O festival me proporcionou oportunidades para ver um ritual não Wiccano pela primeira vez (como funciona quando não há um Círculo em quadrantes e um par de Sacerdotisa e Sacerdote lado a lado?). O Coven me ensinou que as coisas são possíveis em pequenos espaços entre amigos íntimos que não se traduzem em grandes reuniões públicas. Aprendi, por exemplo, que o som é um grande gatilho ritual para mim. Cantar, entoar e tocar tambores realmente aprimoram minha magia e meu foco, o que faz sentido, já que trabalho com música. A desvantagem é que posso me distrair com sons chocantes: o tambor um pouco fora do ritmo (ou seja, todos os círculos de tambores abertos), canto dissonante ou até música de fundo que parece fora de lugar para mim. Em um ambiente pequeno onde estou liderando, posso usar esse conhecimento sobre mim para melhorar as coisas. Em um espaço público, tive que aprender a trabalhar em torno dos outros. Mas como uma nova Bruxa, nada disso era óbvio para mim. Tudo o que eu sabia era que eu lutava enquanto todo mundo parecia estar tendo experiências de mudança de vida.

Com o tempo e com a prática, aprendi mais técnicas que foram eficazes para mim. Realmente não é diferente de comida: só porque todos ao seu redor adoram pizza, isso não significa que você precisa gostar. Certamente não significa que há algo de errado com você se preferir comer outra coisa. A pizza pode até deixá-lo doente ou você pode preferir guardá-la para determinadas ocasiões. Rituais com grandes grupos de pessoas em círculo enquanto alguém no centro executa uma invocação no estilo Wicca é como pizza. Funciona para muitos, mas existem outras opções por aí. Aproveite o tempo para explorar lendo amplamente, participando de diferentes tipos de grupos e sendo criativo em sua própria escrita ritual. Particularmente, sendo uma Bruxa solitária não vai ter ninguém lá para criticar você. Portanto tente as coisas, esteja aberta ao fracasso e seja honesta consigo mesma se algo simplesmente não estiver fazendo isso por você.

Há também um aforismo popular da Arte que diz que vir para a Bruxaria é como voltar para casa. Muitas vezes falamos sobre nossas práticas em termos de nos sentirmos "naturais" ou como descobrir nosso "verdadeiro eu". Mais de uma vez ouvi praticantes dizerem que se a Bruxaria não vem facilmente, os alunos devem tomar isso como uma indicação de que a Arte pode não ser para eles.

Isso é bobagem.

Você pode imaginar o que um pai diria se eu dissesse a eles que devemos considerar a luta de seu filho para ler como uma indicação de que a leitura simplesmente não é para ele? Em um sistema justo, eu seria dispensada da sala de aula.

Há coisas sobre Bruxaria que parecem fáceis e naturais, mas rituais e magias eficazes são conjuntos de habilidades, e são mais fáceis para alguns do que para outros. Existem sistemas inteiros projetados para treinar os iniciados ao longo dos anos para se comunicarem com uma divindade específica, para realizar um rito específico ou desenvolver algum poder aparentemente sobrenatural. Não ser capaz de fazer algo imediatamente ou em certas circunstâncias não o torna inadequado para a Bruxaria. Isso o torna muito parecido com o resto de nós: bom em algumas coisas e em outras nem tanto, com talentos e tendências únicos e muito espaço para melhorias em todos os aspectos. Vinte anos saindo com outras Bruxas também me mostraram que muitos de nós exageramos nossas habilidades e experiências para encobrir sentimentos de inadequação. Ninguém quer ser o único a dizer: "Eu não senti nada" ou "Eu nunca tive sucesso nisso". Já não acredito que cada pessoa que está no espaço ritual com os olhos fechados, parecendo intensa e respirando dramaticamente está sempre tendo alguma experiência transformadora. Alguns estão, sim, mas a maioria está fazendo o que todos nós estamos fazendo: tentando. E isso não é nada.

Não há problema em lutar com qualquer técnica (ou jogá-la fora se não funcionar para você), e não há problema em dizer: "Não, eu realmente não tirei nada disso". Anote suas experiências ao longo do tempo, tente discernir padrões e comemore o progresso que você faz. Um bom ritual requer prática, assim como qualquer outra coisa que valha a pena fazer.

• EXERCÍCIO •
Executando o significado

A chave para um bom ritual e magia eficaz é a regularidade. Você não precisa se envolver com eles todos os dias (embora seja útil imaginar suas atividades cotidianas como mágicas), mas é importante que tudo o que você faça seja consistente e focado. Estar no espaço mágico, sentir o fluxo de energia, encontrar entidades como divindades e espíritos, trabalhar magia e construir o tipo de significado que você pode tirar do ritual e trazer de volta à sua vida diária, tudo isso requer a construção de habilidades e perspectivas particulares. E ainda requer exposição, prática, experimentação e desenvolvimento! Os exercícios a seguir são projetados para levá-lo ao espaço ritual e trabalhar a magia que o alimenta, onde quer que você esteja em sua própria prática da Arte.

Ar

Em meus anos de trabalho com iniciantes, descobri repetidas vezes que o maior obstáculo para os recém-chegados à Bruxaria é o salto entre ler sobre o ritual e levantar e fazê-lo. Em meus próprios diários, descrevo repetidamente sentimentos de autoconsciência, preocupo-me em fazer algo errado e praticamente fico obcecada se a Bruxaria é real ou se sou realmente uma Bruxa (o consenso geral parecia ser que era real, mas eu provavelmente era uma fraude). Eu ouço preocupações semelhantes de alunos hoje e vejo isso repetidamente nas comunidades, tanto on-line quanto presencialmente. Mesmo aqueles de nós que sentem a Bruxaria profundamente em nossos ossos, muitas vezes hesitam em fazer o trabalho da Bruxa, quase sempre porque nos falta confiança. "Ah, primeiro vou ler o máximo que puder e ir devagar", dizemos a nós mesmas, ou "quero encontrar um professor primeiro e me tornar uma iniciada para saber que estou fazendo certo ". Ou meu favorito pessoal: "recebo tanto da Arte apenas lendo sobre isso – visualizo, faço um diário e oro. Eu não preciso fazer ritual, porque eu posso apenas imaginá-lo muito claramente".

Assim como ficar na beira da água fria antes de pular, quanto mais você espera, mais difícil fica para mergulhar. Seja qual for a desculpa que você estiver usando, coloque-a de lado. Eu não me importo se este é o primeiro livro que você lê sobre o assunto. Eu não me importo se a Lua cheia não aparecer por semanas, se não estamos nem perto de um Sabbat ou se você não tem ferramentas sofisticadas. Tão pouco me importo, particularmente, se alguém lhe disse que o mundo explodiria se você fizesse aquilo de forma errada. Vá fazer alguma coisa. Pode ser algo simples, como lançar um Círculo e depois desfazê-lo. Ou acender uma vela e recitar uma invocação a uma divindade que lhe agrade. Vá escolher um feitiço do seu livro de feitiços favorito e faça-o. Volte para o capítulo sobre o espaço sagrado e limpe seu quarto. Pegue algo diretamente de um livro, porque parece legal, ou tente escrever algo original. Neste momento, é muito mais importante que você supere o medo inicial de "e se eu fizer errado?" para apenas tentar fazer. Existem muitas histórias tenebrosas circulando sobre o que pode acontecer se você errar, mas a maioria delas é pouco mais do que lenda urbana, circulada por pessoas tentando assustá-la. Você provavelmente vai se sentir boba e estranha. Abrace a situação! Ria! Ligue para um amigo mágico depois e diga a ele como você se sentiu boba, para que ele possa lhe contar sobre seus primeiros rituais bobos também (porque ele tem uma ou duas histórias, eu garanto). Por outro lado, você pode ter uma experiência incrível e sair animada para aprender mais e fazer ainda melhor na próxima vez.

Sério, por que você ainda está lendo? Vai!

Fogo

Muitas Bruxas às vezes ainda lutam com feitiços eficazes, especialmente quando o tempo é limitado e o estresse é alto. Uma maneira de aumentar a eficácia de um trabalho, ou avaliar um que você está pensando em realizar, é recorrer a uma técnica popular em espaços corporativos: METAS SMART. Primeiro aprendi sobre a estrutura SMART com o esporte, aprendendo a trabalhar por meio de programas de treinamento para melhorar meu tempo e distância como atleta. Mais tarde encontrei a técnica novamente como gerente de projetos em um escritório, gerenciando uma equipe e trabalhando direto com os clientes. Acontece que esta é uma maneira útil de abordar a conjuração também!

SMART é um dispositivo mnemônico que significa S (específica), M (mensurável), A (atingível), R (relevante) e T (temporal). Cada um deles é um critério que, quando implementado, torna os resultados mais fáceis de obter, seja uma meta de condicionamento físico, um projeto no trabalho ou um feitiço. Usando a estratégia SMART, não apenas garantimos que nossas intenções sejam claras, mas também colocamos as limitações necessárias e determinamos como vamos medir a eficácia e em que prazo. Pode parecer algo assim:

Digamos que eu sonhe em administrar um negócio on-line, talvez vendendo leituras de cartas de tarô ou peças de arte originais. Eu tenho um emprego direto em um escritório para fazer face às despesas, mas é meu sonho poder sair e operar meu próprio negócio em tempo integral. Decido que vou fazer um feitiço para me ajudar a chegar lá (além de todo o trabalho braçal usual, porque é claro que precisamos cobrir nossas bases mundanas também). Eu poderia simplesmente comprar uma vela para sucesso nos negócios, escrever um encantamento e depois queimá-la enquanto a Lua está crescendo (e talvez colocar alguma cronometragem planetária, enquanto faço isso), mas fazendo um esforço extra para aplicar SMART ao meu feitiço, poderia me dar um impulso extra aqui, e com o mínimo de esforço.

Primeiro vou precisar da *condição específica* (relativo a primeira letra). O que exatamente eu defino como "sucesso nos negócios"? Quer dizer, meu objetivo é não ter que trabalhar em um escritório, mas o que é preciso para chegar lá? Quanto dinheiro eu preciso trazer todo mês? Faça essa matemática. Se estou apenas começando, o "sucesso nos negócios" pode ser uma venda nos primeiros dias, mas isso realmente vai me satisfazer? Se eu for descuidado e, em vez disso me concentrar em não estar em um escritório, posso facilmente ser demitido, em vez de ter sucesso no que realmente sonho em fazer. Então seja específico! Se "sucesso nos negócios" significa um "ganho de R$ 9.000 por mês" ou se "faço 25 vendas por semana", é isso que você precisa especificar.

Isso abrange nossa segunda letra, o M, também. Às vezes é útil criar feitiços abertos, mas você pode ficar velho trabalhando com abstrações e se perguntando se sua mágica está realmente funcionando, ou se você está apenas acreditando nela para não sentir que foi uma perda de tempo. Eu não acho que devíamos precisar apertar tanto os olhos e mover as traves do gol para declarar nossa mágica bem-sucedida. É bom poder dizer objetivamente: "Sim, isso funcionou". Além do mais, é perfeitamente possível. Como você medirá se seu feitiço foi um sucesso? Neste exemplo, eu poderia escolher um número específico (R$ 9.000 por mês, 25 vendas por semana ou qualquer outra coisa que eu conseguisse). Você também pode escolher algo como "Posso pagar todas as minhas contas de serviços públicos com meus ganhos" ou outra coisa que seja um pouco mais aberta, mas ainda assim *mensurável.* O resultado final é um simples sim ou não para a pergunta "Esse feitiço funcionou?"

A próxima letra é fundamental. O resultado do seu feitiço precisa ser realmente *atingível.* Se eu apenas abri meu negócio on-line ontem e não tenho site nem base de clientes, não seria razoável esperar que isso me tornasse um milionário da noite para o dia. Considere quais circunstâncias mundanas já estão em vigor, considere o que é razoável, e então (porque nós somos Bruxas, afinal), vá um pouco além do que você esperaria alcançar sem o uso de magia.

Em seguida, preciso ter a certeza de que meu feitiço está alinhado com o resultado real que quero. Em outras palavras, preciso garantir que seja *relevante.* Estou tentando iniciar um negócio on-line e espero que do meu lado toda essa agitação decole, mas preciso saber qual é meu objetivo real. Eu quero ser uma leitora de tarô bem-sucedida ou simplesmente não quero mais trabalhar em um escritório das nove às cinco? Quero vender minha arte ou eu realmente só quero tempo e dinheiro para criar arte sem impedimentos? Esses são todos objetivos diferentes, e eles não necessariamente se alinham. Pergunte a si mesmo por que você está fazendo o feitiço e o que você realmente quer. Faça o feitiço para o fim em si, não para os meios para esse fim.

Finalmente, é útil determinar um TEMPO para qualquer feitiço que você faça. Isso evita que as coisas funcionem muito tarde, por muito tempo ou de forma intermitente. Se eu decidir trabalhar meu feitiço para ter sucesso em meu negócio on-line e decidir que meu critério para o sucesso será ganhar R$ 9.000, preciso colocar isso no contexto do tempo. Um leitor de tarô que ganha R$ 9.000 em uma semana é bastante rico e certamente um sucesso para a maioria dos padrões, mas aquele que ganha R$ 9.000 ao longo de toda a sua carreira está longe disso. Coloque um prazo no lugar! Mesmo em coisas como feitiços de proteção, para boa saúde e outros trabalhos que idealmente seriam indefinidos. Se você adicionar limitações em relação ao tempo, poderá ser mais completo em sua cobertura e também adquirir o hábito de atualizar e recarregar trabalhos que realmente exigem mais esforço do que a maioria das pessoas deseja colocar neles.

Falar sobre METAS SMART pode parecer um pouco corporativo em espaços mágicos, mas esse é realmente um sistema muito útil para desenvolver o foco a laser da sua magia. Este sistema também vai ajudá-lo a modificar feitiços que você encontra em livros e on-line para que eles atendam às suas necessidades mais diretamente.

Água

Nem toda Bruxa celebra os oito Sabbats, que realmente passaram a existir em sua forma atual graças à influência especificamente da Wicca. No entanto, a maioria de nós marca mudanças sazonais de algum tipo, seja trabalhando com os Sabbats, seja celebrando outros dias santos enraizados no folclore ou em tradições regionais ou étnicas específicas. Os ciclos anuais são importantes para as Bruxas, e aposto que você tem um ou dois feriados favoritos. Mas muitas de nossas tradições foram importadas, exportadas, modificadas na contemporaneidade e removidas de seus contextos originais, o que pode dificultar a conexão com elas em um nível profundo. Muitos de nossos festivais comuns são agrícolas, por exemplo, e talvez tenham perdido parte de seu significado, já que, esmagadoramente, não somos agricultores, não criamos animais e talvez nunca pisamos em espaços naturais selvagens. Quero dizer, a primeira vez que alguém me explicou o Sabbat de Imbolc, eles começaram um discurso sobre a lactação de ovelhas. O que diabos isso tinha a ver comigo, morando em um subúrbio fora de uma grande cidade?

Houve alguns grandes trabalhos escritos recentemente sobre a reformulação da Roda do Ano Wicca para nossa vida real, em vez de algum estilo de vida agrário idealizado que não vivemos de fato. Em muitos estilos da Bruxaria Tradicional, os praticantes enfatizam sair e observar os ciclos das plantas e animais que realmente vivem ao seu redor, em vez de confiar em histórias sobre espaços (geralmente da Europa Ocidental) que não têm relação com a terra sob seus pés. Quer você viva em uma fazenda ou em um pequeno apartamento em uma cidade gigantesca, você faz parte de um ciclo anual, mudando de estação para estação (independentemente de quantas estações do ano você tenha), marcado por migrações de animais, acontecimentos culturais, manifestações em seu corpo e, potencialmente, uma infinidade de outros fatores.

Para este exercício, adicione um dia sagrado de sua escolha ao seu calendário ritual. Em vez de reescrever aqueles que já celebra (o que também deve tentar, a propósito), crie um totalmente novo. Considere o seu ano. Que dias especiais você celebra além daqueles estabelecidos dentro de qualquer Tradição de Bruxaria que já pratica? Há algum dia que poderia se beneficiar da sua celebração ritual formal? Escolha algo proeminente e óbvio, como o aniversário de um ente querido ou um dia de festa relevante para uma divindade favorita. Ou escolha um feriado civil e torne-o mágico. Use isso como uma oportunidade para explorar ciclos naturais que geralmente passam completamente desmarcados e despercebidos. Eu gosto de comemorar quando as glicínias finalmente começam a florescer aqui na Carolina do Norte, porque é quando realmente parece primavera para mim. Talvez crie um ritual para dar as boas-vindas ou dizer adeus à sua ave migratória favorita. O local onde mora passa por temporadas de furacões? E se você conscientemente se aproveitasse isso?

Seja criativa. Escolha algo que tenha significado para você ano após ano, mas que talvez nunca tenha reconhecido formalmente. Em seguida, escreva um ritual, talvez no estilo de qualquer tradição que já siga. Com o tempo, você pode optar por continuar com essa prática ou incrementá-la. Quem sabe – em alguns anos, você poderá ter uma Roda do Ano inteiramente nova, perfeitamente sintonizada com sua experiência vivida.

Terra

Uma coisa engraçada começa a acontecer quando se passa anos e anos trabalhando em uma determinada Tradição ou sistema de Bruxaria: você meio que começa a esquecer que já fez qualquer outra coisa no passado ou que outras coisas são possíveis (muito menos eficazes). Quando nos apegamos a uma maneira de fazer as coisas, especialmente ao longo de uma década ou duas, às vezes nossa flexibilidade e criatividade podem sofrer um pouco. Recentemente, fiquei surpresa ao ler um dos meus primeiros diários mágicos e descobrir que costumava usar associações elementares completamente diferentes. Eu tinha acabado de explicar a alguém por que amarramos o Athame ao Ar e ao Leste, e que eu não conseguia me imaginar fazendo nada diferente, e aqui estava eu, provando que estava errada em relação ao passado.

Em outra aventura mágica, comecei a estudar dentro de uma Tradição diferente, puramente (ou assim pensava) para ampliar minha experiência e aprender novas técnicas que pudessem aprofundar o trabalho que eu já estava fazendo. Isso foi eficaz, mas exigiu que eu deixasse de lado algumas das coisas que comecei a pensar como fundamentais – até mesmo necessárias. Foi um grande desafio, e muito gratificante, descobrir que eu tinha o poder de trabalhar rituais e magias eficazes em outros contextos e que isso só me fortaleceu dentro da minha Tradição de origem.

Para este exercício, peço que considere as coisas que são fundamentais ou essenciais para sua própria Arte. Não sua teologia básica, talvez, mas sua estrutura ritual. Sua Tradição requer uma configuração de altar específica? Um Círculo com os quadrantes e os elementos em direções particulares? Você adere a papéis de gênero específicos dentro de seu Coven? A mesma pessoa sempre invoca os deuses? Seja o que for, escolha algo que pareça essencial ao seu trabalho ritual. E então, jogue fora.

Não entre em pânico – isso não é permanente. Você está fazendo ciência mágica aqui. Permita-se ficar abalado. Fique desconfortável.

Fique *realmente* desconfortável. Troque suas associações a cada trimestre. Se o seu ritual exige um Sacerdote e uma Sacerdotisa, tente realizá-lo somente com uma pessoa. Ou com três. Ou com duas pessoas do mesmo sexo. Não faça um Círculo. Remova todas as metáforas sexuais de sua liturgia (você ainda consegue realizar um Beltane?) Invoque anjos. Não invoque nada além de você mesmo. Nada disso importa.

Permita-se sentar com este processo. Trabalhe por um período de tempo apreciável, dependendo da mudança que você está fazendo. Trata-se de construir suas habilidades como ritualista, sem desrespeitar nenhum treinamento anterior que já teve. Você pode trabalhar em um ambiente desconhecido? Sua Bruxaria é forte o suficiente para se sair bem em circunstâncias que não correspondem ao seu ideal?

Capítulo Cinco

Prática Pessoal

O ALARME DISPARA ÀS 5H DA MANHÃ, nas primeiras horas da madrugada. O sol não se levanta por mais uma hora. Eu aperto a função soneca e fico ali, no escuro, já me arrependendo das minhas escolhas. Estou tão cansada e temendo o próximo dia de trabalho, que esse praticamente passou a ser o estado da minha vida nos dias de hoje. Sou professora de sala de aula há alguns anos e ainda não estou acostumada com essa rotina. Tenho que estar no meu posto às 6h30, e o primeiro sinal toca às 7h15. Posso reclamar no chuveiro se me apressar, e recentemente coloquei uma cafeteira na minha sala de aula para não perder tempo fazendo café em casa. Ensinar não é compatível com rotinas matinais de lazer, com certeza! Se você quiser mais tempo, o custo é dormir. Mas no final do dia escolar, estou completamente exausta, então, se estou fazendo isso, preciso me levantar e fazer agora. É um novo dia – o primeiro dia da minha nova, perfeita e mágica prática diária.

Eu me arrasto para fora da cama e sento diante do meu altar. Acendo uma vela, fecho os olhos e tento me concentrar em minha respiração, forçando-me a entrar em um estado meditativo. Talvez eu devesse começar a praticar ioga ou algo assim. Escrevi um devocional matinal aos meus deuses – gosto da ideia de começar meu dia com isso. Talvez se eu acordar um pouco mais cedo eu possa começar uma prática matinal de diário também. Eu poderia fazer café e talvez ler um dos meus livros de Bruxaria na pilha crescente na minha mesa de cabeceira. Poderia fazer devocionais à noite também. Claro, estou exausta à tarde, mas me acostumaria com isso. Certo? Acabei de ler algo sobre como o ritual diário é importante para manter uma conexão com o divino e permanecer centrada como uma Bruxa. Se fosse importante para mim, eu simplesmente faria, certo? Ei, por que minha mente está vagando assim? Eu deveria estar meditando!

Isto soa familiar? Todos nós provavelmente já ouvimos neste momento o quão importante é uma prática diária. Há muitos conselhos por aí também sobre como construir uma, como manter uma, como melhorar a que você já tem. Metade desses conselhos, ao que parece, exige acordar cedo ou ficar acordada até mais tarde, o que não é tarefa fácil se o seu trabalho já a deixa acordada de madrugada ou trabalhando no turno da noite. Muitos dos conselhos que recebemos são sólidos, mas muitos deles exigem que você revise sua vida imediatamente, e isso garante o fracasso. Em minha própria busca para construir uma prática pessoal significativa, cometi muitos erros. Neste capítulo, compartilharei alguns deles para que você mesmo possa evitá-los. Também discutiremos por que vale a pena se preocupar com isso e como criar algo sustentável que realmente lhe sirva a longo prazo.

O que significa praticar

A Bruxaria, como já estabelecemos em muitos pontos, é um ofício. Uma coisa que você faz. Mesmo que você veja sua própria Bruxaria como uma perspectiva completamente religiosa (ou como uma perspectiva espiritual, se preferir) completamente independente de coisas como rituais e feitiços, toda crença implica uma ação. Em algum momento você pode ter aprendido que há uma distinção entre ortodoxia e ortopraxia – crença correta e prática correta, respectivamente – e ouviu a insistência de que a Bruxaria tende a ser ortopráxica. Isso é verdade, mas também é uma distinção excessivamente simplista. Ambos estão trabalhando nas muitas tradições da

Arte. Mesmo que seu foco até este ponto tenha sido explorar suas crenças ou estender como você pensa sobre os deuses, a magia ou o próprio mundo, é provável que essas coisas estejam aparecendo na forma como você interage com os outros e como trata a si mesmo nas escolhas que faz. Uma prática pessoal é composta de todas aquelas coisas que você faz que, conscientemente, chamam sua atenção para suas crenças – empurrando-as, expandindo-as e aprofundando-as. A prática é o que nos torna melhores e nos leva mais longe.

Todas aquelas pessoas que insistem sobre a importância de uma prática pessoal estão certas. Esta é a sua chave para se desenvolver espiritualmente, para acumular poder mágico, para aprofundar quaisquer relacionamentos divinos ou sobrenaturais que você possa ter (ou queira ter) e para expandir sua experiência e eficácia como uma Bruxa. Não importa que tipo de Bruxa você seja – a melhor coisa que pode fazer ao dar seus próximos passos é desenvolver sua prática pessoal. Isso é igualmente verdade se você é um praticante solitário ou membro de um grupo.

Na Bruxaria, uma prática pessoal pode incluir uma ampla variedade de ações. Tendemos a imaginar algo que envolve muitos rituais e feitiços, meditação e adivinhação, mas tudo isso são apenas algumas maneiras de abordar a construção de uma prática. A sua prática pode parecer diferente e incluir coisas diferentes que não parecem muito Bruxas ou mágicas para os espectadores. Uma prática pessoal pode incluir exercício físico, diário, leitura de textos selecionados ou arte. Essas coisas por si só não são práticas da Bruxaria exatamente, mas para uma Bruxa individual que encontra significado nelas, podem fortalecer e alimentar sua vida mágica. Como escritora, por exemplo, confio no diário e na leitura como componentes importantes da minha prática da Arte. Registrar meus pensamentos e experiências do dia a dia me ajuda a processar, clareia minha cabeça e ilumina padrões que me direcionam para minha Vontade Divina. Então, quando entro no espaço ritual, tenho um melhor senso de propósito e foco. Sou capaz de ser mais perspicaz em minhas interações em espaços mágicos, e minhas intenções são muito mais claras, o que, por sua vez, torna meus trabalhos mágicos infinitamente mais eficazes. Escrever é também como me conecto e sirvo aos deuses que adoro. Eu ritualizo o processo reservando tempos específicos para escrever, ungindo e consagrando cadernos e algumas de minhas canetas e tintas e incrementando-os. Dessa forma, pego algo potencialmente muito mundano – manter um diário, por exemplo – e o transformo em algo que alimenta minha magia. Conheço outras Bruxas que fazem coisas semelhantes com outras atividades mundanas. Meu amigo e colega autor de livros de Bruxaria, Casey Giovinco, pratica ioga e levantamento de peso para se conectar ao seu senso sagrado e mágico de si mesmo. Minha companheira de Coven, a Wren, é uma falcoeira, e ela usa seu tempo trabalhando com seu companheiro falcão para entender os deuses que ela serve. Essas coisas por si só não são feitiçaria – nem todo cara que faz levantamento de peso na academia está invocando um ser poderoso. Mas espere. Poderia ser! E você poderia estar fazendo isso também se levantamento de peso fosse sua atividade. E mesmo que não seja isso, talvez possa ser algo que fale mais imediatamente com você.

Ritual, magia e trabalho devocional são importantes em uma prática pessoal, mas é útil pensar de forma holística sobre sua feitiçaria. Que outros hobbies, interesses e tendências você tem que podem ser aproveitados para fins mágicos? Quando você se move pelo seu dia a dia, será que está pensando e se comportando como uma Bruxa?

Por que a prática é difícil?

Abri este capítulo com uma pequena janela para uma época da minha vida em que eu estava realmente lutando com meu trabalho como Bruxa. Eu estava liderando um Coven ativo em várias comunidades de Bruxaria, mas estava profundamente insatisfeita com minha vida, e isso estava aparecendo na minha Arte. Eu sabia que precisava trabalhar em mim mesma e me concentrar em reforçar uma prática pessoal – ritual regular, conversas abertas com os deuses e espíritos em minha vida, estudo ativo, permanecer consciente dos ciclos lunares e sazonais – mas continuei soltando o fio, cada vez mais. Muitos dos erros que cometi estão bem ali naquele primeiro parágrafo. Você identificou algum de imediato? Se não o fez, não se preocupe. Esses são alguns dos erros mais comuns que Bruxas de todos os níveis cometem quando estão construindo ou reformando suas vidas mágicas.

1. Não ser realista sobre o que faz.

Uma maneira infalível de falhar em algo é assumir muito no início e definir o sarrafo para si mesmo muito alto. “Mas espere”, você pode dizer. “Não é importante ter altos padrões para si mesmo?” Sim, mas só até certo ponto. É muito mais eficaz lidar com tarefas maiores, dividindo-as primeiro em tarefas menores. Se você nunca fez mergulho livre antes e de repente decide tentar, seria irreal caminhar até a piscina do bairro e esperar poder prender a respiração por cinco minutos na primeira vez que pular. Ninguém decide que vai dar uma chance à corrida de longa distância e depois se inscreve para uma maratona no final da tarde. Então, por que achamos que seremos capazes de meditar por meia hora em perfeita quietude quando ainda não dominamos cinco minutos? Por que decidimos que vamos passar do nada para realizar rituais devocionais duas vezes por dia e trabalhar feitiços elaborados toda vez que a Lua está em um período favorável? E então, por que nos sentimos desencorajados quando os deuses não falam conosco direta e imediatamente, e nossos primeiros feitiços não funcionam, mesmo que os adeptos do ocultismo passem a vida inteira desenvolvendo suas técnicas? Decidi que ia reformular minha prática pessoal e, em seguida, definir um monte de expectativas irreais para mim. Quando não consegui de imediato, fiquei desanimada e parei até de tentar.

2. Não adicionar elementos cedo demais.

Isso muitas vezes anda de mãos dadas com ser irrealista. Eu nem tinha aprendido a levantar cedo rotineiramente para acender uma vela em contemplação silenciosa, mas lá estava eu fazendo planos para compor um diário, fazer leituras, meditação e invocação. Você pode já ter uma imagem em sua cabeça de como é a prática ideal de Bruxaria, mas se tentar revisar tudo de uma vez para chegar lá, ficará sobrecarregada e frustrada até o fracasso. Construir uma vida na Arte é um jogo longo. Não só não se deve fazer tudo de uma só vez, como você realmente não pode. Desculpe-me se sou a única a lhe dizer isso. No meu exemplo, teria sido melhor focar em uma mudança de cada vez, introduzindo novos elementos à minha rotina de desenvolvimento gradualmente.

3. Não respeitar suas necessidades e limites.

Quando se está definindo novos objetivos exclusivamente seus e construindo uma nova rotina, procure manter a si mesmo em mente, não uma Bruxa idealizada que realmente não existe. Isso significa levar em consideração suas necessidades e limitações físicas, trabalhar com sua agenda, reconhecer suas outras obrigações e aproveitar seus pontos fortes e interesses. Eu não ia me transformar instantaneamente em alguém que adora estar acordada às cinco da manhã e ainda está totalmente energizada no final de um dia de trabalho monótono, então, por que eu estava tentando me forçar? Eu teria sido mais bem-sucedida se tivesse inventado uma prática devocional que pudesse fazer na hora do almoço, quando estivesse acordada e totalmente energizada. Conheça a si mesmo, conheça seus padrões e trabalhe com eles em vez de fingir que é alguém que não é.

4. Começando com atitudes erradas.

Você teve a sensação de que sair da cama naquela manhã parecia uma tarefa árdua para mim? Porque, definitivamente, aquilo aconteceu. Além disso, eu estava totalmente focada no que deveria estar fazendo, naquilo que não estava à altura de fazer e no que havia de errado comigo como Bruxa. Não havia nenhuma alegria no plano que eu inventei. Bruxaria é trabalho, como já discutimos várias vezes. Você enfrentará dificuldades como uma Bruxa, desde uma profunda exploração interior à dissonância cognitiva. Ficara acordada até tarde da noite, fará muita leitura e provavelmente terá também alguma perturbação social. Mas este não é um caminho de punição ou ascetismo. O sofrimento não é um sinal de que você está tendo sucesso, nem é uma virtude. Portanto, procure o que a alimenta, o que parece divertido, o que a motiva e a faz se sentir bem consigo mesma também. Você não deve temer sua prática pessoal e, se tiver medo, tome isso como uma indicação para mudá-la. Quando outras Bruxas dizem que a Bruxaria é trabalho, querem dizer que exige cuidado e esforço, não que seja trabalhoso e exija angústia. Fala-se muito por aí sobre o quão crítico é manter uma prática pessoal e as dez mil coisas em potencial que isso pode acarretar, e ainda assim, para muitos de nós – de iniciantes a Bruxos experientes –, uma prática regular nos escapa. Se você estiver com dificuldades, considere se está cometendo algum desses erros. Às vezes, pequenos ajustes são necessários para transformar um nível de engajamento sem brilho em algo realmente poderoso e gratificante.

Pensando como uma Bruxa

Você notou que tenho usado as palavras *prática pessoal* e *prática regular*, e não enfatizando a *prática diária*? Sim, estou fazendo isso de propósito. Muitos livros e professores enfatizam que a Bruxaria é uma tradição vivida, e não apenas algo que passa rapidamente pelos Sabbats ou quando é seguro e conveniente praticar. Ser uma Bruxa significa viver a Arte dia após dia, permitindo que ela se enraíze em seus ossos. Isso tudo é verdade o suficiente. Mesmo no meio de uma depressão profunda, ou quando a vida fica tão caótica que nem sinto que consigo respirar, minha Arte está tão profundamente arraigada que não tenho certeza se poderia extirpá-la completamente, mesmo que eu quisesse. Mas isso não é porque estou realizando rituais todos os dias e constantemente lançando feitiços. A ideia de que a Bruxaria é puramente um ofício e não sobre como você pensa – que é inteiramente sobre ortopraxia – simplesmente não é verdade, por mais conveniente que seja essa dicotomia. Como você pensa, o que acredita e as ações que toma por causa disso estão todos interligados.

Se você apenas prestar atenção e se dar crédito por atos explícitos de magia ou adoração, está se vendendo. E também não está estabelecendo uma base tão forte quanto poderia, especialmente porque constrói uma prática pela primeira vez ou reformula a que já possui. Ação sem sentimento não tem sentido – se você não tiver fortes crenças em torno do que faz, será mais fácil desistir ou ser paralisada quando as coisas começarem a ficar inconvenientes ou difíceis. Uma das razões pelas quais os convertidos de outras religiões – já que muitos de nós vêm de origens cristãs – lutam contra a culpa religiosa, é porque a crença é muito profunda. Não se sai simplesmente de um paradigma para outro. A conversão é um processo, potencialmente acompanhado de trauma. Não é suficiente apenas pegar um conjunto diferente de práticas rituais e alguns novos jargões.

Portanto, embora seja bom se concentrar no que está fazendo fisicamente enquanto constrói sua prática, não se estresse com as coisas no nível diário, especialmente se esse for um processo novo para você. É muito mais importante que tudo o que está fazendo seja regular. Isso não precisa significar diariamente. Você pode se comprometer com algo semanalmente? Em cada Lua cheia e nova? A cada Sabbat ou outro dia santo na Tradição que está seguindo? Vamos dar uma olhada nos tipos de coisas que se pode realmente fazer na próxima seção e nos exercícios no final deste capítulo, mas comece a pensar agora sobre os tipos de parâmetros com os quais pode começar. No resto do seu tempo, procure explorar como pensa, ultrapassando os limites do que acredita e desenvolvendo a mente de uma Bruxa.

Adam Sartwell, um dos fundadores do Templo da Bruxaria, costuma perguntar: "Você está pensando como uma Bruxa?" Uma pergunta bastante simples, mas que vale a pena colocar regularmente. As Bruxas realmente pensam de forma diferente, e isso é algo que muitas vezes temos que cultivar ativamente. Em muitas artes ocultas, nossos primeiros empreendimentos dizem respeito a dominar nossas mentes, e a Arte não é diferente.

Primeiro, há a crença fundamental de que temos poder e podemos influenciar as coisas que nos acontecem. Esta é a base da magia. Como uma Bruxa, você nunca está completamente à mercê das circunstâncias, enquanto sua mente estiver funcionando. Um de nossos objetivos perpétuos é o autodomínio. Você consegue manter o controle e a compostura? Pode redirecionar seus pensamentos à vontade? Consegue reformular qualquer situação em que esteja e ver soluções, caminhos alternativos e oportunidades ocultas onde outros podem ver apenas conflito e dificuldade? Quando você pratica essas habilidades, está lançando as bases para a Bruxaria muito antes de entrar em um espaço ritual.

Em seguida, há o poder de observação. Esta é uma habilidade mental que não pode ser subestimada. On-line e em encontros de Bruxaria está na moda falar sobre empatia, mas a observação é muito mais fácil de cultivar e fornece muitas das mesmas informações. Quando você se cala e presta atenção em todos os detalhes sensoriais que recebe ao se movimentar pelo mundo, é infinitamente mais fácil reagir às circunstâncias que surgem em seu caminho, avaliar as intenções e motivações dos outros, decifrar padrões e significados em acontecimentos que parecem aleatório e encontrar inspiração e beleza em seu ambiente. A Arte geralmente trabalha com sutilezas. Se você não treinar para realmente ver o que está acontecendo ao seu redor, pode perder muito do que é profundo sobre ser uma Bruxa. Vá para espaços desconhecidos e pratique com frequência. O que você vê, ouve, cheira? O que pode saber sobre as pessoas ao seu redor apenas observando-as ao longo do tempo? A observação é algo que você pode desenvolver constantemente, e isso lhe servirá mais tarde em qualquer outro empreendimento mágico que possa buscar.

Finalmente, há a maneira como a rotina se instala em sua psique e em seu corpo. Não é preciso necessariamente praticar muita magia ou ritual, mas o que fizer ao longo do tempo vai ficar com você, construindo novos hábitos e alterando suas expectativas, seus valores e as escolhas que faz inconscientemente. Com o tempo, será desenvolvido um senso dos ciclos naturais ao seu redor, daquilo que está acontecendo em seu próprio corpo e das mudanças nos reinos além deste. Você não precisará realizar rituais elaborados ou sair do seu caminho para estar consciente dessas coisas (embora provavelmente queira de qualquer maneira, fazê-los). Isso tudo será apenas parte de quem você é.

Então você está pensando como uma Bruxa?

Não é suficiente apenas fazer as coisas – rituais, feitiços, meditação, recitar devocionais ou qualquer outra coisa. Precisa haver algo por trás de suas ações. Propósito, intenção e perspectiva são menos visíveis e às vezes passam despercebidos em toda a nossa conversa sobre ortopraxia e "arte". Sua prática de feitiçaria é muito sobre sua mente, embora tendamos a nos concentrar em outro lugar.

O que estamos realmente fazendo?

A maioria dos tipos de feitiçaria se baseia no mesmo punhado de técnicas como blocos de construção para a prática. Se você já leu outros livros de Bruxaria ou trabalhou com algum tipo de professor, com certeza já foi exposto à maioria deles em algum momento. Talvez você esteja lutando por um tempo com um ou dois casos assim.

Meditação

Existem muitos tipos de meditação com funções ligeiramente diferentes, e vale a pena tentar várias técnicas. Talvez a mais comum seja a meditação da atenção plena, na qual a pessoa permite que seus pensamentos passem, sem apego ou julgamento, deixando espaço para limpar completamente a mente dos pensamentos. Isso é excelente para criar quietude, acalmar a ansiedade e aprender a direcionar os pensamentos. Também pode ser muito desafiador, por isso é melhor começar com apenas alguns minutos e depois ir construindo gradualmente. O outro tipo mais comum é a meditação focada, que é quase o oposto. Na meditação focada, direcionamos nossos pensamentos especificamente para uma intenção, como visualizar um objeto ou contemplar uma pergunta específica. Uma variação disso é recitar um mantra ou repetir uma oração ou afirmação. Este tipo de meditação é frequentemente usado em feitiços e rituais. Também é bom para desenvolver habilidades de visualização.

Pathworking

Pathworking é outro estilo de meditação, mas realmente merece seu próprio título e envolve todo um conjunto de habilidades que muitas vezes precisam ser desenvolvidas individualmente. No *pathworking* – um termo que originalmente vem da Cabala esotérica – a Bruxa viaja interiormente, geralmente com algum tipo de guia, para lugares dentro do olho da mente para encontrar entidades do Outromundo, experimentar outros mundos, responder perguntas e criar conexão com espíritos (ou às vezes outras Bruxas viajando pelos mesmos caminhos). Você também ouvirá falar do *pathworking* como meditação guiada, porque muitas vezes contamos com algum tipo de narrador para descrever os caminhos que estamos seguindo à medida que os visualizamos e também porque é comum invocar guardiões e guias pessoais para nos acompanhar. O *Pathworking* é útil para gerar insights, conectar-se com outras pessoas nos planos astrais e encontrar espíritos e deuses. Requer fortes habilidades de visualização, uma boa imaginação e a capacidade de sentar ou deitar em silêncio por longos períodos de tempo sem apenas adormecer! Há toneladas de gravações disponíveis on-line para ajudá-lo a praticar o *pathworking* (muitos de graça).

Diário

A importância do diário realmente não pode ser exagerada, e é por isso que a maioria dos livros assume que você está mantendo um caderno por perto e aconselha a anotar seus pensamentos e refletir sobre o que está lendo. Além de trabalhar diretamente com um terapeuta licenciado, o diário talvez seja a melhor maneira de explorar seu funcionamento interno, seus padrões e a natureza de sua própria mente. O que começa com o registro dos detalhes mundanos do seu dia rapidamente, vai se transformar em reflexão sobre seus sentimentos e experiências, se você permitir. O diário também cria espaço para processar com segurança as emoções, desabafar e resolver problemas. Anos de diários também vai estabelecer um registro de todo o seu trabalho mágico, permitindo que você acompanhe seu crescimento, identifique dificuldades e defina padrões (que você pode alterar conforme necessário). O diário convencional é muito mais difícil do que a maioria dos livros lhe dirá. O ato físico de escrever é mais desgastante do que muitos imaginam (especialmente os escritores), e é cultivado ao longo de anos de prática. O ponto, no entanto, é a reflexão, não manter lindos livros físicos cheios de brilho manuscrito impecável. Não há problema em digitar, usar um gravador de voz ou *software* de ditado, falar em uma câmera, fazer *scrapbook* ou arte visual. Faça qualquer coisa que lhe permita tirar os pensamentos da cabeça e colocá-los em algum lugar onde possa contemplá-los.

Adivinhação

A maioria das Bruxas aprende pelo menos um método de adivinhação como parte de sua prática regular, o que lhes permite receber informações que, de outra forma, não teriam, geralmente sobre uma situação particular ou como uma maneira de verificar quais temas ou lições podem estar presentes em um determinado período de tempo. Muitas Bruxas realizam adivinhações diariamente, talvez puxando uma única carta de tarô ou runa e refletindo sobre ela ao longo do dia. Eles podem realizar adivinhações mais elaboradas antes de trabalhar um feitiço, em dias especiais como Sabbats, Ano Novo ou no primeiro dia do mês, ou quando um assunto particularmente urgente está em mãos. Toda adivinhação requer prática e discernimento, e alguns métodos podem exigir bastante estudo, mas essa é uma habilidade essencial em qualquer arsenal mágico.

Mantendo um Santuário

Uma ótima maneira de solidificar a conexão com um deus ou espírito é construir um santuário em sua casa para honrá-los. O ato de cuidar desse espaço – mantê-lo limpo, fazer oferendas, passar tempo em contemplação ou comunhão diante dele – pode ajudá-lo a manter o foco em sua espiritualidade, bem como em quaisquer obrigações religiosas que possa ter. A maioria das Bruxas tem pelo menos um, e muitos de nós temos vários para diferentes propósitos. Você pode cuidar de uma chama sagrada aqui, servir libações para ancestrais, rezar para uma divindade ou criar um espaço sagrado para escrever, meditar ou realizar adivinhações.

Oração

A oração é um excelente método para construir e aprofundar um relacionamento com um deus (e potencialmente com outros espíritos). Como a meditação ou a adivinhação, a oração pode assumir várias formas, mas sempre envolve estabelecer uma linha aberta de comunicação, seja recitando algo memorizado, falando com o coração ou mesmo chamando silenciosamente e abrindo um espaço no qual possa compartilhar com qualquer entidade para a qual se sinta atraída. Algumas orações são elaboradas e exigem execução em horários específicos, várias vezes ao dia. Algumas envolvem ferramentas, como contas de oração. Uma variação da oração envolve a recitação de afirmações pessoais, para mudar os pensamentos ao longo do dia. A oração deixa algumas Bruxas desconfortáveis, pois pode lembrá-las demais das tradições religiosas do passado, mas é uma maneira simples e profunda de fortalecer os relacionamentos divinos e vale a pena tentar se você não estiver familiarizado.

Estudar ou Ler

Às vezes, o aprendizado é totalmente utilitário, mas com a mentalidade certa, o estudo também pode ser uma prática devocional. Reservar um tempo e espaço designados para ler livros relevantes ou para se engajar ativamente na aquisição de novos conhecimentos mágicos é benéfico por muitas razões que discutiremos no próximo capítulo.

Ritos de Trabalho

Se você faz parte de uma tradição específica, provavelmente designou atos rituais que os membros de sua Tradição realizam regularmente. Esse tipo de coisa costuma ser a primeira em que as pessoas pensam quando começamos a pensar sobre a prática religiosa. Eles podem incluir rituais devocionais a deuses específicos, ritos sazonais ou lunares a serem realizados em horários designados ou ritos de passagem. Estes irão variar de acordo com a tradição. As Bruxas ecléticas geralmente desenvolvem seus próprios ritos únicos ao longo do tempo ou experimentam os de outros tipos de feitiçaria.

Este é apenas um punhado de algumas das coisas mais citadas que uma Bruxa individual pode incluir em sua prática pessoal. Alguns podem ser familiares e já bem estabelecidos em sua vida, enquanto outros podem representar um novo território. Todos eles exigem tempo para aprender e se desenvolver, e alguns deles têm curvas de aprendizado íngremes que podem exigir implementação gradual. Vá com calma ao adotar qualquer um deles pela primeira vez. Lembre-se: melhor ir devagar e ser constante. Não adianta se sobrecarregar e desanimar. Escolha coisas que a inspire e a desafie, em vez de aceitar o valor nominal toda vez que alguém lhe disser que, para ser uma Bruxa, é preciso praticar qualquer coisa especificamente.

• EXERCÍCIO •
Construindo uma prática pessoal

Onde quer que esteja no caminho da Bruxa, o cultivo de uma prática pessoal é a melhor coisa que poderá fazer por si mesma. O quanto você sabe, quantas iniciações tem, quão naturalmente habilidosa é e quantos recursos têm disponíveis não significa absolutamente nada se você não estiver realmente colocando essas coisas em uso. É hora de deixar de lado quaisquer problemas com os quais está lutando agora e fazer alguma Bruxaria. Lembre-se: a chave aqui é a regularidade. Seu objetivo deve ser consistência, não volume. Em cada um dos exercícios a seguir, veremos os tipos de coisas que se pode fazer para dar o próximo passo em direção a uma prática significativa e poderosa, que você pode construir ao estabelecer uma nova rotina ou se sentir confortável com exercícios mágicos regulares.

Ar

Depois de todos obstáculos iniciais – caramba, a Bruxaria é mesmo real! – a coisa mais difícil de começar como uma Bruxa é estruturar sua Arte de uma maneira que reabasteça, seja consistente e permita que o significado se desenvolva e se aprofunde ao longo do tempo. Outras religiões e ordens espirituais têm instituições, professores formais e escolas, e até mesmo textos padronizados e protocolos para aprender e crescer dentro de suas Tradições. As Bruxas quase nunca têm essas coisas. Mesmo os Covens mais bem estabelecidos raramente são muito antigos e muitas vezes são baseados nos ensinamentos e técnicas de apenas algumas pessoas. Surpreendentemente, o caminho da Bruxa é relativamente solitário. Você será presenteada com muitas perspectivas conflitantes, coisas para aprender e experimentar, e muito mais conselhos do que sempre quis ou precisou. É praticamente uma realização, suficiente apenas para não ficar sobrecarregada.

No momento, a melhor coisa que se pode fazer é garantir que está estabelecendo bases sólidas e dando passos consistentes à frente. É maravilhoso explorar livremente e tentar o máximo possível, mas sua tarefa é escolher algo para ter a certeza de que está fazendo de forma consistente. Escolha algum elemento de prática pessoal que discutimos – ou um que notou que deixei de fora – e responsabilize-se por fazê-lo um determinado número de vezes por semana. Seja razoável aqui, mas também desafie a si mesmo. Se nunca fez um diário antes, não comece com várias páginas todos os dias. Eu aposto que você vai se dar mal. Mas você consegue fazer uma página três dias por semana? Pode fazer algumas frases todos os dias? Escolha uma meta que seja razoável para você.

Aqui estão mais algumas ideias:

- Marque cada Lua cheia e nova com algum tipo de celebração, oração ou feitiço (são vinte e seis rituais por ano, além de quaisquer feriados sazonais que você celebre).
- Faça uma adivinhação semanal e depois reflita sobre ela no final da semana.
- Monte um santuário para seus ancestrais, para uma divindade ou para o espírito de sua casa. Quando você chegar em casa do trabalho ou da escola todos os dias, reserve cinco minutos para dizer olá, compartilhar uma bebida e refletir sobre o dia.
- Acalme sua mente meditando por cinco minutos antes de ir para a cama (ou antes de sair da cama).
- Mantenha um diário de sonhos ao lado de sua cama e registre o que você se lembra de seus sonhos todos os dias.
- Componha um conjunto de três a cinco afirmações e recite-as em seu altar ou na frente de um espelho antes de iniciar sua rotina todos os dias.

Eu poderia continuar listando opções aqui. Porém, escolha apenas uma! Você pode experimentar a tentação de escolher mais que uma opção, mas resista. Deixe as outras tarefas para depois, escolha uma e procure mantê-la. Quando isso parecer fácil e natural – talvez depois de vários meses – adicione algo a mais. Construa sua prática gradualmente, e ela o servirá de forma mais completa.

Fogo

Algumas das coisas que atrapalham a prática regular de muitas Bruxas são as viagens, trabalhar dentro de um horário irregular e não ter um espaço privado designado para o trabalho artesanal, porque tem que dividir espaços ou morar em locais próximos. Uma boa solução para tudo isso – e que uso há anos – é fazer e encantar uma Escada de Bruxa para carregar na bolsa ou no bolso quando estiver em movimento. Essas ferramentas simples têm muitas funções. Essencialmente, são simplesmente pedaços de corda ou cordão com nós amarrados neles, às vezes segurando amuletos ou testemunhos. Algumas são feitas de várias cordas trançadas juntas, com cada fio representando algo específico.

A Escada de Bruxa pode ser usada para lançar feitiços – quando suas intenções são mantidas ao dar nós e depois liberadas no desatar –, mas também pode funcionar como uma espécie de altar, contendo representações de cada elemento, suas divindades ou quaisquer outros símbolos que sejam importantes para você. Criar um espaço sagrado, ou até mesmo lançar um Círculo, pode ser uma simples questão de puxar a sua Escada de Bruxa e arrumá-la em uma superfície plana, dependendo de quanto tempo você decidir fazê-la.

Eu uso minha própria Escada de Bruxa da mesma forma que algumas Bruxas usam contas de oração. Entrelacei vários fios de cores diferentes e amarrei vários berloques em pontos iguais da trança: um pedaço de âmbar, um Pentagrama de prata, uma vértebra de raposa, uma ágata esculpida com uma runa e alguns outros símbolos pessoais. Cada um representa algo importante para minha Arte, e compus orações para recitar que correspondam a cada um. Simplesmente segurar cada item em minhas mãos, manusear cada feitiço e recitar palavras arraigadas em sucessão é suficiente para me colocar em um estado alterado e abrir a porta para encontros sobrenaturais.

Fazer a Escada de Bruxa pode ser tão simples ou complexo quanto você quiser. Construa significado em cada componente. Escolha cores e materiais especiais. Dê nós nela que representam compromissos que você fez ou metas para as quais está trabalhando. Incorpore testemunhos que falam sobre o que torna sua Arte única e pessoal. Quando terminar, consagre tudo. Carregue-a quando viajar, manuseie-a com frequência, ore com ela, lance feitiços e use-a como uma tábua de salvação quando sentir necessidade de conexão.

Água

Este exercício é aparentemente simples, mas é ideal para quem precisa se reorientar e se aprofundar, ao mesmo tempo em que desenvolve suas habilidades de observação e seu relacionamento com o mundo fora de si, especialmente quando a vida fica estressante. Tudo o que você vai fazer é cuidar de uma planta!

Se você tiver espaço para isso e acesso a um vaso e solo apropriado, é melhor cultivá-lo a partir de sementes. Escolha qualquer planta que quiser, mas se você é nova na jardinagem, recomendo que escolha algo relativamente fácil: qualquer tipo de feijão, abóbora, pimentão, manjericão, camomila, calêndula e hortelã crescerão facilmente a partir de sementes, com preparação mínima. Se você já tem alguma habilidade com o cultivo de coisas, escolha algo que exija um pouco mais de cuidado ou escolha uma planta com a qual também gostaria de construir uma aliança espiritual.

Cultivar uma planta – mesmo que seja fácil – requer cuidado e atenção e a forçará a sair de sua própria cabeça diariamente à medida que você rega e cuida dela. Converse com ela, medite com a planta, monitore o pH e a umidade do solo e também mantenha um registro diário de seu crescimento. Não importa onde sua prática pessoal esteja neste momento, cuidar de outra coisa viva vai exigir que você acelere um pouco. À medida que progride em seu ciclo de vida, você também aprenderá como promovê-lo, como colhê-lo com segurança e como usar as peças que coletar. Esta é uma habilidade prática, mas seu foco aqui é desenvolver sua consciência, sua atenção e sua conexão com algo fora de você. As plantas são excelentes para ensinar paciência, improvisação e uma apreciação pelo progresso lento.

Se você não pode cultivar algo a partir de sementes, não há problema em fazer um corte. Algumas plantas de interior também podem ser adequadas para este projeto, embora seja melhor escolher algo jovem e pequeno em vez de uma planta madura. Também fiz este exercício com árvores que vivem ao ar livre. Escolha uma árvore individual e passe o ano documentando de perto seu crescimento, as mudanças pelas quais ela passa, os animais que a habitam e como ela sobrevive onde vive. Quando floresce e frutifica? Como ela dispersa suas sementes?

Quem sabe – você pode desenvolver um interesse em plantas em geral e suas propriedades mágicas. E pode até acabar com um jardim inteiro em suas mãos. Mas há algo inerentemente mágico nas plantas, e especialmente em encorajar a vida por meio de suas próprias ações, que faz maravilhas para uma prática pessoal como um todo.

Terra

Tudo bem. Você está nisso há muito tempo. Você está presa em uma rotina. Eu sei.

Aposto qualquer coisa que você sabe muito bem que não está fazendo do jeito que deveria.

E o que isso quer dizer?

Todos nós temos essa questão, aquela coisa que todos os professores que tivemos e todos os livros que lemos dizem que precisamos fazer..., mas nós simplesmente não fazemos. Para mim, é a meditação. Eu sou a rainha de inventar desculpas para não fazer do jeito que eu sei que deveria: estou cansada, estou ocupada, não consigo me concentrar, é difícil, é chato, minhas costas doem, minha perna está dormindo, eu realmente não preciso disso, a meditação não funciona para mim, tanto faz.

Qual é a coisa que você não faz e diz a si mesmo que é porque não precisa ou porque isso realmente não a ajuda? A meditação é a resposta que ouço com mais frequência, mas o diário é outra resposta popular. Outras escolhas populares são marcar a Lua nova, celebrar cada Sabbat, manter um diário de sonhos, fazer devoções diárias ou checar consistentemente com os alunos, um iniciador ou um professor.

Sua tarefa é voltar e completar a tarefa do elemento Ar, mas sem escolher uma das opções sugeridas: dê preferência a algo que deixou de fazer e sobre a qual tem uma ladainha de desculpas. Trate isso como se fosse algo novo e use as mesmas estratégias que sugeri aos iniciantes: pequenos passos, curtos períodos de tempo, acomodações quando necessário e ser gentil consigo mesmo.

Capítulo Seis

Estudo

Minha primeira professora de feitiçaria foi uma Alta Sacerdotisa na Tradição da Estrela Azul da Wicca. Eu estava aprendendo a partir de livros e da internet por vários anos e cheguei onde senti que tinha ido o mais longe que podia por conta própria. Cada livro que li parecia o mesmo livro, e a maior parte do que encontrei on-line foi apenas reciclado das mesmas poucas fontes e postado sem referência ou pensamento. Eu estava comprometida com a prática da Arte, e queria fazer isso de forma profunda, completa e apropriada, se houvesse tal coisa. Eu sabia que alguns dos estilos mais antigos de feitiçaria – e a Wicca Tradicional em particular, pois esse sempre foi meu foco – pretendiam ser praticados em grupos, com um sistema de treinamento formal que trazia candidatos por iniciação ou adoção em uma linhagem específica. Então comecei a procurar um professor que pudesse me trazer para tal linhagem. Alguém que poderia me ensinar coisas que eu não conseguia encontrar nos livros.

Conheci essa pessoa em um restaurante de rede local depois de semanas de correspondência por e-mail. A maioria das Bruxas e Pagãos que conheci naquele momento eram jovens como eu, inspirados a perseguir a Bruxaria com base em uma combinação de profundo desejo infantil por magia e o incentivo da última onda de Bruxas da mídia e livros populares Pagãos (os anos 1990 foram um década fantástica para ambos). Ali estava um dos primeiros verdadeiros adultos que conheci, com uma prática que remontava a outra década, outra região e dentro de uma Tradição específica. Eu estava preparada para engolir tudo o que ela estava disposta a me ensinar (e, para minha sorte, ela é maravilhosa). E sua primeira aula? Sua primeira lição foi que esta é uma religião com dever de casa!

A ideia de que a Bruxaria – de uma Tradição específica ou não – requer estudo, não é exclusiva de um Coven formal ou de um relacionamento professor-aluno. Bruxas de todos os tipos são rápidas em distribuir listas de leitura recomendadas mediante solicitação, e em todas as mídias sociais encontramos pessoas referenciando seus estudos. As Bruxas costumam ser ótimas leitoras e, como comunidade, tendemos a olhar para os autores como nossos guias principais. Em todos os lugares há a afirmação de que devemos estar constantemente estudando, aprendendo mais. Na era da internet, agora você tem um número esmagador de cursos por correspondência nos quais pode se inscrever, em tudo, desde o início da Arte, como também em cursos de adivinhação, herbalismo, magia sexual ou até mesmo como iniciar seu próprio negócio de Bruxaria. Há uma quantidade potencialmente infinita de conteúdo que você pode consumir, em qualquer meio que possa nomear. Algumas Tradições têm currículos específicos que os alunos devem trabalhar, completando projetos de pesquisa, trabalhos formais e tanta outras avaliações que poderíamos até pensar que aquilo era para ser deixado na escola. Mesmo as Tradições que não são tão formalmente estruturadas acabam carregando consigo a suposição de que se deve estar sempre aprendendo.

Por um lado, saber que sempre há mais a aprender pode ser emocionante e motivador. Por outro lado, é fácil ficar sobrecarregada, desencorajada ou simplesmente presa àquilo. Como escolher quando se tem infinitas opções? Como seguir em frente quando se sente que é tudo a mesma balela, repetidamente, em todos os livros, em todas as postagens nas redes sociais e em todos os *workshops* e festivais? E por que sentimos a necessidade de nos enterrar em atividades intelectuais quando a Bruxaria é tão fundamentalmente sobre prática, conexões e experimentar coisas no mundo? Precisa mesmo de professores? E como fazer para encontrar um que valha mesmo a pena, quando todos parecem estar reivindicando experiência e estão mais do que felizes em receber seu dinheiro? Finalmente, se você está vivendo esse caminho há décadas, ainda há algo para aprender?

Neste capítulo, examinaremos com atenção a relação entre estudo e prática e onde eles se alinham e não se alinham. Discutiremos estratégias para impulsionar sua educação mágica, não importa o quanto você já saiba. E embora eu seja uma amante dedicada dos livros, também deixaremos os livros de lado um pouco e consideraremos outras técnicas importantes para aprender mais e aprofundar sua prática pessoal.

A Relação entre Estudo e Prática

Muitas Tradições espirituais defendem que praticantes e devotos passem pelo menos parte de seu tempo estudando. Para o cristianismo, isso geralmente significa a leitura cuidadosa dos Evangelhos. Em todo o mundo, os protestantes evangélicos incentivam seus filhos a memorizar longas passagens da Bíblia para que a palavra de deus esteja sempre à mão. As crianças judias, qualquer que seja sua língua nativa, muitas vezes estudam hebraico para que possam ler a Torá, e o fazem antes de suas comunidades quando atingem a maioridade como parte do ritual de Bar ou Bat Mitzvah. Tanto católicos como budistas são conhecidos historicamente pela dedicação ao texto e à educação institucional, com ordens especializadas de devotos que dedicam suas vidas tanto à interpretação quanto à propagação do conhecimento sagrado. De fato, o poder do estudo, dos livros e das habilidades de ler e escrever são tão poderosos – tão sagrados – que historicamente foram negados a certos grupos de pessoas para preservar as estruturas de poder estabelecidas. Mulheres, negros e pobres muitas vezes foram excluídos da educação, negado o acesso à alfabetização e torturados e assassinados por persegui-la de qualquer maneira. Não é preciso olhar além da disparidade presente nas escolas públicas americanas para ver que ainda estamos vivendo em uma época em que a educação – quem recebe e quem não recebe – é contestada. Por mais brega e inofensiva que possa ter soado na escola primária, essa mensagem é mortalmente verdadeira: conhecimento é poder. E parte do que você está fazendo como Bruxa, seja de que tipo for, é construir seu poder.

Para tradições de feitiçaria com raízes no ocultismo da Europa Ocidental, o desejo de estudar não é apenas sobre devoção religiosa. A magia foi e continua a ser definida como uma ciência tanto quanto uma prática espiritual. Para Éliphas Lévi, era a ciência que servia de fundamento à magia, e parte do trabalho do mago incluía a unificação da razão e da fé. Lévi cobrava dos candidatos à iniciação para dominarem a si mesmos e ao seu entorno por meio do estudo. Em *Magia Transcendental*, ele nos diz que, "Para alcançar... o conhecimento e o poder dos Magos, há quatro condições indispensáveis: uma inteligência iluminada pelo estudo, uma intrepidez que nada pode deter, uma vontade que não pode ser quebrada e uma prudência que nada pode corromper e nada intoxicar.[33] Você pode reconhecer esta advertência como a Pirâmide da Bruxa: saber, ousar, querer e calar. A primeira é saber.

A compreensão da Bruxaria como ciência, seja em adição a uma religião ou às vezes como uma atividade secular, continua entre os praticantes contemporâneos. Escritores como Laurie Cabot, Silver RavenWolf e Christopher Penczak usaram linguagem semelhante. Penczak aborda a Arte com mais clareza inicialmente com uma mente cética, dizendo-nos: "Por muito tempo ignorei outras facetas da definição de Bruxaria, ou seja, arte e religião. Concentrei-me na ciência da Arte. Eu olhei para a Bruxaria como um experimento"[34].

33. Éliphas Lévi, *Transcendental Magic: Its Doctrine and Ritual*, trans. Arthur Edward Waite (London: Bracken Books, 1995), 37.

34. Christopher Penczak, *The Inner Temple of Witchcraft: Magick, Meditation, and Psychic Development* (St. Paul, MN: Llewellyn Publications, 2002), 10.

Em outras palavras, mesmo onde podemos pensar na Bruxaria como religião, espiritualidade ou arte, ela também é operativa (e, talvez, principalmente). É uma coisa que devemos sair e fazer, e isso envolve primeiro estudo e depois experimentação. Temos que aprender como fazer isso. Penczak, como muitos professores de magia de hoje, continua descrevendo o significado que estudar outras ciências – especialmente física quântica – pode ter para a Bruxa em desenvolvimento. Esta perspectiva não é incomum em Bruxarias influenciadas pelo ocultismo da Europa Ocidental.

Para as Bruxas fora da visão direta da Tradição de Mistério Ocidental, é menos provável que se ouça esse uso de "ciência" para descrever o trabalho da Bruxa, mas a ênfase no estudo não é menos aparente. Os praticantes que veem sua Tradição como um ofício solitário, ainda trabalham para dominar as correspondências mágicas, para se familiarizar com a flora e fauna locais, para aprender os pontos mais delicados do herbalismo e treinar em outras feitiçarias. Sempre há mais a aprender, seja nos livros; seja pelo contato direto com a terra, com os espíritos, com outras Bruxas; seja por meios mais sobrenaturais.

Na verdade, o conhecimento é fundamental para todos nós, porque é a porta pela qual adquirimos e depois desenvolvemos o poder da Bruxa. Na magia, quanto mais você souber, mais flexível poderá ser. Não tem tudo que você precisa para um trabalho à mão? O domínio de uma ampla variedade de correspondências vai permitir que você faça substituições eficazes. Quer maximizar a probabilidade de seus feitiços funcionarem conforme o esperado? Incorpore um tempo mágico preciso que leve em consideração a fase da Lua, o dia da semana e as condições astrológicas. Quer ser capaz de interpretar textos mágicos antigos ou medievais por si mesmo? Aprenda a ler grego, hebraico, francês ou latim. Você sabe quando suas Tradições nasceram e que histórias as moldaram? Isso lhe dará contexto e construirá convicção. Você conhece outras Tradições? Isso vai permitir a comparação, que constrói a honestidade e torna mais fácil reconhecer inconsistências, ineficácia ou até injustiça em sua prática. Poderíamos continuar – sempre há mais para saber, e tudo isso é potencialmente útil no desenvolvimento de uma Bruxa.

Há um equilíbrio a ser atingido aqui, no entanto. O estudo deve alimentar a prática, não a ofuscar ou a substituir. Conhecer histórias e ser capaz de recitar passagens de grimórios medievais não fará de você uma Bruxa, e uma grande coleção de livros não é um sinal seguro de um Mago eficaz ou dedicado. Você tem que pegar o que leu e colocar em prática de alguma maneira. Se esse conhecimento nunca sai de sua cabeça – se você não experimenta com ele, não o coloca em prática, reforma-o em seu próprio país, usa-o para mudar a si mesmo para melhor – você está perdendo seu propósito e não avançará em sua vida prática. Esta é uma armadilha em que muitas Bruxas caem em algum momento. Nós tendemos a amar os livros, e com tantos disponíveis e tantos cuidados necessários para equilibrar nossa vida espiritual com tudo o que acontece no dia a dia, é fácil se tornar uma Bruxa de poltrona. Ler e estudar podem fazer parte da prática, mas não podem ser a única parte.

Ao longo de sua vida mágica, de fato, você provavelmente vai descobrir que suas lições mais valiosas não vão vir dos livros. Você vai conhecer e aprender com outras pessoas em sua comunidade, tanto com conhecidos on-line casuais, como por relacionamentos formais com professores ou Tradições estabelecidas. Você vai aprender com a terra que chama de lar e também com quaisquer deuses ou espíritos que encontrar. E terá também momentos individuais e pessoais de inspiração ou revelação, nos quais será atingido por ideias inspiradas por forças tão sutis que parecerão vir do nada. Nas seções a seguir, falaremos muito sobre texto e como tirar o máximo proveito da leitura, lembrando sempre que aprender não é apenas sobre livros. É sobre mentalidade também.

Mente de Iniciante

Tenho um pouco de inveja das pessoas que estão apenas começando sua busca pela Arte. Lembro-me de quando descobri a Magia, o Paganismo, a Bruxaria, os Deuses... tudo isso. Foi o momento mais emocionante da minha vida, melhor do que o primeiro amor, ir para a faculdade ou começar minha primeira carreira. Aprender que a Bruxaria era real e que, se eu quisesse, poderia me tornar uma Bruxa, era como tropeçar em outro mundo que existia paralelo ao que eu estava vivendo. Todo dia, todo livro, toda técnica nova, todo feitiço e oração era uma garantia de que mais estava por vir. Com o tempo, essa excitação aumentaria e diminuiria. Meu amor cor-de-rosa e recém-descoberto às vezes era diminuído por experiências duras em espaços públicos de Bruxas. Nem todo mundo me apoiou, e ao longo dos anos conheci pessoas preconceituosas, elitistas, cruéis ou até predatórias. Eu também acabei por bater com a cara na porta, o que é uma experiência normal em qualquer caminho mágico! Às vezes eu colocava muito esforço em um ritual e não dava certo. Eu sentia que meus deuses não estavam respondendo a mim. Os feitiços não funcionavam do jeito que eu queria e eu lutava com qualquer nova técnica que estivesse tentando aprender. Outras vezes, outras partes da minha vida apenas atrapalhavam e eu perdia o foco ou me sentia desconectada. Ao longo de anos de prática, desenvolvi hábitos (bons e ruins), preferências, preconceitos e expectativas que às vezes geram insatisfação. No começo, no entanto, eu estava totalmente aberta, animada e emocionada com a possibilidade que parecia infinita em tudo o que aprendi e vivenciei. Mesmo quando eu ficava sobrecarregada com o quanto havia para aprender, sempre parecia uma aventura.

No Zen Budismo, encontramos o conceito de shoshin (初心), que geralmente é traduzido como "mente de principiante". Popularizado para o público ocidental por Shunryu Suzuki (1905-1971) na década de 1970, a mente de principiante é um estado de abertura que podemos adotar conscientemente quando abordamos uma experiência de aprendizado. O conhecimento e as experiências anteriores podem realmente atrapalhar a forma como estudamos, como lidamos com as mudanças e como integramos novas informações. Muitas vezes somos sobrecarregados por nossas suposições e perspectivas estabelecidas, mesmo sem perceber. Iniciantes, no entanto, tendem a ser mais abertos a possibilidades. Eles são esperançosos e animados, em vez de céticos ou cautelosos. Iniciante ou não, alguém com mente de principiante cultivou essa perspectiva.

Antes de discutirmos recursos ou técnicas, vale a pena abordar a mentalidade e, embora seja certamente mais fácil falar do que fazer, vou pedir para que você comece com a mente de principiante. Se você é genuinamente um iniciante, então alegre-se nesta fase maravilhosa de sua prática de feitiçaria! Uma vez que se equilibre, sua educação mágica provavelmente nunca será tão abrangente e fluindo livremente novamente. Sempre haverá mais a aprender, mas nunca mais você terá tanto, neste momento. Se você é uma veterana arrogante e até um pouco cansada, quero que pare um pouco e reflita sobre como é ser iniciante. Lembra da emoção do seu primeiro livro? A primeira vez que teve a chance de falar com outra Bruxa? Antes de experiências ruins a derrubarem e antes que pessoas negativas revelassem um lado da comunidade mais ampla que você não sabia que existia?

Toda vez que abrir um novo livro, comparecer a um novo workshop ou festival, fazer uma nova aula ou navegar em uma nova comunidade on-line, faça uma pausa conscientemente e coloque-se na mentalidade de um iniciante. Imagine que há algo novo para descobrir (porque sempre há, como veremos mais adiante), e que isso a levará um passo adiante em seu caminho (porque certamente o fará). Quando adotamos a mente de principiante, deixamos de lado nossas expectativas e suposições. O que vemos depende muito do que procuramos, e quando temos expectativas – especialmente expectativas arrogantes – nossas experiências muitas vezes se tornam profecias autorrealizáveis. Seguindo em frente, mantenha essa abertura e permita-se ser surpreendida. Você aprenderá mais assim!

Como escolher livros melhores
(e tirar o melhor proveito disso)

A maioria de nós, não importa onde estejamos em nossa Arte, começou com livros. A primeira vez que ouvi falar de Bruxas Modernas, estava vasculhando uma velha caixa de livros no sótão do meu avô e me deparei com um título sensacionalista da Time Life, cheio de fotos nuas e seminuas de luminares mágicos como Janet Farrar, Maxine e Alex Sanders e Patrícia Crowther. A nudez por si só teria sido suficiente para atrair meu interesse adolescente, mas eles estavam claramente tramando algo incrível, com suas lâminas rituais, círculos inscritos no chão, máscaras assustadoras e rostos serenos e bonitos. Levaria mais alguns anos até que eu lesse meu primeiro livro sobre como praticar Bruxaria, mas nunca esqueci essas imagens (e ainda tenho o livro!). Os livros são portais. Para a maioria de nós, eles são nossos melhores e únicos professores.

Apenas algumas décadas atrás, os livros eram relativamente difíceis de se encontrar e as escolhas eram limitadas. Os mais velhos compravam seus livros por meio de catálogos de pedidos pelo correio, em lojas especializadas em viagens às cidades grandes ou os compravam de segunda mão em lojas de desconto. Tive o luxo de escolher o meu entre as dez opções possíveis nos Waldenbooks[35] do shopping, entre os títulos sobre os perigos espirituais de jogar *Magic: The Gathering* e histórias reais de abduzidos alienígenas. Quando o eBay se tornou popular, minha amiga Rachel usou o cartão de crédito de seu pai para me ajudar a comprar uma cópia de *A Bruxaria Hoje*, de Gerald Gardner. Hoje, as novas Bruxas têm literalmente milhares de opções e podem acessar a maioria delas a partir da relativa privacidade de seus telefones e computadores. As bibliotecas públicas podem obter muitos títulos através de empréstimo interbibliotecas gratuitamente. Mais e mais escritores

35. Cadeia de livrarias norte-americana. (N. T.)

de Bruxaria lançam novos livros todos os dias. Estamos vivendo em uma era de ouro de publicações de Magia. Mas como diabos você escolhe?

Ninguém quer perder tempo e dinheiro com livros que não valem o papel em que são impressos, mas como ter a certeza de que está encontrando os bons e evitando os que não vão contribuir nada? Não há garantia 100% infalível, mas aqui estão algumas estratégias que melhorarão drasticamente as chances de ser mais feliz com suas escolhas:

1. Reduza seu foco e seja claro sobre seus objetivos como leitor

Com tantos livros para escolher, é útil lembrar que também há uma quantidade extraordinária de variedade. Não existe uma "Bruxaria" singular que se deva estudar e nenhuma maneira de fazer nada. Há muito a ser dito sobre simplesmente navegar e tropeçar em assuntos que parecem interessantes, mas se você realmente deseja obter o melhor retorno possível (e seu tempo), seja específico sobre o que deseja aprender e por quê. A resposta provavelmente não é outro livro genérico sobre Bruxaria, escrito para recém-chegados. O que você está realmente procurando aprender? Quer ler sobre os julgamentos das Bruxas na Alemanha? Quer aprender a fazer e usar pomada voadora? Como adivinhar com uma bola de cristal? Você gostaria de aprender mais sobre uma divindade ou espírito em particular? Quer reforçar suas habilidades de criação de feitiços? Está curiosa quando uma forquilha foi considerada um Instrumento Mágico na Bruxaria Tradicional, ou quais fontes Gerald Gardner usou quando estava desenvolvendo os primeiros Covens Wiccanos? Seja o mais específico possível e, em seguida, trabalhe de volta conforme necessário. Há tantas pessoas produzindo livros hoje que há uma boa chance de você encontrar alguém escrevendo sobre esse nicho que despertou seu interesse.

2. Olhe além do Hype[36]

Às vezes, livros são populares porque são genuinamente incríveis, mas às vezes eles somente são populares, porque têm uma equipe de profissionais de marketing experientes e um orçamento promocional acima da média que os apoia. Leia o que puder, é claro, mas não tenha medo de considerar livros que não estão na lista dos mais vendidos. Só porque o autor não tem uma plataforma de mídia social gigante não significa que ele não seja um Bruxo e escritor brilhante. Ao pesquisar livros, olhe para pequenas editoras, livros autopublicados e também aqueles que podem estar algumas páginas abaixo em suas pesquisas na Internet. Muitas vezes, os livros mais avançados, os mais profundos e os de nichos específicos têm um público menor (porque há mais iniciantes do que veteranos), então eles não recebem tanta atenção de blogueiros, revisores, editores ou influenciadores.

3. Transforme o Autor em Assunto

A verdade é que a maioria dos livros são apenas... medianos. Afinal de contas, a média é a média por um motivo e, coletivamente, fazemos muitas releituras de velhas ideias, reembalamos técnicas estabelecidas e reciclamos velhas narrativas. Percorremos um longo caminho com esse movimento, mas os livros, em sua maioria, não vão mudar drasticamente sua vida da maneira que deseja. Você vai se encontrar lendo livros que simplesmente não são tão incríveis quanto imaginou. A boa notícia é que eles ainda podem ensinar alguma coisa, se você deixar. No mínimo, cada livro diz algo sobre a pessoa que o escreveu: quais eram seus valores, quais perspectivas eles mantinham, em que momento estavam vivendo e como provavelmente era sua prática pessoal. Com o tempo, essas reflexões pessoais se tornam nossa história coletiva. Transforme o autor/autora no assunto do livro para

---

36. *Hype* é uma abreviação da palavra *Hyperbole* em inglês, que significa exagero. Hoje a palavra se tornou uma gíria e é muito utilizada por jovens para transmitir ideias, produtos e marcas virais conhecidas mundialmente. (N. T)

que pelo menos você possa obter algumas informações sobre a vida de outra Bruxa/Bruxo. E procure por essas pepitas de sabedoria e conselhos úteis – com o tempo, eles vão somar.

4. Faça engenharia reversa de uma lista de leitura

Muitos livros agora contêm bibliografias, páginas de obras citadas ou listas de leituras recomendadas. Use-os quando existirem. Se você gostou de um livro e não tem certeza para onde deve ir, confira os livros que o autor se referiu como se estivesse escrevendo seus próprios livros. Lembre-se de que uma citação não é um endosso – significa apenas que o autor precisou abordar uma ideia contida nesse texto, não que esteja de acordo com ela. Se o autor não fornecer citações ou uma lista de leitura recomendada, lembre-se de onde eles fazem referência a outros autores e livros no texto. O primeiro livro que li sobre Wicca, *Teen Witch,* de Silver RavenWolf, incluía uma referência passageira ao *Diário de uma Bruxa* de Sybil Leek. Ler Sybil Leek me levou a Gerald Gardner e Aleister Crowley, que então me levaram a James Frazer e Margaret Murray. Neste livro introdutório destinado a adolescentes, encontrei pistas que me levaram a lugares mais profundos e complexos do que qualquer um provavelmente pretendia. Quando um autor aponta para outro lugar, siga o exemplo. Você nunca vai ficar sem livros.

Livros avançados *versus* leitores avançados

"Onde estão os livros avançados?" o povo clama nas ruas. Em todos os quadros de mensagens, meios de comunicação social e em todas as reuniões, essa reclamação singular se destaca em nossas discussões literárias mágicas. Coletivamente, nosso movimento moderno tem, de uma maneira conservadora, algumas décadas menos de cem anos, e ainda assim às vezes parece que falhamos em ir mais fundo do que o básico. Os livros populares geralmente repetem as mesmas histórias, as mesmas perspectivas e as mesmas técnicas, algumas das quais não eram tão boas na primeira vez que os lemos. Deve haver mais por aí, certo? Quem precisa de mais um livro de Bruxas digno de *hashtag* que não vá além de como lançar um Círculo e as propriedades mágicas do citrino? Onde estão as coisas reais? As coisas mais profundas?

Eu sei eu sei. Já fiz lamentações semelhantes no passado. Quando você já está nisso há alguns anos – ou é um leitor voraz – pode parecer que está lendo o mesmo livro repetidamente. Há muitas boas notícias, no entanto. Primeiro, como discutimos na seção anterior, há mais livros disponíveis agora do que nunca, e isso é bom para todos os tipos de Bruxas. Graças às publicações independentes, artesanais e as autopublicações, é mais fácil do que nunca para mais escritores divulgarem seus trabalhos e serem ouvidos (e isso antes mesmo de incluirmos blogueiros, podcasters, vloggers e outros tipos de criadores de conteúdo). Se você está lendo o mesmo conteúdo repetidamente em livros que parecem iguais e estão sendo comercializados pelas mesmas pessoas, então o problema não são os livros. O problema é onde você está comprando livros e de quem está recebendo recomendações. Use as técnicas da seção anterior para pesquisar de forma mais eficaz o material de leitura apropriado. Diversifique-se de vendedores tradicionais, best-sellers e autores bem estabelecidos. Experimente os trabalhos acadêmicos. Confira as editoras especializadas em ocultismo e os comerciantes de livros antigos. Pesquise zines em mercados de artistas on-line. O problema não é que títulos de Bruxaria mais profundos e especializados não estejam sendo escritos; o problema é que os leitores não sabem onde procurá-los. Você não é mais um leitor assim.

Em segundo lugar, há uma enorme diferença entre ser capaz de adquirir um livro avançado e realmente ser um leitor avançado. Seu objetivo deve ser o último, pois isso o servirá muito melhor ao longo de sua vida e vai evitar que você se torne a temida Bruxa da poltrona. O que quero dizer com leitor avançado? Deixe-me explicar com uma lição aprendida em meus dias como professora de sala de aula.

Quando comecei a trabalhar como professora de inglês para alunos do ensino médio, descobri rapidamente que alfabetização e capacidade de ler não são a mesma coisa. Muitos dos meus alunos sabiam ler fluentemente. Podíamos ler passagens de romances ou livros didáticos em voz alta, eles podiam responder a perguntas sobre o que estava acontecendo e todos eram campeões em localizar vocabulário-chave, datas importantes e citações que provavelmente apareceriam em questionários e testes. Mas quando solicitados a identificar o tema, fazer conexões com outros textos e discutir significado e aplicação, muitos alunos (a maioria, de fato) começaram a se debater. Eu tinha visto a mesma coisa anos antes, quando era professora universitária. Os alunos – todos eles adultos, e alguns deles no terceiro ou quarto ano de estudo – podiam regurgitar interpretações de tarefas de leitura aprovadas pelo professor, mas com um nível desconfortável de frequência não conseguiam assimilar leituras para obter significados mais profundos ou chegar a conclusões originais. Para ser clara, essas pessoas não eram intelectualmente incapazes ou sem instrução. Meus alunos do ensino médio não eram todos preguiçosos ou desinteressados. Muitos deles eram alunos nota 10 que estavam comprometidos com sua educação. O problema era que, ao longo de suas vidas escolares, todos nós, coletivamente, confundimos a leitura e a escrita com a própria alfabetização.

Um leitor avançado é um leitor alfabetizado que constrói ativamente conexões intelectuais, mantém um diálogo interno com o texto, é capaz de detectar subtextos e pode pegar o que está lendo e aplicá-lo em suas próprias relações com o mundo. Antes de chegarmos ao que as pessoas chamam de "leitura crítica", devemos primeiro ter compreensão e engajamento. E essas habilidades nunca devem ser tidas como garantidas. Elas são difíceis de ensinar, difíceis de adquirir e amplamente não são nem mesmo disponíveis, especialmente para alunos marginalizados.

Mesmo se você for um leitor avançado com um alto comando de alfabetização, há uma boa chance de nem sempre optar por colocar essas habilidades em prática. Não há problema em ler apenas por ler e periodicamente diminuir seu intelecto para desfrutar de alguns doces para o cérebro, mas se você está realmente tentando aprender alguma coisa, existem algumas estratégias básicas que você deve empregar regularmente.

A primeira e mais fundamental técnica é algo que os professores chamam de "leitura ativa", e é exatamente o que parece: ler enquanto se envolve ativamente com o texto. Você conhece aquela voz na sua cabeça que responde a livros e filmes (e, bem, a praticamente tudo) com frases como "eu me pergunto o que vai acontecer a seguir" ou "uau, eu não sabia disso" ou "eu não acho que concordo com isso"? Acompanhar essa voz é uma ótima maneira de observar seus pensamentos e interagir com o que você está lendo. Durante anos, eu disse aos meus alunos para manterem notas adesivas à mão para registrarem essa voz interior enquanto leem. Se você possui o livro que está lendo, também pode escrever nas margens. É uma coisa pequena, mas vai ajudar a lembrar melhor e ainda criar conexões com mais facilidade.

Por isso, é sempre bom ler com caneta ou lápis na mão. Não é um iluminador! O ato de fazer anotações físicas e registrar seus pensamentos no local é amplamente demonstrado ser mais propício ao aprendizado do que destacar, o que não envolve o cérebro da maneira que muitos de nós parecem pensar[37]. Suas anotações podem consistir em sua voz interior, citações que se destacam para você, coisas sobre as quais não tem certeza e deseja fazer uma referência cruzada, perguntas que deseja contemplar ou fazer para os outros ou até mesmo discursos sobre o quanto odeia o que está lendo. Desde que você esteja envolvido! Isso, aliás, também certamente tornará sua leitura mais lenta. É fácil ser pego pelo impulso de ler o máximo que puder, o mais rápido possível. Pessoas em todas as mídias sociais enfrentam desafios de leitura para acumular dezenas de

---

37. Para saber mais sobre a ineficácia do destaque e outras técnicas de estudo, considere John Dunlosky et al., *Improving Students' Learning with Effective Learning Techniques: Promising Directions from Cognitive and Educational Psychology*, Psychological Science in the Public Interest 14, Nº. 1 (janeiro de 2013): 4-58.

títulos anualmente, e muitos de nós são rápidos em exibir coleções de livros e se gabar de quanto e quão rápido lemos, mas não devemos confundir velocidade e volume com perfeição. Se você tiver que escolher entre ler rápido e ler bem, escolha o último.

Finalmente – e isso é fundamental – ler um livro mágico e trabalhar com as lições de um livro são coisas dramaticamente diferentes. Muitos de nós, inclusive eu, lamentamos que os livros se repitam, que todos contenham o mesmo conselho ou que sejam muito remediadores, mas quantos leitores realmente trabalham nos livros como o autor pretendia? Receber ordens para meditar todos os dias, praticar exercícios de visualização ou estabelecer uma devoção diária ao altar pode parecer repetitivo e fácil. Até que realmente o façamos.

Vou me usar como exemplo aqui. Há muitos anos, quando eu ainda era relativamente nova na Bruxaria, comprei um livro popular que pretendia concluir em um ano e um dia de estudo. Cada capítulo tinha apenas algumas páginas, o autor era acessível e bem visto, e eu fiz o que muitos leitores fazem (talvez a maioria dos leitores): li tudo em algumas semanas e terminei. Os capítulos eram curtos, mas continham exercícios, rituais, meditações e dicas de diário – mas, bem, eu meio que dei uma olhada neles (eu poderia voltar a eles mais tarde, se quisesse, certo?). Gostei da perspectiva do autor e peguei alguns petiscos ao longo do caminho, mas principalmente arquivei na minha cabeça como um bom recurso, ou talvez algo que eu pudesse recomendar a pessoas menos experientes do que eu. Fiz algumas das primeiras atividades, mas depois passei para o próximo livro da série. Nada demais.

Anos depois, inscrevi-me para fazer uma aula que usava esse mesmo livro como recurso didático. Eu queria explorar outros estilos da Arte e estava um pouco sem opção naquele momento, então pensei, que diabos, por que não? Deixe-me contar uma coisa. Trabalhar em cada exercício do mesmo livro, mês a mês, construir aos poucos, de um capítulo para o outro, e dedicar um tempo para se envolver com o livro como o autor realmente pretendia foi uma experiência completamente diferente. E não era apenas porque eu fazia parte de uma classe, mas porque eu estava realmente me responsabilizando. Deixei de lado o pedaço do meu ego que me dizia que eu já sabia de todas essas coisas e percebi que há anos eu não fazia todas as etapas que meus livros para iniciantes aconselhavam.

Quantas vezes você leu um livro, mas apenas deu uma olhada nos exercícios? Talvez você esteja fazendo isso com este agora. Se o leitor está apenas curioso ou apenas procurando explorar casualmente, tudo bem. Mas se quer crescer como um Bruxo/Bruxa, tem que fazer as etapas. O "fazer" é muitas vezes a diferença entre um livro para iniciantes e um livro avançado. O material raramente é tão diferente assim. Em vez disso, é a mentalidade e o compromisso do leitor que contam.

Muitas maneiras de aprender

Até este ponto, discutimos principalmente livros. Mesmo na era digital, parece que esse é o meio para o qual as pessoas recorrem primeiro, mas certamente não é o único, e pode até não ser o melhor dependendo de seus recursos e de como você prefere aprender. O grande volume de blogs, artigos, fóruns, contas de mídias sociais e sites sobre Bruxaria, Paganismo, Magia e Ocultismo é impressionante e parece aumentar exponencialmente a cada dois anos. Muitos autores estabelecidos mantêm plataformas de internet para aumentar o conteúdo de seus livros, enquanto milhares de outros tipos de líderes comunitários – chefes de tradição, professores, clérigos ou organizadores de eventos – criam todos os tipos de recursos de aprendizagem, de vídeos a bancos de dados rituais, podcasts a comunidades de discussão. Muito disso de graça. Além de tudo isso, você também pode encontrar cursos por correspondência, que podem envolver a atenção individual de um professor estabelecido, o envolvimento em uma comunidade exclusiva, uma série de aulas individualizadas concluídas on-line ou até mesmo correspondência pelo correio.

E é claro que também existem oportunidades presenciais disponíveis para muitos alunos Bruxos! Se você mora perto de uma loja metafísica ou oculta, pergunte se eles oferecem aulas ou workshops. Muitos o fazem, e alguns até os transmitem on-line para aqueles que não são locais poderem aproveitar. Você também pode procurar outra Bruxa mais experiente para estudar ou buscar treinamento com um Coven de estilo tradicional, ou pelo menos um que esteja aberto para ensinar os recém-chegados.[38] Se você puder, considere participar de festivais, Dia do Orgulho Pagão e outros tipos de eventos mágicos, mesmo que não sejam especificamente direcionados a Bruxas (há muito cruzamento em comunidades mágicas, e você certamente conhecerá todos os tipos de praticantes). Entre em contato com seus autores favoritos nas mídias sociais e veja se eles oferecem workshops por meio de transmissão ao vivo ou em plataformas de vídeo como o YouTube. Cada vez mais estão fazendo isso!

Se você pratica a Bruxaria por qualquer período de tempo, certamente vai explorar muitos métodos de orientação. Quem sabe já tenha até um favorito seu. Eu mesmo fiz tudo isso, e cada um tem seus méritos e desvantagens. Muitas pessoas insistem que são apenas um tipo de aprendiz ou a um tipo de Bruxa, mas a maioria realmente se beneficia de uma variedade de estratégias em vários ambientes, todas empregadas ao mesmo tempo. Leia livros e aprenda com professores e colegas. Construa uma prática solitária e experimente com um grupo. Recorra às comunidades da Internet e às comunidades locais. O que eles dizem é certamente verdade: os livros não podem ensinar a Bruxaria sozinhos, e você não vai ler tudo nos livros. Mas é igualmente verdade que nenhum professor sabe tudo e nenhuma Tradição ou sistema mágico tem todas as respostas. Então lance uma ampla rede. Nunca deixe de ser um estudante.

---

38. Caso estiver interessado em buscar treinamento com um Coven, considere ler meu trabalho anterior, *Traditional Wicca: A Seeker's Guide* (Llewellyn, 2018). Este livro é voltado especificamente para os estilos iniciáticos da Wicca, mas grande parte dos conselhos práticos se aplica a grupos de Bruxas, Pagãos e Magos como um todo.

Desaprender

Pode ser complicado procurar conselhos de outras Bruxas, especialmente nas mídias sociais. Há muitos arrogantes por aí que pintam um quadro terrível da qualidade da informação que circula nos espaços da Bruxaria. Talvez você tenha ouvido falar deles sobre todos os livros perigosamente ruins que supostamente estão por aí. Existem ainda blogs ruins, canais ruins e postagens ruins nas mídias sociais, dizem eles. Há apenas maldade ao redor, tornando impossível para qualquer um realmente aprender algo genuíno. Ensinamentos falsos, história incorreta, técnicas mágicas de má qualidade, interpretações errôneas do material tradicional e sabe-se lá o que mais. Como se pode esperar que alguém comece com o pé direito e aprenda as coisas corretamente quando tem que percorrer uma fossa de desinformação, tanto on-line quanto nas prateleiras das livrarias? Se tudo fosse revisado igualmente ou se fosse feita uma curadoria por especialistas. Se ao menos os editores parassem de apelar para o menor denominador comum, que venham os gritos de raiva. Se ao menos as Bruxas iniciantes saíssem das redes sociais, e levassem a sério seu trabalho. Estou certa ou não?

Parece meio bobo quando escrevo assim, e deveria ser. Isso é muito melodramático e assustador. Ainda assim, essas são algumas das ansiedades mais comuns nas comunidades de Bruxaria. Muitas vezes, deixam os iniciantes se preocuparem que vão ler um livro cheio de desinformação e que isso vai atrapalhar seu progresso na Arte. Enquanto isso, líderes de Coven e professores de magia se preocupam em acabar com alunos que foram expostos a essa desinformação, e então terão de ajudá-los a "desaprender" algo. Pode ver, praticamente em todos os lugares há Bruxas em espaços públicos reclamando sobre o quão prejudicial o livro errado pode ser. Falamos sobre autores desviando pessoas, ou dos influenciadores de mídias sociais arruinando a próxima geração de profissionais, mas é hora de relaxar e colocar as coisas em perspectiva.

Quando cheguei à Arte, li livros que os praticantes mais experientes me diziam que iriam arruinar minhas experiências posteriores como Bruxa. Disseram-me que eu não estava falando sério, porque estava aprendendo com livros de Bruxaria voltados para jovens, e isso fazia a Arte parecer fácil e acessível (muitas pessoas parecem pensar que Bruxaria só é autêntica quando é difícil e dolorosa). "Isso não é magia séria", as pessoas me diziam. Li histórias on-line que mais tarde descobri que eram falsas e experimentei filosofias e sistemas mágicos que não eram muito eficazes. Conheci muitas pessoas ao longo dos anos que me deram conselhos que se revelaram errados ou inúteis. Eu também cometi uma tonelada de erros no que diz respeito ao meu comportamento público, em como interagi com meus anciãos e companheiros de busca e, mais tarde, em como dirigi um Coven e ensinei dentro da minha própria Tradição.

Tudo fazia parte de um processo. Aprender leva tempo, e não é simplesmente uma questão de ler os livros "corretos", obter o treinamento "real" ou conhecer as pessoas "certas". É um pacote misto, praticamente em qualquer lugar que você olhe.

O medo de que você (ou seus alunos) leia um livro problemático que vai dar trabalho mais tarde na maneira de "desaprender" pode parecer uma preocupação razoável, mas não é um lugar útil para morar. Você vai ler livros problemáticos? Sim, vai. Vai consumir uma mídia que no fim não vai servir para nada a longo prazo, ou que vai curtir na hora e depois questionar à medida que ganha mais experiência? Sim, você vai pensar que algum pedaço da história é 100% factual, e então novas pesquisas vão surgir e arrasarão totalmente sua visão de mundo. Aprenda a ficar animado quando isso acontecer e não a desanimar.

Quando eu estava na nona série, outro aluno da minha aula de química perguntou ao nosso professor como ele se sentiria se algum novo conhecimento científico surgisse que tornasse a tabela periódica dos elementos obsoleta. Meu professor de química – que era o melhor, por sinal – disse: "Isso seria incrível! Significaria que a humanidade estava progredindo. E não seria emocionante aprender algo novo?"

Foi exatamente assim que me senti quando me "formei" em livros iniciantes de Wicca e comecei a ler trabalhos acadêmicos sobre Bruxaria, Magia Cerimonial e sobre Teologia x Tealogia e Tradição Wicca. Todo mundo precisa começar de algum lugar, e o que parece "ruim" para você pode ser exatamente o que outra pessoa precisa para dar o próximo passo à frente. Isso significa que todo livro e posts de blog recebe um passe livre da crítica? Não, claro que não! Mas critique o conteúdo, não a pessoa que está consumindo sem outro ponto de referência. É perfeitamente possível ler algo questionável e não ficar "arruinado" por isso (e ler apenas livros realmente bons, a propósito, não é garantia de sabedoria ou caráter moral).

Se você está em posição de autoridade, consuma amplamente e divulgue os materiais que sente serem os mais precisos e úteis possível, e faça isso sem permitir que seu ego o leve a acreditar que já sabe tudo e não pode aprender com as vozes contemporâneas. Se você é um novato, leia com discernimento e aplique os mesmos tipos de testes que usaria ao avaliar outras fontes fora da comunidade de Bruxaria (sejam professores, cursos, páginas de mídia social ou livros). Você pode ser novo na Bruxaria, mas provavelmente não é novo em descobrir quando alguém tem uma agenda que não se alinha com a sua, quando é hora de procurar uma segunda opinião e quando um texto é inerentemente problemático (racista, sexista, transfóbico ou digno do lixo lá atrás). Use as habilidades que você já desenvolveu em outro lugar apenas por ser uma pessoa pensante no mundo.

A aprendizagem é um processo contínuo. Você não "desaprende" as coisas – você analisa por que elas foram significativas na época e o que deveria mudar, e então dá o próximo passo. Isso é tudo que qualquer um de nós pode fazer.

Mantendo tudo em perspectiva

Neste ponto, vale a pena nos lembrarmos de qual é realmente o propósito de todo esse estudo. Entendemos, é claro, que o conhecimento é valioso. Quanto mais você aprender e entender, mais flexível poderá ser em sua prática e mais ferramentas terá à sua disposição. Longe de mim dizer a alguém que eles não deveriam estar lendo ou tentando ativamente aprender novas habilidades, ou fazendo o que podem para entender melhor suas histórias e tradições. Há uma armadilha aqui, no entanto, e uma que é frequentemente negligenciada.

Costuma-se dizer que Bruxaria é um ofício. Em todos os lugares parece que vemos Bruxas admoestando os recém-chegados a "fazer o trabalho" ou elogiando líderes e professores de longa data por "terem feito o trabalho". Neste ponto deste livro, você deve ter uma ideia melhor do que "o trabalho" realmente envolve. Muito disso é emocional – interno e difícil de articular completamente. Muitas vezes, "o trabalho" é tomado em um sentido excessivamente literal, transformando sua prática pessoal de Bruxaria em algo mais parecido com um trabalho de escola. É enganosamente fácil se encontrar em um lugar onde você está tratando seus estudos como se eles fossem o ponto principal. A Arte torna-se um concurso (com você mesmo ou com a imaginação que se tem sobre outras Bruxas), relativo ao tempo que você pode gastar lendo, memorizando, montando um sofisticado Livro das Sombras ou Grimório, fazendo postagens de mídia social sobre o que você está aprendendo e talvez até blogando ou ensinando outras pessoas, on-line ou em um ambiente de Coven.

Culturalmente, há uma enorme pressão sobre cada um de nós para transformar o que amamos – nossas paixões, nossas espiritualidades, nossa arte – em algo que seja lucrativo ou contribua de alguma maneira mensurável para melhorar a sociedade ou a vida de outras pessoas. O capitalismo e a ética do trabalho protestante – quer sejamos capitalistas ou protestantes, quer não – sussurram no fundo de muitas sociedades, tão imperceptivelmente que esquecemos que eles estão lá, entrelaçados à cultura mais ampla, especialmente nos

Estados Unidos. Ambos nos levam a acreditar que devemos ser produtivos o tempo todo, que o trabalho é inerentemente valioso independentemente do que você está produzindo (desde que seja lucrativo, no caso do capitalismo), e a se sentir culpado quando você se encontra com muito dinheiro ou tempo livre em suas mãos. Como seriam nossas comunidades se disséssemos uns aos outros que a Bruxaria é alegria em vez de trabalho? E se parássemos de confiar na perspectiva capacitista de que toda Bruxa precisa ser uma estudiosa, ou mesmo uma leitora?

Avançar na prática espiritual de alguém é admirável. Muitos sistemas mágicos têm currículos extensos, incluindo listas de leitura e exames aceitos. Estes têm o seu lugar e chamam a muitos. Mas a Bruxaria como um todo se preocupa em grande parte com a aplicação prática, com um forte foco em melhorar as circunstâncias do praticante e construir conexões úteis e profundas com o mundo ao nosso redor. Muito do seu desenvolvimento será intangível, refletido em perspectivas alteradas, entendimentos mais profundos e mais controle sobre seu poder pessoal. Nenhuma dessas coisas se correlaciona nitidamente com quantos livros você pode ler em um ano ou com o quanto você pode fazer anotações. É necessário ter tempo para integrar o que aprendemos e colocá-lo em prática. Isso às vezes significa um tempo longe do estudo.

"Um campo precisa ficar em pouso às vezes para se reabastecer e sustentar a próxima estação de crescimento", meu amigo Frater A, disse-me isso em uma tarde, durante o café. Frater A é um mágico Thelemita, acostumado a longas listas de leitura e check-ins regulares com mentores. Estávamos conversando sobre nossas próprias experiências, sentindo-nos sobrecarregados com o quanto há para aprender em nossas respectivas Tradições. Normalmente, ler e escrever sobre a Arte me deixa empolgada, mas ultimamente eu estava passando por um esgotamento. O que Frater A disse realmente me impressionou, e agora, quando me sento para estudar, lembro-me de por que comecei a praticar e como isso está ou não alinhado com esses objetivos finais: conexão, amor, um toque algo maior do que eu, construindo significado, melhorando minha própria vida e ajudando aqueles ao meu redor.

Então estude. Leia. Assista a vídeos e ouça podcasts. Compartilhe postagens de informações nas mídias sociais. Aprenda. Mas mantenha seu propósito final em mente e permita-se aproveitar os períodos passados em repouso, processando e integrando o que está aprendendo em uma prática que realmente lhe serve. Não há teste no final e não há como ler tudo e saber tudo. Resista à tentação de se comparar com o progresso de outra Bruxa. E se você se sentir culpada por não progredir intelectualmente no ritmo que acha que deveria, questione a fonte dessa expectativa. Está realmente vindo de você e de suas próprias necessidades, ou é a voz de uma cultura mais ampla com uma agenda diferente em mente? Aprenda a estudar bem e tenha prazer em aprender, mas equilibre isso com a prática e lembre-se repetidamente do porquê você veio aqui, para começar.

• EXERCÍCIO •
Habilidades de Estudo

Sempre vale a pena pegar algumas estratégias de aprendizado adicionais, não importa onde você esteja em sua prática. Para iniciantes, isso pode significar como avaliar um livro quando não se tem a certeza do que é confiável, ou talvez como maximizar o potencial de aprendizado de seu feed de mídia social. Para as Bruxas mais experientes, a ordem do dia pode ser despertar o interesse em algum novo aspecto da feitiçaria, ou aprender a se dar uma folga e apenas aproveitar o quanto você já sabe.

Ar

É importante ler amplamente, mas como você sabe se um livro realmente vale o seu tempo? Só porque algo está impresso não significa que seja uma verdade absoluta ou que devemos confiar implicitamente no autor. Por esse motivo, é uma boa ideia aprender a avaliar seu material de leitura. O exercício seguinte foi feito com estudantes do ensino médio e universitários para construir o discernimento. Ele foi projetado para livros, mas pode ser aplicado igualmente bem a sites e cursos on-line. Eventualmente, você poderá fazer isso rapidamente para grande parte do que lê. Para esta primeira vez, porém, não se apresse e tente responder a cada pergunta completamente.

Comece escolhendo um livro de seu interesse. Pode ser um que já tenha começado ou um que esteja na sua estante há algum tempo. Dê uma olhada ou leia o quanto for necessário para responder o seguinte:

1. Quem é o autor? Ele faz parte de uma Tradição específica? Ele afirma ter algum grau notável, Iniciação ou credenciais de treinamento que os qualifique de maneira única para falar sobre o assunto?
2. Quando isso foi escrito? Que eventos ou perspectivas significativas da época podem ter influenciado o escritor?
3. Quem publicou? Que outros tipos de obras eles publicam?
4. Que argumentos centrais o autor apresenta? Que pontos eles estão tentando levar para casa aos leitores?
5. Que povos ou grupos estão incluídos no livro? Quem está excluído?
6. O autor usa notas de rodapé, notas no fim do livro ou algum outro estilo de citação? Que tipos de fontes eles citam?
7. Existe um prefácio ou comentários de outros escritores endossando sua obra? Quais?

Observe que não lhe pedi para ler resenhas de livros ou outros tipos de comentários secundários sobre o livro. Você pode precisar visitar o site de um autor ou editora para responder às perguntas um, três e sete, mas em geral deve ter uma ideia sobre tudo isso a partir do próprio livro. É ótimo ter perspectivas externas sobre os livros, mas é mais importante que você aprenda a avaliar as coisas por si mesmo. Nenhuma dessas perguntas deve ser pensada como um fator decisivo, mas elas lhe darão uma noção de onde o livro vem, quais agendas podem estar em ação e quantos grãos de sal você deve comer para lê-lo. Todos os livros têm suas falhas, mas da mesma forma, muitos ainda têm algo a ensinar, mesmo que seja o que não fazer. Um livro pode ser historicamente impreciso, mas pode conter belos rituais ou profundas interpretações teológicas. Sua marca pessoal de Bruxaria pode ser excluída, mas talvez outras sejam detalhadas como em nenhum outro lugar. Você vai aprender mais quando parar de procurar o livro perfeito e único e ler mais amplamente quando parar de confiar em outras pessoas para orientação sobre o que é bom ou não.

Fogo

Os livros, é claro, não são a única maneira de as pessoas aprenderem sobre a magia. Eles podem nem ser mais o principal meio como a maioria de nós aprende muito do que sabemos, já que a internet e as mídias sociais se tornaram onipresentes. Na verdade, muitos professores e escritores proeminentes e influentes não estão produzindo livros. Eles compartilham informações por meio de suas plataformas on-line, às vezes gratuitamente, para direcionar tráfego para cursos pagos, também on-line, ou serviços espirituais, como adivinhação ou orientação individual. Isso deixa alguns puristas amantes de livros um pouco melindrosos – admito, eu também, de vez em quando – mas no geral, isso é uma boa notícia para todos nós, porque significa que, com um telefone e uma conexão Wi-Fi, muito do conhecimento do mundo é agora disponível instantaneamente e em grande parte gratuitamente. A magia está mais acessível e com maior variedade a mais pessoas do que nunca. Você está aproveitando ao máximo esses recursos?

Alguns de nós evitam as mídias sociais, porque estamos preocupados em consumir informações questionáveis. Muitos de nós fomos ensinados que os livros são sempre melhores (ou o ensino presencial é sempre melhor). Muitas vezes ouvimos que a mídia social é tóxica e superficial. Certamente isso se torna verdade se olharmos apenas para o pior da internet e se não exercitarmos esses poderes de discernimento regularmente. A maioria das habilidades que usamos para avaliar livros pode ser aplicada a blogs, sites e postagens de mídia social, portanto, certifique-se de usá-los bem. Quando o fazemos, descobrimos que esse canal nos apresenta uma oportunidade extraordinária de aprendermos, de nos inspirarmos e de nos conectarmos. Para este exercício rápido e fácil, vamos aprimorar sua experiência na Internet.

Comece explorando suas contas de mídia social. Talvez você tenha apenas uma ou duas, sob seu nome legal. Talvez tenha criado uma conta exclusiva para suas atividades Bruxas. Ou talvez seja como eu e esteja basicamente em todos os lugares. Como cada uma dessas plataformas faz você se sentir? Para começar, para que sua conta foi criada? Para se conectar com a família? Para encontrar outros como você? Para curtir memes engraçados? As plataformas de mídias sociais não fazem todas essas coisas igualmente bem, então, pense qual você pode explorar melhor para seus propósitos mágicos (ou considere configurar uma conta em uma nova plataforma). Você pode querer criar uma conta separada e privada se não quiser que a tia Tilly saiba que você é uma Bruxa (ou não – a tia Tilly pode gostar disso).

Primeiro, procure as principais contas de magia na plataforma. Quem são eles? Quem eles recomendam? Quem os segue? Esteja ciente de que a maioria das contas de mídias sociais se enquadra em duas categorias fundamentais: contas de informações administradas por alguém que se diz professor ou outro tipo de educador e contas pessoais detalhando os pensamentos e experiências de um único profissional. As contas mais informativas costumam ser uma mistura de ambos. Lembre-se, há muito a ser aprendido olhando para alguns trabalhos apenas compartilhando seus caminhos pessoais, então, não negligencie isso somente porque esses usuários não estão se autointitulando como especialistas (e use suas habilidades de discernimento para observar que nem todos "especialistas" são credíveis).

Siga as grandes contas, mas saia do seu caminho para encontrar usuários menos populares e segui-los também. Se você estiver interessado em uma Tradição específica, siga os membros dessa Tradição (use suas habilidades de *hashtag* e seja criativo). Percorra a lista de seguidores e descubra quem eles seguem, se essa informação for pública. Preencha seu *feed* com Bruxaria, mas faça isso de forma crítica.

Com o passar dos dias, observe quais contas são as mais inspiradoras e quais levam a mais recursos (recomendações de livros, outras contas para conferir, dicas e truques que atraem você e parecem ser apoiados por outros profissionais). Deixe de seguir aqueles que não melhoram seu *feed*. Não cometa o erro de seguir apenas contas que se parecem com você ou refletem seus interesses exatos. Adicione praticantes de uma variedade de Tradições, mesmo aquelas com as quais você não tem a certeza de que concorda. Adicione pessoas que o desafiem a pensar mais profundamente ou que desafiem suas suposições. Certifique-se de estar seguindo pessoas de todas as etnias. Espaços de magia tendem a ser dominados por mulheres brancas; certifique-se de estar procurando praticantes negras, asiáticas, hispânicas. Adicione vozes *Queer* e não binárias ao seu *feed* também. E para quem mora nos Estados Unidos da América, faça o possível para adicionar Bruxas de outros países – você ficaria surpresa com o quão diferente a mesma Tradição parece quando se tem um oceano no meio (sou Gardneriana – posso afirmar isso!).

Com todo o tempo que costumamos passar em nossos telefones, verifique se o seu está funcionando a seu favor. Torne-o mágico!

Água

A água é sobre ir mais fundo e, amiga, sua prática não vai se aprofundar ficando enterrada em livros ou somente ficando on-line. As pessoas que se encontram neste estágio tendem a procurar projetos, tarefas orientadas à pesquisa e apenas textos mágicos mais obscuros e complicados que podem usar para se distrair ainda mais da realidade de que simplesmente não estão colocando muito desse estudo em prática. Conhecimento pelo conhecimento é uma coisa linda, com certeza, mas se seu objetivo é levar as coisas para o próximo nível como uma Bruxa e você descobriu que seu impulso é apenas continuar lendo, inscrevendo-se em cursos por correspondência ou coletando materiais mágicos produzidos por outras pessoas on-line, então é hora de romper esse padrão. Você sabe quem você é.

Sua tarefa é tirar uma licença sabática do estudo. Sério. Defina um período de tempo para si mesmo de pelo menos um mês e abstenha-se de suas estantes mágicas. Escolha algo que sempre quis experimentar e faça, ou concentre-se em construir uma rotina com sua prática pessoal. Quando se envolver com o texto, deixe-o na forma de suas próprias notas e reflexões rituais. Saia desses fóruns de discussão, que estão cheios de outras pessoas que também não estão praticando tanto quanto estão falando. Em vez disso, converse com seus próprios deuses, espíritos e guias pessoais. Os livros e a internet estarão lá quando você voltar, e você terá uma apreciação mais profunda por eles.

Terra

Um dos maiores desafios para líderes de Covens, professores e outros tipos de líderes comunitários é não ser vítima de nossos próprios egos. Em algum momento, todo livro começa a parecer uma regurgitação da mesma informação, toda aula e *workshop* começa a parecer a mesma coisa, e então desenvolvemos respostas prontas para os buscadores e alunos que nos procuram em busca de ajuda. Quando nos permitimos ficar estacionado nesse estado por muito tempo, é fácil chegar à conclusão de que já sabemos tudo. A partir daí, é apenas um pulo para perder um passado idealizado e desperdiçado (quando todos faziam o trabalho, dedicavam tempo, levavam as coisas a sério e sabiam o motivo) e lamentando a próxima geração de Bruxas por suas várias falhas.

Não se trata de idade cronológica – trata-se de tempo na Arte. Estou aqui há pouco mais de duas décadas e me vi fazendo isso também. Para mim, esse passado idealizado está localizado antes das mídias sociais, quando as pessoas tinham que ler livros e fazer suas próprias pesquisas (que droga). Para a geração anterior a minha, era quando as publicações eram mais exclusivas e mais pessoas trabalhavam em Covens, diretamente com os professores. E assim por diante.

Um dos sintomas desse tipo de pensamento é que nos recusamos a recomendar ou indicar livros que foram publicados após nossa própria formação. Nada supera os clássicos, certo? Quando os buscadores e outros tipos de recém-chegados lutam com esses livros (ou se opõem à sua linguagem datada, seu tratamento de sexo, gênero, raça ou outras preocupações sociais), deixamos que a culpa recaia sobre o buscador. Nós conseguimos – por que eles não conseguem?

Não me entenda mal – existem textos por aí que acredito que Bruxas de todos os tipos deveriam absolutamente conhecer, apesar de sua idade. Só porque as pessoas escrevem coisas novas não significa que devemos descartar o antigo. Mas ignorar as tendências atuais, a literatura atual e as preocupações atuais não é apenas um desserviço aos estudantes e buscadores; também nos enganamos como Bruxas com práticas ativas.

Escolha um livro para iniciantes que tenha sido escrito nos últimos cinco anos e trabalhe nele com a mente de um iniciante. Isso significa fazer todos os exercícios que ele contém também. Pode ser em qualquer tipo de magia que você goste, mas tente escolher uma que esteja circulando bastante nas redes sociais e que pareça ser frequentemente recomendada aos novatos hoje em dia. Escolha um livro de um autor que você ainda não conheça e talvez um que começou a publicar recentemente! Quando encontrar coisas que não gosta ou não concorda, reflita sobre o porquê, sendo o mais específica possível. Registre suas reações e observe quando encontrar coisas que possam ser benéficas para seus próprios alunos ou até mesmo para você. Eu aprendo muito lendo livros para iniciantes, especialmente porque esses autores agora tendem a ser mais jovens do que eu e têm origens diferentes. Isso mantém meu ego sob controle e me ajuda a entender melhor algumas das tendências que noto na comunidade mais ampla. Confesso que às vezes me sinto um pouco ameaçada, quando coisas que considero essenciais não são incluídas ou quando sinto que minha própria Tradição está sendo mal compreendida. Mas examinar a parte de mim que se sente ameaçada quase sempre leva a novos *insights* sobre mim mesmo.

A Bruxaria está viva. Ela se move com as pessoas que a praticam, e às vezes os *insights* mais marcantes vêm de pessoas que são muito diferentes de nós mesmos. É possível se envolver com eles sem ser desleal às suas próprias Tradições – isso pode até lhe dar maior convicção. Na melhor das hipóteses, você aprende algo novo. Na pior das hipóteses, você se sente ainda mais forte sobre sua Arte pessoal. Você não pode perder.

Capítulo Sete

Comunidade

Um dos primeiros feitiços que fiz foi uma magia de petição que eu esperava que me ajudasse a encontrar outras Bruxas. Era um feitiço bem elaborado para uma Bruxa adolescente recém-formada. Gravei meu nome em uma vela especialmente ungida, escrevi uma descrição detalhada do meu pedido e até fiz um desenho meu, cercada de amigos. Eu ainda tenho a foto, escondida no meu primeiro Livro das Sombras. Lá estou eu, lendo um livro, sentada ao lado de duas outras garotas imaginárias fazendo o mesmo. As capas dizem Wicca e Magia, e nós parecemos alegremente imersas em nossos estudos. Eu não estava procurando por um Coven naquele momento – apenas um grupo de amigos com quem pudesse compartilhar e aprender. Em retrospecto, uma das razões pelas quais meu feitiço não funcionou provavelmente foi porque eu fui muito específica sobre isso. Eu deveria ter deixado as coisas um pouco mais abertas – meu desenho foi o fator limitante, detalhando a cor do cabelo e dos olhos e provavelmente afetando a probabilidade de obter os resultados que eu queria. Lição aprendida! Mas olhando para trás agora, eu estava expressando sinceramente uma necessidade que, para a maioria de nós, é uma das mais básicas.

Como você sabe, a Bruxaria é um caminho que, em sua essência, exige que percorremos sozinhos. Você terá experiências divinas e mágicas que o moverão de maneira profundamente pessoal e serão impossíveis de explicar aos outros, mesmo aos mais próximos a você. E lutará com suas próprias sombras, conhecerá seus próprios espíritos, guardiões e deuses. Sua Vontade é sua, não se engane, mas isso não significa que todos os seus esforços mágicos devam ser realizados sem amigos, professores, colegas e familiares. Apenas em virtude de sermos humanos, somos todos parte de uma teia interconectada. Até certo ponto, precisamos de outros para conforto, apoio e orientação, e também para nos desafiar e evitar que fiquemos estagnados. Fazer parte de uma comunidade de Bruxaria pode ser fundamental para aprofundar sua prática da Arte. Além disso, também é muito divertido, desde que a comunidade seja saudável e alinhada com seus objetivos pessoais.

Neste capítulo, consideraremos a interação entre praticar como uma Bruxa solitária e participar da comunidade, que é muito mais complexa do que os livros para iniciantes fazem parecer. Também discutiremos os muitos tipos de comunidades que estão disponíveis agora, de Covens formais a plataformas de internet soltas, cada uma com suas vantagens e desvantagens. Os recém-chegados, assim como os relutantes, serão encorajados a chegar lá e fazer contato, bem como serão preparados para lidar com o que espera, bom e ruim. Para Bruxas mais experientes e, ouso dizer, rabugentas, reavaliaremos o papel que a comunidade desempenha em nossa prática e esperamos encontrar novas maneiras de nos envolver, tanto como líderes quanto como participantes casuais.

Um ou Outro

Não importa o quanto tentemos afastá-los, as Bruxas parecem ter tudo a ver com o dualismo e as dicotomias. Quantas vezes você foi perguntado se é uma Bruxa solitária ou se faz parte de um Coven? Se você é introvertida ou extrovertida? Uma pessoa caseira ou uma "borboleta social"[39]? Essas distinções quase nunca são o quadro completo e, na maioria das vezes, nem são muito úteis. A maioria de nós é os dois, ou está em algum lugar no meio, ou somos de um jeito quando somos jovens, mas diferentes quando somos mais velhos, dependendo do dia da semana. Como Bruxas – especialmente como novas Bruxas –, muitas vezes somos levadas a acreditar que precisamos decidir imediatamente que tipo de posição, se houver, queremos manter no mundo mais amplo da Arte. Você vai praticar sozinha ou vai procurar um Coven?

Há duas coisas erradas com esta pergunta. Primeiro, as Bruxas em Covens também praticam sozinhas. Elas não gastam a maioria dos seus dias com seus clãs. Afinal, se você está esperando ao invés de estar fazendo magia, construindo relacionamentos com seus deuses e espíritos, ou investigando suas próprias profundezas em busca da verdade e poder pessoal, então você está perdendo seriamente seu tempo. Uma prática solitária é essencial, não importa sua Tradição. Em segundo lugar, e mais importante, existem muitos outros tipos de comunidades de Bruxas nas quais você pode se envolver! Covens são apenas um tipo. Eles tendem a ser pequenos, íntimos e estruturados de alguma forma. Na Wicca tradicional e em alguns outros tipos de feitiçaria de linhagem, os Covens geralmente são hierárquicos e exclusivos. São poucos os Covens ecléticos, mas mesmo estes tendem a ser unidos e têm algum tipo de processo de triagem para membros em potencial. Se a vida dentro de um Coven não agrada a você (e definitivamente não é para todos), tudo bem! Isso não significa que você está condenada a nunca ter experiências comunitárias frutíferas. Todos nós precisamos abandonar a mentalidade de que é um ou outro.

39. Expressão que define uma pessoa como sendo extremamente amigável, que faz amizade fácil e que é popular entre vários grupos de amigos. (N. T.)

Por que Comunidade?

A maioria das razões para se envolver com outras Bruxas são bastante óbvias: amigos, diversão, apoio e tudo mais. Viver como uma Bruxa pode fazer você se sentir totalmente sozinha e incompreendida, e não da maneira mística da Bruxa na floresta. Além de evitar a sensação ruim de ficar presa entre pessoas que não vão entender bem você, é extremamente benéfico ter outras pessoas que se possa alcançar, que vivem e pensam da mesma maneira e que podem validar seus sentimentos e experiências. Mas existem várias razões menos óbvias para participar de algum tipo de comunidade, algumas das quais têm tanto a ver com seu desenvolvimento mágico quanto com sua vida social.

Em ambientes de grupos íntimos e orientados ao treinamento, como aqueles encontrados na Wicca tradicional e outros estilos de Bruxaria iniciática, os membros têm a oportunidade de compartilhar suas experiências mágicas e receber feedback, seja na forma de crítica construtiva ou validação. Outros tipos de comunidades menos exclusivas também podem fornecer isso. Contanto que você se sinta à vontade para compartilhar – seja com uma comunidade on-line ou um encontro pessoal casual – outras Bruxas geralmente são rápidas em oferecer suas próprias opiniões sobre o que você está fazendo. Isso pode incluir qualquer coisa, desde pensamentos sobre por que seu feitiço não funcionou, até outras técnicas rituais que você pode tentar, ou ainda se as experiências que estiver tendo com uma divindade em particular são típicas ou talvez indicativas de outra coisa. Outros profissionais também indicarão recursos – livros, sites, eventos e muito mais – que talvez nunca encontre por conta própria. Mesmo quando muitos estão referenciando os mesmos textos e ideias, você acaba por descobrir que todos têm uma visão ligeiramente diferente do assunto e até mesmo uma discussão casual trará à luz perspectivas que nunca lhe ocorreram. Se você abordar uma situação social com a mente de principiante que discutimos no capítulo 6, vai descobrir que, mesmo sendo a pessoa mais experiente da sala, ainda haverá coisas a aprender. Claro, você pode realizar algumas das mesmas coisas lendo amplamente, mas ouvir outras Bruxas em discussão geralmente é mais rápido e mais provável de produzir surpresas e novas trilhas a seguir. Além disso, os livros não podem oferecer feedback sobre suas circunstâncias específicas.

Participar da comunidade também mantém sua magia no mundo. Muito da magia ritual é atravessar outros reinos, sair do corpo físico e entrar em contato com entidades não humanas. As pessoas que vivem nesses espaços sobrenaturais às vezes têm dificuldade em funcionar no resto de suas vidas. Isso pode ou não importar, de acordo com sua vontade e aspirações pessoais, mas se você for como a maioria das pessoas, então você tem aluguel a pagar, pessoas contam com sua presença e objetivos e tarefas mundanas exigem sua constante atenção. Mesmo que você não esteja preocupada em flutuar em algum plano astral, por assim dizer, é fácil perder o equilíbrio. Algumas pessoas acabam ficando hiperfocadas em transformar absolutamente tudo em algo de significado mágico sem nenhum discernimento. Isso pode parecer como ver presságios onde não há nenhum, forçar-se a ficar em ambientes tóxicos, porque você acha que deveria aprender alguma lição cármica ou desenvolver a arrogância de pensar que os deuses estão falando toda vez que você tem algum pensamento impulsivo, apenas para listar algumas ocorrências não incomuns. Por outro lado, algumas pessoas se permitem ser tão consumidas pelo estresse da vida diária que perdem totalmente o contato com a Arte. Já outras pessoas podem ajudar a navegar nesse ato de equilíbrio. Mesmo que você opte por não compartilhar os detalhes íntimos do seu dia a dia, apenas observar como outros praticantes integram a Arte em suas vidas lhe dará consolo, inspiração e encorajamento.

Outras Bruxas também irão inevitavelmente desafiá-la, querendo ou não. Por mais que desejemos evitar o conflito, ele acaba nos encontrando. Às vezes, ficar desconfortável – porque alguém desafia nossas suposições, ofende nossas sensibilidades ou questiona nossas escolhas – é exatamente o que dá início a uma nova etapa em nossa prática. Quanto mais você puder se expor a outras vozes, especialmente aquelas marginalizadas que muitas vezes não chegam aos livros e não são amplamente divulgadas, mais robusta será sua Bruxaria. Há coisas que aprendemos ao passar nosso tempo com outras pessoas que não podemos aprender sozinhos, ou pelo menos não podemos aprender tão facilmente.

Para professores e líderes de grupo, também é importante ter uma noção do que está acontecendo na comunidade mais ampla, seja local, seja on-line, seja de outra forma. É fácil ficar confortável em nossos próprios Covens, nossas próprias Tradições e nossas próprias redes e perder as mudanças que estão ocorrendo em nossos movimentos como um todo. Cuidado ao viver em uma câmara de eco. Se seu objetivo é preservar suas Tradições e passá-las para as novas gerações, você precisa saber quem são essas novas gerações, como elas falam e pensam e o que elas valorizam, não porque você necessariamente precisa atendê-las ou mudar para atraí-las, mas assim você poderá se comunicar com elas e fazer escolhas ponderadas em resposta à mudança. É praticamente impossível alcançar as pessoas – ensinar, servir – se não tentar primeiro conhecê-las. Isso não significa que você precisa mergulhar em comunidades públicas; pode ser tão simples quanto ingressar em uma nova plataforma de mídia social.

Em última análise, participar da comunidade cria mais oportunidades de aprendizado do que manter-se inteiramente fechados em nós mesmos. Muitas grandes ideias nunca chegam a livros ou blogs, porque não são consideradas comercializáveis ou palatáveis o suficiente, ou simplesmente porque as pessoas que as têm não são escritores ou figuras públicas conhecidas. Outras Bruxas podem levar nossas práticas adiante mais rápido. Isso não significa que você tenha que abrir mão de sua autonomia ou se voluntariar para começar a sediar o Dia do Orgulho Pagão em seu quintal. Você pode simplesmente participar de um encontro local casual uma vez por mês ou começar a participar de um novo grupo ou fórum on-line onde as pessoas compartilham suas experiências, participando ou não diretamente. A comunidade pode estar tão envolvida quanto você quiser, mas vale a pena sair por aí de uma forma ou de outra.

Dando os primeiros passos

Onde e como você procura a comunidade dependerá de seus objetivos e desejos específicos (sobre os quais você será solicitado a refletir em um dos exercícios no final deste capítulo!). Se você está procurando algo casual e anônimo, pode ser apenas uma questão de seguir as principais *hashtags* em sua plataforma de mídia social favorita (e toda plataforma de mídia social tem Bruxas, mesmo que você precise cavar um pouco para o tipo que você está procurando). À medida que se sentir confortável, você pode começar a fazer suas próprias postagens com essas *tags*, curtindo ou comentando as postagens de outras pessoas e permitindo que esses relacionamentos se desenvolvam ao longo do tempo. Lembro-me da primeira vez que tive acesso à internet, ainda criança, e me disseram para ser cautelosa on-line, porque as pessoas mentiriam sobre suas identidades. Durante anos, muitas pessoas insistiam que as amizades on-line não eram tão significativas quanto as presenciais, e coisas como namoro e religião on-line eram grandes piadas – o reino das pessoas socialmente desajeitadas demais para a vida real. Agora sabemos melhor. A internet faz parte da vida diária de muitos de nós e pode ser seu melhor recurso para conhecer outras Bruxas, especialmente se você estiver um pouco isolada. Alguns dos meus amigos Pagãos e Bruxos mais antigos são pessoas que conheci no YouTube. Nós nos encontramos em outras plataformas à medida que novas vão e vêm, e compartilhamos nossas vidas ao longo dos anos. Alguns eu pude conhecer presencialmente, mas outros nunca. Esses relacionamentos não são menos reais ou importantes porque foram forjados on-line. E ainda, após a pandemia do Covid-19, mais comunidades estão on-line, mesmo onde as pessoas achavam que isso não seria possível. Festivais, conferências, rituais, workshops e performances podem acontecer através da internet, e a qualidade deles certamente vai melhorar com o tempo.

Este é um ótimo lugar para começar se você está entrando no mundo das Bruxas pela primeira vez ou apenas procurando explorar algo além do que você já tem. Você vai descobrir que cada plataforma atrai um grupo demográfico ligeiramente diferente e tem seu próprio caráter, expectativas, jargão e tabus. Comece com o que é mais familiar ou mais atraente. Se você deseja proteger sua privacidade, considere criar uma conta separada. Então mergulhe e explore!

As comunidades presenciais podem ser mais difíceis de encontrar, mas fica mais fácil a cada ano, tanto que mais e mais pessoas começam a explorar caminhos mágicos e se sentem à vontade para fazê-lo com relativa abertura. Aqui, também, você provavelmente vai começar on-line. Use a mídia social ou um mecanismo de pesquisa para pesquisar "Bruxaria", "Paganismo" ou "Ocultismo", mais o nome da cidade grande mais próxima de você, seu estado ou até mesmo seu país, dependendo do tamanho e da viabilidade da viagem. Comece de maneira restrita e depois amplie. Você pode estar procurando especificamente por Bruxas tradicionais, e tudo o que vai encontrar provavelmente são grupos Wiccanos, encontros Pagãos ou eventos sociais para praticantes da Nova Era, investigadores paranormais ou leitores de tarô. Isso não significa que você não encontrará Bruxas tradicionais nesses espaços – significa apenas que os organizadores não as estão destacando. Eu não posso afirmar isso o suficiente: *vá de qualquer maneira*. Mesmo que não seja bem a sua área. A maioria das cidades não tem um número infinito de opções, então as pessoas com inclinações mágicas tendem a se reunir onde podem, mesmo que suas práticas sejam muito diferentes. Se você vasculhar e encontrar apenas uma igreja unitária universalista oferecendo clínicas de meditação nos finais de semana ou uma loja de alimentos naturais oferecendo aulas de fitoterapia, *vá*. Pode ser um fracasso, mas você também pode encontrar outras Bruxas – talvez até algumas como você – fazendo a mesma coisa, apenas esperando que alguém como você apareça. Há muitos cruzamentos de Bruxaria nas comunidades da Nova Era e de Tarô, nas comunidades *geek* e de fã-clubes, comunidades paranormais, comunidades *kinks*, comunidades históricas de artes marciais europeias e comunidades ambientalistas, feministas e veganas/vegetarianas. Trate isso como uma caça ao tesouro e vá encontrar seu povo!

Quando você estiver pronta para fazer contato, seja on-line ou na vida real, as regras de outros tipos de engajamento social ainda continuarão se aplicando. Você vai querer usar boas maneiras e ser amigável, mantendo bons limites e sua segurança pessoal em mente, assim como faria sempre que conhecesse qualquer estranho. É tentador pensar que as comunidades de Bruxas e Pagãos serão inerentemente mais seguras e mais receptivas, mas temo que isso nem sempre seja verdade. Pessoas são pessoas, não importa suas convicções espirituais ou mágicas, e temos predadores e rastejantes como qualquer outra comunidade. Portanto, use seu bom senso aqui.

Se você está ansiosa por ser estranha ou dizer ou fazer algo um tanto quanto alienante, não há problema em apenas sentar e ouvir as conversas de outras pessoas. Você pode ou não fazer muitos amigos na primeira vez em que for a um evento público ou a um encontro, então não há problema em facilitar. Apenas lembre-se de ser honesta e ser você mesma! Às vezes, os recém-chegados sentem que precisam mostrar toneladas de conhecimento ou experiência para serem bem-vindos, mas esse não é o caso. Na verdade, eu recomendo não falar sobre suas credenciais – caso tenha alguma – mesmo que seja uma linhagem, iniciação, papéis de liderança anteriores ou habilidades e proficiências mágicas incomuns. Compartilhar demais ou parecer um "barco das ilusões" ou um "sabe-tudo" – mesmo que você não esteja exagerando nem um pouco (embora, sejamos sinceros, você provavelmente está) – é menos provável de impressionar e mais provável de fazer os outros se sentirem pouco inclinados a dividir com você.

Acima de tudo, não desista! É necessário ter pelo menos algumas experiências não tão incríveis em uma comunidade mais ampla. Assim como nos relacionamentos românticos, a maioria de nós beija alguns "sapos" ao longo do caminho para encontrar nossos melhores parceiros. Você vai conhecer pessoas que esfregam na sua cara o caminho errado. Vai participar de conversas e rituais que vão entediá-la até às lágrimas. Participará de eventos procurando por mentes semelhantes e simplesmente não haverá nenhuma. Mesmo assim, continue! Permita-se às possibilidade e cada vez mais será surpreendida. Vale a pena!

Sinais de aviso

É tentador pensar que as comunidades de Bruxaria seriam imunes a alguns dos problemas que ocorrem em espaços mundanos, mas esteja ciente de que não é bem assim. Todas as precauções de segurança de bom senso que você usa em outras partes de sua vida social também se aplicam aqui. Às vezes, pode ser um pouco mais complicado, especialmente para os recém-chegados, porque há questões de etiqueta mágica e outras armadilhas específicas da comunidade que pode nunca ter encontrado antes. Você já deve saber uma coisa ou duas sobre como evitar problemas em um bar ou em uma festa, ou como reconhecer uma situação incompleta no trabalho ou na escola ou uma perspectiva romântica ruim, mas e um clã doentio ou um professor de magia abusivo? Como você pode identificar sinais de alerta antes de se aprofundar muito em um grupo que pode ser prejudicial à sua prática?

Muitos dos mesmos avisos que você pode usar em outros relacionamentos potenciais se aplicam aqui. Eles são gentis? Falam somente de si mesmos? Fazem avanços sexuais indesejados? Seu instinto lhe diz para correr? Além das perguntas padrão que você pode se fazer, aqui estão mais alguns indicadores de que você pode ter problemas no futuro dentro da Arte:

1. Eles não são sinceros sobre sua Tradição, suas credenciais, suas afiliações, ou suas estruturas de grupo

Muitos grupos são secretos, especialmente grupos de iniciação, mas qualquer Coven ou professor em potencial deve ser transparente sobre quem eles são e o que estão qualificados para oferecer. A triste verdade é que às vezes as pessoas mentem sobre seu próprio treinamento para convencer os outros de que são autoridades. Se alguém lhe disser que não divulgará sua Tradição, a identidade de seus próprios professores, a fonte de seu treinamento ou como o grupo funciona até que você faça um juramento, procure outro lugar. O funcionamento interno do meu Coven pessoal e o conteúdo do nosso Livro das Sombras são juramentados, mas o fato de sermos Gardnerianos não. Um aluno em potencial pode usar essas informações para avaliar meu grupo localmente, perguntar a outros Gardnerianos que possam encontrar se podem atestar por nós (existem grupos de mídia social projetados exatamente para isso) e, em seguida, fazer uma escolha informada. Esse é um comportamento perfeitamente esperado e respeitável. Há uma enorme diferença entre proteger a privacidade de um grupo e enganar ou iludir propositalmente um candidato. Se um professor em potencial não fornecer informações básicas que você possa verificar, isso é uma grande bandeira vermelha.

2. Eles produzem muito lixo falando sobre outros grupos, Tradições ou indivíduos

Todo mundo tem dias ruins, e nem todo mundo tem que gostar de todos, mas se você achar que a pessoa com quem está passando seu tempo não consegue se dar bem com mais ninguém na comunidade, só tem coisas ruins a dizer sobre outras Bruxas e gasta muito tempo fofocando sobre outros grupos, aproxime-se com cautela. Isso geralmente aponta para uma bagagem emocional pesada, uma falha em resolver problemas pessoais enraizados no passado e uma falta de foco em seu próprio desenvolvimento espiritual. Por que insistir em outras pessoas quando você poderia estar fazendo sua magia?

3. Eles humilham, xingam, ameaçam ou gritam para controlar o comportamento de outras pessoas

Nenhuma dessas coisas é aceitável, nunca. Nem em relacionamentos românticos, nem no trabalho, nem se dirigido às crianças, nem em grupos mágicos. Não tolere isso de ninguém, não importa o quão autoritário eles pareçam, o quanto as outras pessoas parecem gostar daquilo, ou o quão legal eles foram com você ontem. Fico tão horrorizada com isso, que sinto a necessidade de incluir este assunto, mas já vi mais de um rabugento – qualquer que seja – gritar com seu aluno ou recorrer a xingamentos quando zangado. Saia imediatamente e faça isso na primeira vez que acontecer. As desculpas não têm sentido quando nenhuma medida foi tomada para lidar com o mau comportamento da pessoa que o cometeu. Confie em mim.

4. Eles parecem ansiosos demais para compartilhar conhecimento íntimo e não respeitam seus limites

Trazer alguém para qualquer tipo de grupo mágico é um grande passo para todos os envolvidos, então a maioria dos líderes devem ir devagar. Você provavelmente será solicitado a responder a um questionário inicial, sair casualmente em um ambiente público por um período de tempo e receber aceitação e materiais sensíveis muito gradualmente. Alguns grupos são mais cautelosos do que outros – e um grupo totalmente aberto pode achar que tem pouco a perder, incluindo você, imediatamente –, mas geralmente, tome isso como um aviso se as coisas parecerem que estão indo rápido demais e você se sentir desconfortável com isso. Seja especialmente cautelosa se você estiver sendo empurrada para situações delicadas, como rituais "vestida de céu", experiências iniciáticas ou noites na casa de pessoas que você realmente não conhece. Às vezes, professores questionáveis "recolhem" alunos e membros do grupo, porque sentem que isso lhes dá influência.

5. Eles fazem você se sentir pressionada quanto ao sexo

Sexo e sexualidade são importantes em muitas tradições de Bruxaria (embora não todas, como às vezes é muito elogiado – meu próprio Coven inclui membros assexuais, e suas experiências são igualmente poderosas e válidas). No entanto, ninguém deve pressioná-la, especialmente um mentor. Há um diferencial de poder inerente entre professor e aluno, então o consentimento é necessariamente um problema. Você também não precisa fazer sexo com ninguém para ser iniciada como uma Bruxa. Os rituais de iniciação sexual existem absolutamente em certas Tradições, mas estão no domínio de praticantes experientes preparados para se envolverem com pleno conhecimento e controle de suas escolhas. Você nunca deve ser atacada, forçada ou coagida de outra forma. Se isso acontecer, saia.

6. Eles exigem pagamento, mas desencorajam você a pedir depoimentos ou buscar avaliações

Existem mentores e Tradições perfeitamente respeitáveis que cobram por seus ensinamentos ou por sua adesão. Eu me matriculei em várias aulas, programas de treinamento de longo prazo e workshops de fim de semana ao longo dos anos. Mas seja cauteloso se você se sentir desencorajada a consultar outras pessoas sobre suas experiências com o programa ou o grupo. Procure avaliações, pergunte aos alunos atuais sobre suas opiniões e inscreva-se apenas em cursos que você se sinta bem em pagar e que possa pagar (endividar-se não é necessário para aprender Bruxaria e certamente é uma má ideia). Como uma advertência adicional, esteja ciente de que, embora outros tipos de Bruxas possam cobrar pela participação em um Coven ou pela Iniciação, os Wiccanos tradicionais não. Se você está buscando a Wicca especificamente e alguém lhe entrega uma fatura para se tornar um Iniciado, prossiga com cautela.

7. A vida mundana dessas pessoas é um desastre e isso resvala em você

A vida fica difícil para todos às vezes, e ninguém é perfeito. Isso não é uma falha de caráter ou um julgamento moral – é apenas verdade. Posso contar histórias de verdadeiro horror sobre meus próprios períodos de baixa e como eles impactaram as pessoas com quem me importo. Não é bonito. Mas como uma buscadora, você não quer se encontrar em uma posição em que esteja sendo solicitada a cuidar de outra pessoa ou sacrificar sua própria educação mágica pelos problemas de outros. Quando o caos pessoal exige tempo e atenção de um líder, a melhor escolha para eles é, às vezes, colocar o grupo em hiato ou passar a liderança temporariamente para outra pessoa. O que eles definitivamente não devem fazer é despejar suas lutas em seus alunos indiscriminadamente, especialmente alunos que são relativamente novos ou inexperientes. Você pode ter compaixão por alguém e ser solidária em seu momento de necessidade sem assumir seu sofrimento.

Conheci muitas Bruxas ao longo da minha vida e trabalhei em várias configurações de grupo diferentes. A maioria das pessoas – esmagadoramente – é fundamentalmente boa e não deseja nenhum mal a você, mas cada um dos itens acima fez parte de minhas próprias experiências pessoais na comunidade mais ampla. Abusos acontecem e disfunções existem, mas geralmente são reconhecíveis desde que você preste atenção e não se deixe deslumbrar pela pura novidade da experiência e pelo desejo de se encaixar o mais rápido possível. Lembre-se sempre de que você é um adulto e pode traçar seus próprios limites, não importa quão novo na Bruxaria você possa ser. Confie no seu instinto e tenha paciência para esperar por outras oportunidades se a que estiver à mão parecer errada por qualquer motivo. Vale a pena esperar. Confie em mim neste item também.

Ou apenas construa você mesmo!

Mesmo que a Bruxaria tenha se tornado mais popular e o Paganismo mais aceitável e comum socialmente, a área que você atua pode não ter alcançado espaço ainda. Às vezes, por mais difícil que pareçamos e por mais que queiramos, simplesmente não conseguimos encontrar nosso pessoal. Se isso soa como a sua situação, talvez seja hora de ser o único a começar algo. Alguém tem que ser o primeiro, afinal! Por que não você? Talvez a perspectiva o empolgue, mas se apenas o pensamento o deixar com medo, preste atenção: você está no controle e pode ser tão grande ou tão pequeno quanto quiser. Você também pode levar as coisas em etapas. Talvez comece com algo pequeno, como criar um fórum on-line por meio de sua plataforma de mídia social favorita. Pode manter isso on-line ou pedir que as pessoas se encontrem localmente. Minha amiga Vênus começou sua comunidade convidando amigos e conhecidos curiosos de uma celebração do Orgulho Pagão para um Círculo de Halloween. Eles escreveram um ritual simples que levava em conta que seus amigos eram novos em algo assim e apenas o enquadravam como uma maneira elegante de marcar o feriado e compartilhar algo importante para eles com os amigos. Seus amigos estavam nisso e, quando Vênus realizou um Círculo Imbolc, alguns meses depois, eles convidaram seguidores de mídia social que moravam localmente. Um ano depois, eles têm uma próspera comunidade de colegas de mente mágica. Algumas são Bruxas e outras são meramente curiosas, mas alimenta a prática de Vênus de qualquer maneira.

Se você não quer pessoas em sua casa, considere se encontrar em uma cafeteria, biblioteca pública ou parque. Você não precisa sediar um ritual. Em vez disso, simplesmente convide outras pessoas para vir e conviver, ou talvez iniciar um clube do livro ou grupo de estudo. Se o que está planejando exigir mais espaço ou mais privacidade, considere alugar algo. Igrejas universalistas unitárias, estúdios de ioga, centros comunitários e universidades costumam fornecer espaços para eventos para alugar ao público. Restaurantes e cafeterias às vezes fazem o mesmo.

Minha primeira tentativa em um grupo de Bruxaria foi um clube do livro que se reunia no café de uma grande rede de livrarias. Anunciei com um panfleto na loja metafísica local e também na faculdade comunitária da região. Isso foi antes do Facebook (ou mesmo do MySpace). Hoje, você pode simplesmente postar nas mídias sociais. Minha amiga Corvus alugou espaço em um estúdio de ioga quando decidiu montar um Círculo aberto. Ela anunciava on-line, mas também no próprio estúdio. E sabe de uma coisa? Em sua primeira reunião, ninguém veio! A próxima vez, uma pessoa veio! Demorou meses, mas eventualmente ela tinha um pequeno punhado de frequentadores regulares. Seis anos depois, Corvus administrava o único grupo Pagão público da cidade, com eventos sabáticos que hospedavam até oitenta pessoas. Foi preciso muita paciência, e seu novo grupo provavelmente exigirá o mesmo. Não desanime se o seu começo for difícil.

Se executar um Sabbat público gigante como esse parece um pesadelo (para mim é), você sempre pode começar público e depois fechar o grupo e torná-lo privado. A própria Corvus eventualmente se cansou um pouco – isso é uma tonelada de trabalho, e foi difícil conseguir que outros ajudassem –, mas até então ela já havia conhecido seus amigos mais próximos e, eventualmente, decidiu buscar um pequeno Coven iniciático com eles. Você tem permissão para começar algo e depois mudar de rumo à medida que suas necessidades evoluem. Se você já é um líder de grupo ou organizador de uma comunidade e se sente deprimida ou sem inspiração, considere que você pode ter superado seu grupo! Isso não é crime. Falaremos sobre o que fazer nessa situação nos exercícios no final deste capítulo.

Assim como você deve considerar sua motivação para encontrar uma comunidade (mais sobre isso no final deste capítulo), é ainda mais importante considerar suas razões para iniciar uma. Reflita sobre a questão. Faça algum diário. Você está esperando apenas para fazer amigos? Está tentando construir algo onde não há nada, ou está tentando criar alguma coisa diferente do que já existe? É sua intenção atrair Bruxas mais experientes que possam ensiná-la? Ou você quer ensinar aos outros? Essa última pergunta é especialmente importante. Quer queiramos ou não que isso aconteça, assumir o manto de organizador, moderador ou líder da comunidade fará de você uma autoridade aos olhos de algumas das pessoas que passarão por suas portas. O que ele não fará é automaticamente qualificá-la para ensinar, aconselhar ou falar pelos outros. Esta pode ser uma experiência aterrorizante, mas também pode levar a uma dor de cabeça e a uma viagem difícil para o ego. Você não precisa ser um altruísta autodepreciativo para administrar um grupo, mas se quiser garantir que seja saudável, gratificante e duradouro, vai precisar manter todas as ideias grandiosas sobre sua própria importância sob controle.

Começar um grupo ou um evento público é uma experiência extremamente recompensadora, e você pode fazê-lo não importa o quão experiente seja como uma Bruxa, desde que seja sincera sobre quais são essas experiências. Não há problema em ser iniciante, e não há problema em não ter certeza de si mesmo! O que importa é ser honesta sobre isso com as pessoas que vêm até você. Enquadre-as como uma oportunidade de aprender juntas. Organizar e manter qualquer tipo de grupo requer planejamento, dedicação e habilidades organizacionais, tanto quanto conhecimento mágico ou experiência. Na verdade, requer mais. Seja criativa, com o objetivo inicial de encontrar apenas mais uma pessoa. Muitas vezes ignoramos o valor de um casal mágico, mas é assim que muitos Covens começam. Encontre essa outra pessoa – talvez ela já esteja em seu círculo social – e comece a partir daí.

O Ciclo de Vida de um Grupo

Indiscutivelmente, o clã mais influente – isso certamente entre as Bruxas Wiccanas – é o Bricket Wood, fundado por Gerald Gardner, em 1946, lar de vários visionários mágicos, autores e nomes familiares, incluindo Doreen Valiente, Jack Bracelin e Fred Lamond. O Coven Bricket Wood permanece ativo hoje.[40] Isso é incrível! São mais de setenta anos – três quartos de século. Mais do que muitos de nós podemos esperar viver. Quase nada que construímos dura tanto tempo, especialmente nos Estados Unidos. Grupos Pagãos e de Bruxaria tendem a ser especialmente de curta duração, ou assim parece. Eu certamente vi muitos desmoronar ao longo dos anos.

Por que Bricket Wood deve ser poupado, só posso adivinhar, mas suspeito que pode ser enganoso não observar que tanto sua liderança quanto seus membros mudaram ao longo das décadas. Sem dúvida, suas experiências coletivas, práticas rituais, perspectivas, horários de encontro e talvez muitas outras coisas também mudaram, apenas devido ao fluxo que o mundo viu desde 1946. Isso é pura conjectura da mente de um estranho, mas em meus próprios anos de liderança de Coven eu aprendi algo essencial: os grupos têm ciclos, da mesma maneira que as pessoas e as estações.

Grupos – sejam Covens formais, sejam encontros públicos – assumem o caráter e as preocupações das pessoas neles. À medida que os membros aprendem e crescem, o mesmo acontece com o grupo como um todo. Os grupos também podem ter interrupções, períodos em que precisam fazer pausas, reavaliar suas práticas e políticas ou mudar seu foco coletivo, da mesma maneira que os praticantes individuais. Um Coven ou uma organização pode manter seu nome por décadas, mas funcionalmente ser um grupo bem diferente de quando começou. Meu clã, Foxfire, teve várias

---

40. *The History of Bricket Wood Coven, o Bricket Wood Coven*, acessado em 16 de abril de 2021, https://www.bricketwoodcoven.co.uk/coven-history.

encarnações à medida que os membros iam e vinham e eu me desenvolvi como uma Sacerdotisa.

Qualquer grupo do qual você participe ou administre certamente fará o mesmo. Clubes do livro podem lentamente se transformar em grupos rituais. As Bruxas Ecléticas descobrem que gostariam de explorar uma Tradição específica juntas e se tornarem Tradicionais. Tradicionalistas convictos voltam a períodos de exploração e ecletismo. Pátios exteriores tornam-se pátios interiores. As placas do festival se dividem e formam vários eventos. As Bruxas Adolescentes crescem e se tornam anciãs. Iniciantes se transformam em Sacerdotes e líderes. Até certo ponto, você pode controlar a mudança, mas se praticar com sinceridade, crescerá. Tudo bem se esse crescimento o levar em outras direções. Se você pensar em seu grupo como uma entidade viva, será mais fácil resistir a essa mudança e responder bem a quaisquer ciclos que observar. E, se perceber que o grupo seguiu seu curso e é hora de também seguir em frente, você poderá fazê-lo graciosamente.

Lidando com o Drama

Muitas pessoas nunca se envolvem em comunidades de Bruxas e Pagãos, porque não querem lidar com todo o drama que parece acompanhar a mistura de outras pessoas e seus compromissos. Existem certos grupos, eventos públicos e grandes nomes que sempre parecem estar no centro das coisas e carregam reputações particulares de agitação e mesquinhez. Há algo nas pessoas em grandes grupos que parece garantir que, eventualmente, as coisas desmoronem, eliminando todos os participantes bem-intencionados que cometem o erro de ficar muito perto. Talvez seja apenas a natureza humana. Acrescente à realidade de que as Bruxas tendem a ser obstinadas, opinativas e bem treinadas em se mover contra as expectativas mais amplas, e não é de admirar que muitos pensem que se envolver em um grupo ou uma cena social é apenas pedir problemas.

Eu tenho participado ativamente de muitas comunidades mágicas ao longo dos anos, em muitas cidades e em muitas Tradições de todos os tamanhos. Algumas das minhas comunidades estão on-line, pois a internet possibilita a conexão, não importa onde moremos. Cada uma delas – desde o Coven fechado mais íntimo até a maior comunidade aberta – envolveu algum drama de tempos em tempos. Embora às vezes seja frustrante e entristecedor, esse tipo de interação na verdade me ensinou muito, não apenas sobre outras pessoas, mas também sobre minhas próprias necessidades, expectativas, falhas e limites. Participar da vida espiritual de outras pessoas oferece oportunidades de crescimento que realmente não estão disponíveis de outra maneira. Isso é, se você souber como sobreviver, é claro!

Vale a pena considerar que muito do que descartamos como drama é realmente apenas pessoas trabalhando com inseguranças, medos, traumas e constrangimentos em público. Se gostamos das pessoas envolvidas, o assunto vira discussão, ponto de encontro ou momento de apoio coletivo. Se é sobre pessoas que desprezamos, no entanto, chamamos isso de drama e tentamos varrê-lo para o lixo. Em algum nível, estamos todos feridos e todos nós temos momentos de fraqueza ou pontos em nossa vida em que não estamos no nosso melhor. Muitos que parecem prosperar no drama da comunidade o fazem porque é divertido. Estar no centro de um drama, mesmo que seja sobre algo negativo, significa atenção, que é algo que todo mundo precisa de vez em quando. Assim como uma criança que se comporta mal para que o pai a reconheça, o adulto pode espalhar um boato, postar um comentário inflamatório on-line ou ser desagradável em um evento para se sentir visto ou importante. A bondade atrai menos seguidores e compartilhamentos do que controvérsia, como aprendi em meu próprio tempo on-line. Pode parecer banal, mas descobri que a melhor maneira de lidar com o mau comportamento é com compaixão. Quando os outros são a causa, vale a pena tentar ter empatia com a dor deles, seja ela qual for. Ciúme, insegurança, solidão, raiva e tédio estão muitas vezes na raiz, e essas são coisas com as quais todos lutamos de tempos em tempos. Alguns de nós foram ensinados a lidar com eles de maneira saudável, e alguns de nós ainda estão aprendendo, mas de qualquer maneira é um trabalho em andamento.

Também descobri que o drama nas comunidades de Bruxas é exagerado. As pessoas são mais propensas a fofocar, escrever em blogs e trocar histórias sobre coisas negativas do que sobre coisas saudáveis. É fácil ficar superexposto a coisas ruins e ficar acreditando que isso é tudo o que existe. Não compre essa ideia. As comunidades de Bruxaria estão cheias de eventos tranquilos, Covens saudáveis, mentores maravilhosos, líderes e organizadores altruístas, discussões inteligentes e praticantes bem ajustados. Essas coisas simplesmente não são assim tão atrativas para falar sobre bebidas, por exemplo, e são menos propensas a chegar ao topo do seu feed de mídia social.

Por último, participar do drama é quase sempre opcional. A situação pode ser diferente se estivermos sendo atacados diretamente, mas raramente as apostas são tão altas. A maioria das situações pode ser difundida simplesmente recusando-se a se envolver nelas. Vá embora. Deixe de seguir. Bloqueie. Exclua. Mude seu foco. E onde seu envolvimento for necessário, como em questões de segurança pública, integridade pessoal ou agindo como aliado dos marginalizados, arme-se com honestidade, franqueza e compostura.

• EXERCÍCIO •
Construindo e Encontrando Comunidades

Com os exercícios a seguir, você será solicitada a entrar em contato e a explorar a construção de uma comunidade por conta própria ou reavaliar seu lugar na comunidade que já faz parte. Tenha em mente que as comunidades podem ser físicas ou on-line, pequenas e pessoais, ou grandes e transitórias, e é aceitável e sensato optar por se envolver de maneiras que complementem sua personalidade e necessidades imediatas. Desafie-se – como sempre, encorajo você a ficar desconfortável – mas respeite seus limites pessoais.

Ar

Graças à internet e ao número crescente de Bruxas no mundo, você potencialmente tem acesso a uma grande variedade de comunidades que deve explorar, mas a qualidade de sua experiência vai depender em grande parte de seus objetivos. Reserve um momento para considerar seu propósito ao buscar uma comunidade. Se você já está envolvido e talvez se sentindo um pouco sobrecarregada por suas interações com outras Bruxas, reflita sobre onde estão suas necessidades e desejos neste momento. Pegue um caderno e anote seus pensamentos sobre o seguinte:

1. O que você quer de uma comunidade? O que espera que outras Bruxas possam lhe oferecer? Seja o mais específica possível aqui. Se sua resposta for "Quero aprender mais", o que especificamente está interessada em aprender? Descreva seu desejo da forma mais completa possível.
2. Existem outras maneiras de conseguir isso? Outras fontes para atender a essas mesmas necessidades? E quanto a estar com outras pessoas – seja pessoalmente ou on-line – parece essencial para você?
3. Qual seria o tamanho e a fluidez da sua comunidade ideal? Você quer algo casual que permita certo grau de anonimato ou algo mais estreito íntimo e pessoal?
4. Como a autoridade e o controle devem funcionar? Você está procurando algo mais igualitário ou talvez algum tipo de corpo governante? Prefere um único líder responsável para orientar os outros? Talvez você mesmo aspire à liderança, e essa é a raiz do seu desejo de encontrar outras pessoas.
5. Isso é especialmente para aqueles que tentaram se envolver em uma comunidade antes e talvez tenham se queimado. O que você gostaria que fosse diferente na experiência que teve? Seja o mais específica possível. Você mudaria as pessoas ao seu redor? As expectativas? O que acha que aprofundaria, revitalizaria ou inspiraria seus relacionamentos com sua comunidade?

Contemplar completamente o que acabou de ler pode lhe dar melhor noção de si mesmo, antes de jogar outras pessoas na mistura. Muitos de nós nos encontramos, muitas vezes, lamentando sobre as comunidades de Bruxaria por todo um número de falhas, quando, na verdade, o problema são nossas expectativas e o ângulo pelo qual as vemos.

Fogo

Muitas pessoas praticam por anos e anos antes de tentar fazer contato com outros praticantes. Às vezes é porque estão nervosos ou por não estarem convencidas de que a comunidade tem algo a oferecer. Às vezes é apenas uma questão de não saber por onde começar! Espero que você já tenha captado algumas ideias neste capítulo. Neste exercício rápido, você vai explorar o que provavelmente é a maneira mais rápida e fácil de criar conexões com outras pessoas: seu telefone!

Quando eu estava explorando a Bruxaria pela primeira vez, a internet era um desenvolvimento relativamente novo. Eu me permiti a aprender a usar HTML e construí um site simples. Também encontrei meu caminho em salas de bate-papo e quadros de mensagens. Fui lentamente saindo da minha concha e construindo conexões com outras pessoas. Eu não tinha acesso a uma comunidade presencial naquele momento, e a internet me ajudou a me sentir menos sozinha. Hoje em dia, as coisas são muito mais fáceis (e você não precisa saber nada de HTML). Entrar em contato com outras Bruxas e buscadores e praticantes com ideias semelhantes é uma questão de entrar nas plataformas de mídias sociais certas, seguir as *hashtags* certas e ter um pouco de coragem.

Para este exercício, você vai explorar uma nova comunidade de mídia social. Escolha sua plataforma favorita ou junte-se a uma nova. Se precisar, configure uma segunda conta apenas para sua Bruxaria. E depois, participe. Uma coisa é se inscrever e percorrer as postagens de outras pessoas, mas desafie-se a fazer as suas próprias. Comente em outras contas, compartilhe seus pensamentos, contribua com suas próprias postagens e diga olá para estranhos (exatamente o conselho oposto que recebemos nos anos de 1980 e 1990 –, estranhos, ao que parece, podem ser muito incríveis se você for cuidadosa com o que compartilha e mantém seus limites). Se estiver se sentindo particularmente corajosa, considere formatos de vídeo ou foto, que podem parecer um pouco mais intimidantes, mas também humanize suas interações de maneira difícil de replicar apenas com texto.

Construir uma comunidade nas mídias sociais pode levar um pouco de tempo e esforço, mas continue. Faça algum tipo de postagem a cada dois dias, explore novas contas, faça amigos e permita-se seguir a toca do coelho. Costumamos falar de "Comunidade de Bruxaria" ou "comunidade Pagã" como se fosse uma coisa monolítica, mas a realidade é que existem muitas comunidades dentro delas, e elas nem sempre se sobrepõem tanto quanto muitos de nós gostamos de pensar. Não assuma que, porque você não gostou de uma plataforma (ou de uma comunidade pessoal, neste caso) não vai gostar de outra. As pessoas envolvidas são muitas vezes muito diferentes umas das outras! Explore e divirta-se experimentando todas elas.

Água

Ok, então você participa de sua comunidade local há algum tempo. Talvez seja uma frequentadora regular de encontros ou até mesmo faz parte de um Coven. Talvez você espreite muitos tipos diferentes de eventos, mantendo-se à margem e apenas absorvendo. Uma coisa é participar da comunidade, outra é estar à frente, facilitando essa comunidade para os outros. Se você quiser aprofundar o trabalho comunitário, é importante explorar esse papel por si mesmo.

Sua tarefa é parar de *participar* da comunidade e *criar* uma. No início deste capítulo, falei sobre minha amiga Vênus, que usou as mídias sociais para iniciar um grupo ritual que se reúne nos oito

Sabbats. Eles começaram apenas compartilhando seu desejo e perguntando se alguém local estaria interessado. Escreveram um ritual (que funcionaria mesmo que ninguém mais aparecesse), cercaram um amigo para ajudar na hospedagem (isso também serviu para garantir que ambos estariam seguros, pois sempre que você procura estranhos é importante ter a certeza de que alguém protege suas costas) e, em seguida, abriram o convite para as pessoas que entraram em contato com eles por mensagens via RSVP[41]. As pessoas apareceram! E foi um grande momento. Um ano depois, eles têm um grupo próximo de amigos mágicos que regularmente fazem rituais juntos.

Se isso soa um pouco aventureiro demais para o seu gosto – Vênus é uma das pessoas mais corajosas que conheço – você pode começar com menos. Talvez comece sua própria comunidade on-line (muitas plataformas permitem a criação de páginas, chats, blogs e outras formas de compartilhamento) ou peça a um líder local com quem você já tenha um relacionamento para ajudá-la a liderar algo para uma comunidade estabelecida. Muitos clérigos e facilitadores Pagãos e Bruxos públicos ficam entusiasmados quando alguém se oferece para tomar as rédeas por uma noite, especialmente se eles sabem que você está tentando se destacar como líder ou mentora de rituais. Talvez abordar uma livraria local e oferecer uma introdução gratuita à aula de Bruxaria, ou liderar um clube de leitura com foco mágico. Mesmo algo pequeno, como iniciar seu próprio blog, a levará a se relacionar de maneira diferente com outras pessoas em comunidades mágicas. Comunidade não se trata apenas de grupos rituais ou encontros diretos com outras pessoas – trata-se de construir conexões, e você pode fazer isso indiretamente, escrevendo, compartilhando vídeos e divulgando

41. A expressão francesa *Répondez S'il Vous Plaît r* (RSVP) é colocada no canto inferior esquerdo de um convite impresso, seguida por um telefone ou o endereço de site onde a confirmação deve ser feita. (N. T.)

seus pensamentos. É incrível quem você pode conhecer e o quanto pode aprender, além de ser uma maneira infalível de desenvolver confiança e convicção pessoal.

Você pode finalmente decidir que a liderança não é para você, e tudo bem. Administrar qualquer tipo de grupo, comunidade pública, fórum público ou evento dá muito trabalho. Mesmo se você descobrir que é realmente boa nisso, pode simplesmente não gostar, e essa é uma razão tão válida quanto qualquer outra para nunca mais fazer isso. Mas você terá para sempre o benefício da experiência! Você apreciará o trabalho de criar uma comunidade para os outros e terá uma noção maior de como ser o melhor tipo de membro da comunidade que puder no futuro. Claro, você também pode se encontrar com um novo chamado e permitir que sua vida seja transformada de maneiras que não previu. Nunca se sabe.

Terra

É muito, muito difícil ser um líder comunitário, isso para um Sumo Sacerdote ou Alta Sacerdotisa de um Coven, o presidente de um conselho de festival ou o organizador de um Círculo aberto ou grupo de ensino. Em outras tradições religiosas, as pessoas que preenchem esses papéis geralmente são compensadas de alguma maneira, mas a maioria dos clérigos e organizadores da Bruxaria e Pagãos fazem seu trabalho completamente de graça, além de trabalhar em tempo integral e cuidar de suas próprias famílias. Parece glamouroso, especialmente se você faz parte de uma Tradição que tem posições de liderança e que vêm com títulos, regalias especiais e muitas pessoas se submetendo a você. Mas a novidade desaparece rapidamente, e o que resta é muito trabalho, a maioria dos quais acontece nos bastidores, onde ninguém aprecia. Além disso, quando você é o responsável por facilitar as coisas para os outros, sua própria experiência fica em segundo plano. Você pode realizar um ritual lindo e poderoso para as pessoas do seu grupo, mas você se sente esgotado ou espiritualmente inerte. Este é um dos muitos efeitos colaterais da síndrome de burnout[42].

Uma das melhores maneiras de se proteger contra o esgotamento é estabelecer fortes limites pessoais, tanto consigo mesmo quanto com os outros. A maioria das pessoas não aproveitará deliberadamente seu tempo e energia, mas ambos são necessários para funcionar efetivamente em qualquer posição de liderança. É fácil cair em padrões em que você está fazendo muito pelas pessoas, dizendo sim quando deveria dizer não, consumindo seu próprio tempo pessoal e cruzando linhas que você não deveria na busca de ser útil. Mesmo as pessoas que a amam às vezes aceitam tanto quanto você está disposta a dar, sem perceber como isso vai acabar com seu emocional ao longo do tempo. Esta é uma das razões pelas quais os grupos de Bruxas e Pagãos e eventos comunitários não duram muito: os líderes se esgotam e ninguém quer se colocar no lugar deles. Estabelecer limites pode ser complicado. É um processo longo e levará tempo (também é ótimo discutir com um terapeuta ou conselheiro, se você tiver acesso a um). Em um ponto particularmente baixo em minha própria liderança de Coven, compartilhei minha luta com os limites com Angela Z, outra Alta Sacerdotisa e mentora em minha Tradição. Seu conselho foi extraordinariamente simples e mudou completamente a minha vida:

"Faça você mesmo uma descrição do trabalho". Quando começamos a trabalhar na maioria dos lugares, recebemos algum tipo de descrição do papel a desempenhar na empresa. Este documento vai detalhar nossas tarefas diárias, as expectativas para nosso desenvolvimento a longo prazo e a quem iremos reportar (assim como quem pode estar sob nossas ordens). Teremos também a oportunidade de

---

42. Síndrome do Esgotamento Profissional, distúrbio emocional com sintomas de exaustão extrema, estresse e esgotamento físico, resultante de situações de trabalho desgastante, que demandam muita competitividade ou responsabilidade.

ler as descrições de cargos de outras funções da empresa, o que é ótimo para quando precisarmos delegar uma tarefa a outra pessoa ou encaminhar uma consulta a uma parte mais apropriada. Para este exercício, vamos fingir que seu papel como líder comunitário é como um trabalho tradicional.

Você pode fazer isso como uma série de parágrafos curtos ou apenas uma lista com marcadores. Descreva seus deveres específicos da forma mais completa possível. Você escreve rituais? Fornece comida? Lida com fundos? Ensina os alunos iniciantes (e em caso afirmativo, quando e por quanto tempo)? Realiza serviços como casamentos ou funerais (você é remunerado financeiramente por isso e, em caso afirmativo, quais são suas taxas)?

Quais são seus horários? Você está de plantão ou tem períodos designados em que não pode estar disponível? Quais credenciais seu trabalho exige? Meu trabalho como Alta Sacerdotisa de um Coven, por exemplo, não inclui ser conselheira ou terapeuta. Não só não exige essas coisas, como na verdade não estou qualificada para cumprir essa função, pois não tenho formação profissional como terapeuta. Tentar fazer o trabalho de terapeuta sendo uma Alta Sacerdotisa não só me levaria ao esgotamento, como também seria enganoso e potencialmente perigoso para meus companheiros de Coven. Em vez disso, estou preparada para encaminhar companheiros de Coven a terapeutas licenciados quando eles puderem se beneficiar desses serviços. Também não sou médica, mãe, empregada doméstica ou qualquer outra coisa.

Se você tiver uma descrição de trabalho mundana que possa ver, use-a como modelo. Se quiser deixar as coisas mais claras, elabore descrições de cargos para as outras funções do seu grupo. Desde que suas descrições de trabalho sejam claras e ponderadas, pode até compartilhá-las com os outros membros do grupo (e pedir que escrevam suas próprias versões, chegando a um acordo juntos).

Quando surgirem coisas que parecem cruzar o território "não é meu trabalho", consulte sua própria descrição de afazeres. Quem deve lidar com isso? Como você encaminhará outras pessoas a essa pessoa quando surgir a pergunta (por que isso acontece)? Ter um documento no lugar vai servir para lembrá-la do que está e do que não está dentro do seu alcance. Você vai saber se deve ou não dizer sim a uma nova solicitação, se está ultrapassando um limite ao atender as ligações da meia-noite de alguém e quais tarefas pode estar negligenciando involuntariamente em favor de outras pessoas.

Capítulo Oito

Desafios

Uma coisa é ler livros sobre como ser uma Bruxa, outra bem diferente é realmente aplicar os princípios e habilidades da Bruxaria à sua vida. Passamos muito tempo examinando ideias abrangentes sobre inúmeras facetas da prática e da filosofia da Arte, bem como examinando maneiras práticas de viver como uma Bruxa, seja para dar seus primeiros passos reais em ação, seja para aprofundar o que você já construiu. Espero que você tenha percorrido este texto lenta e minuciosamente, experimentado seu conteúdo, modificado as coisas ao seu gosto e seguido muitas trilhas de coelho felizes para outros recursos. Agora é hora de pensar no que vem a seguir.

Você pode passar a vida inteira estudando e praticando feitiçaria e ainda assim se surpreender. O processo de integrar o que sabe (e o que está aprendendo ativamente) em sua vida de maneira significativa leva tempo, experimentação, fracasso e persistência. Você vai encontrar coisas que funcionam e depois crescem a tal ponto que não lhe servirá mais. E vai se desenvolver como pessoa, aprender coisas novas sobre o mundo e fazer escolhas diferentes. A Bruxaria é uma coisa em constante movimento. Se você tentar fixá-la e encaixotá-la, ela o desafiará. Nós cobrimos muito terreno nos capítulos anteriores, e em breve vamos encerrar as coisas. Antes de fazermos isso, gostaria de falar sobre algumas das coisas mais complicadas que acompanham ser uma Bruxa: descobrir quem você é, praticar algo que pareça autêntico para você e lidar com problemas como a síndrome do impostor e a pressão que às vezes se desenvolve quando a Bruxaria parece uma competição com outros praticantes. A Bruxaria vem com desafios em todas as fases. É provável que você tenha se deparado com a maioria deles em algum momento e, se ainda não o fez, certamente o fará.

Vivendo como uma Bruxa

Viver como uma Bruxa é um processo. Há pontos de virada, certamente – momentos em que você sente que sua identidade é irrefutável, quando o poder flui e quando sua confiança é alta –, mas muito de sua vida com certeza será gasto em fluxo e refluxo com o que quer que esteja acontecendo ao seu redor. Algumas vezes, você se sentirá muito Bruxo, seus níveis de energia estarão altos e você estará realizando muitos rituais, envolvendo-se com outros mundos regularmente, realizando devocionais e mantendo uma prática pessoal diária. Outras vezes, porém, sua família terá momentos difíceis, seus filhos ou parceiros precisarão de atenção extra, seu trabalho mundano parecerá fora de controle, você ficará doente, lutará com o drama da comunidade ou a depressão atacará. Muitas vezes será difícil se envolver regularmente com sua Arte. Isso é verdade.

Construir alicerces fortes é a chave para sobreviver a períodos de baixa. Se você tem um forte senso de convicção e pode articular para si mesmo por que seu trabalho como Bruxa é importante, se construiu bons relacionamentos dentro da Arte (seja com deuses, seja com espíritos, seja com comunidades humanas), e se tem uma prática regular, composta de componentes flexíveis e variáveis que podem diminuir ou aumentar de acordo com suas necessidades, você vai descobrir que as dificuldades da vida se encaixam mais facilmente em sua vida de Bruxa e será mais difícil de ser jogada para fora do jogo. Eu mesma muitas vezes recorro à oração para me mantar no jogo. Na minha Tradição, os deuses desempenham um papel central e, portanto, a comunicação com eles me mantém à tona quando estou me sentindo sem amarras. No seu caso, procure confiar em uma conexão com um espírito familiar ou com seus ancestrais. Você pode encontrar consolo em seus trabalhos mágicos com aliados de plantas e animais, em meditação e trabalho pessoal, ou em seus estudos de ocultismo. Mas encontre algo. Estabeleça bases fortes quando a vida estiver tranquila e você estiver se sentindo poderosa. Reserve algum tempo agora para pensar em algumas coisas fáceis e rápidas que você poderá gerenciar na próxima vez que passar por um ponto baixo. Uma oração de uma linha, uma vela carregada que você pode acender quando precisar de conforto, um livro inspirador favorito à mão, com notas adesivas nas partes boas, um amigo que você pode ligar para encorajá-lo. Qualquer coisa que você esteja confiante de que pode fazer quando não estiver no seu melhor. As calmarias são normais, então planeje-as.

Quando as coisas estiverem difíceis e você sentir seu poder e interesse diminuindo, lembre-se de que isso também é normal. Não se culpe pela sua humanidade. Muitas Bruxas lutam contra doenças crônicas, depressão e outras condições clínicas que tornam as tarefas diárias um pouco mais difíceis do que para outras. Bruxas também têm filhos, cônjuges, pais ou entes queridos que adoecem, precisam de apoio e, de outra forma, precisam de nosso tempo e atenção. Priorizar as necessidades deles sobre a sua Arte não faz de você uma Bruxa ruim. Uma boa base na Arte vai ajudar a servi-los – e a si mesmo – melhor, mas isso provavelmente não se iguala a toneladas de reuniões de Coven tarde da noite e longas lutas gastas sozinha lançando feitiços. Ser uma Bruxa também é sobre como você pensa, como você reage e as escolhas que faz.

Em vez de se repreender por uma falha percebida, preste atenção aos seus próprios ciclos naturais. Quando você sente mais vontade de se envolver conscientemente com a Arte? Quando luta mais? Este padrão é sazonal? Muitas Bruxas acham que se sentem especialmente mágicas e empolgadas com o ritual formal e a exploração em torno do Halloween. Acho que tenho mais energia na primavera e no verão. Se você menstrua ou está consciente de outros ciclos hormonais, não subestime o quanto isso pode afetar seu humor! E se você luta com depressão clínica, TDAH, doença crônica, ansiedade ou qualquer outro tipo de condição que afeta sua vida diária, seja o mais gentil possível consigo mesma. Quando as pessoas dizem que a Bruxaria deve ser desafiadora e deixá-la confortável em se sentir desconfortável, isso significa ultrapassar seus limites mágicos e mudar seu pensamento, não se machucando física ou emocionalmente. Você não está fazendo errado só porque precisa fazer pausas e atender às suas necessidades pessoais. Todos nós temos que fazer isso de tempos em tempos, embora geralmente não divulguemos o fato nas mídias sociais ou no encontro local. É natural sentir que outras pessoas têm mais coisas juntas do que você e vivem vidas perfeitas, mas eu prometo que não.

Você tem toda a sua vida para ser uma Bruxa. Não importa se sente que está começando tarde ou se tem episódios em que não consegue se concentrar tão bem quanto gostaria. Deixe seu caminho ser um processo e confie que cada dia a leva mais adiante.

A busca pela autenticidade

O que torna alguém uma Bruxa de verdade? Ser iniciado em uma Tradição particular? Ter um coração sincero? Ser escolhida por um deus ou espírito? Ter "sangue de Bruxa" e vir de uma família mágica? Capacidade de trabalhar magia eficazmente? Você pode se tornar uma Bruxa ou tem que nascer uma ou ter poderes latentes? Isso tudo é mesmo possível?

Não importa há quanto tempo pratica a Bruxaria, você provavelmente tem suas próprias respostas para muitas dessas perguntas. Talvez sejam convicções profundamente arraigadas com base em experiências testadas, ou talvez sejam preconceitos baseados no que você ouviu de outras pessoas ou leu em livros, mas você notou como as pessoas tendem a ser apaixonadas por suas respostas? Embora a

Bruxaria assuma inúmeras formas e tenha muitas histórias e tradições, tendemos a ser rápidos em traçar linhas entre quem é real e quem não é, quem está fazendo certo e quem está apenas clamando por atenção ou porque gosta da estética assustadora.

A Bruxaria é pesada e poderosa. Isso muda vidas e molda visões de mundo, por isso é perfeitamente natural querer garantir que a estamos praticando bem e totalmente. É igualmente natural querer que os outros a tratem com o respeito e a reverência que fazemos. Autenticidade se tornou uma palavra da moda, mas é uma conduta que ressoa com muitos de nós. Todos nós queremos uma Bruxaria autêntica – uma feitiçaria que seja fiel aos nossos ideais e expresse quem somos, tanto como praticantes individuais quanto como portadores de uma Tradição que foi transmitida ao longo do tempo. Bruxaria é muito trabalho para ser desperdiçado em algo que não parece verdadeiro e real.

Ninguém mais pode lhe dar a garantia de que sua prática da Arte é autêntica. Como você já sabe, a Bruxaria não é uma tradição singular com uma história e um conjunto coletivo de crenças e práticas coerentes. Mesmo aqueles que pertencem a Tradições estabelecidas veem muitas diferenças entre nós. Não existe uma autoridade singular que possa lhe dizer definitivamente que o que você está fazendo é correto e significativo. Você tem que sentir isso sozinho. Não importa o caminho que escolher, você vai ler coisas e conhecer outras pessoas que lhe dirão que não está fazendo certo e que não é uma Bruxa de verdade. Prestar muita atenção a essas vozes vai prejudicar a sua prática. Leia amplamente, explore perspectivas diferentes das suas e preste atenção aos conselhos de pessoas em quem você confia e respeita. Esteja aberto a críticas, mas não se prenda a elas. Acima de tudo, reflita sobre seus próprios sentimentos e experiências, preste atenção no que funciona para você, e no que não funciona para todos, e use seu discernimento e bom senso. A única Bruxaria verdadeiramente autêntica é aquela que funciona.

Lidando com a síndrome do impostor

Uma das maiores razões pelas quais as Bruxas investem tanto na busca da autenticidade é que, no fundo, muitas de nós estão lutando com a ansiedade de saber se nossa própria prática de Bruxaria é legítima e real. Mesmo antes de começarmos a analisar o que significa algo ser "real" ou o que torna um tipo de feitiçaria mais legítimo do que outro, há aquele sentimento profundo que muitos de nós carregamos e que sussurra: "Você está inventando isso" ou "Você não sabe o que está fazendo" ou "Outras pessoas estão vivendo vidas mais mágicas e poderosas do que você". Estou convencida de que a razão pela qual alguns de nós são tão veementes em policiar as práticas de outras pessoas, traçando linhas entre qual Bruxaria é mais autêntica e brigando sobre quais Tradições são mais antigas/mais sombrias/mais poderosas/mais sérias é porque, secretamente, as pessoas estão preocupadas que sua Bruxaria não seja o que deveria ser. Alguns de nós respondemos à ansiedade atacando os outros – descartando Tradições inteiras, atacando indivíduos com acusações de insinceridade ou superficialidade, ou proclamando em voz alta nossa especialidade mágica inata. Destruir outras pessoas nos faz parecer um pouco mais elevados, e é muito mais fácil do que focar em nosso próprio desenvolvimento. Eu mesma fui culpada disso, e certamente também fui um alvo.

Quando você se sente desdenhosa ou ameaçada por outra pessoa, vale a pena descobrir os motivos. É muito provável que você esteja projetando suas próprias frustrações, raiva e insegurança. É importante lembrar que seu foco deve ser você, e as vidas mágicas de outras pessoas não estão ao seu alcance para mudar, nem têm qualquer impacto real em você. Não há problema em não concordar com as crenças e Tradições de outra pessoa. Não há problema em outras Bruxas fazerem o que as alimenta.

Mas a outra maneira de reagir a essa ansiedade é internalizá-la, absorvendo a mensagem de que simplesmente não estamos fazendo certo, estamos apenas fingindo ou brincando de ser uma Bruxa, e que, se todo mundo ainda não sabe, eles vão saber no segundo em que abrirmos nossas bocas. Isso é chamado de "síndrome do impostor", e é um problema em praticamente todas as outras áreas da vida também. Basta verificar qualquer comunidade de artistas ou escritores! Tocar um instrumento é tudo o que é preciso para ganhar o título de "músico" ou você precisa ter um nível específico de proficiência? Escrever um blog ou rabiscar poesia em um caderno particular faz de você um "escritor" ou você tem que publicar? A autopublicação conta? Você só é um "artista" quando as pessoas estão dispostas a pagar pelo seu trabalho?

É uma sensação horrível! Arruína carreiras, impede as pessoas de perseguir seus sonhos e desencadeia a depressão, entre outras coisas. E nós fazemos isso como Bruxas também! Dizemos a nós mesmos que somos preguiçosas, que nossa magia não funciona realmente, que não somos naturalmente boas nas coisas e que outras Bruxas são mais poderosas ou mais espirituais ou mais comprometidas do que nós. Se ao menos fôssemos melhores – se fôssemos mais talentosos, tivéssemos o treinamento e as iniciações certos, tivéssemos ferramentas melhores, pudéssemos construir altares mais bonitos ou pudéssemos comprar todos os livros que desejássemos.

O primeiro passo para derrotar a síndrome do impostor é entender que todo mundo luta com isso em algum momento. Bruxas iniciantes, estudiosos do ocultismo, Altas Sacerdotisas e autores e mentores de Bruxas lutam com a insegurança de tempos em tempos (e às vezes com mais frequência do que queremos admitir). Sério. Quando comecei a explorar a Bruxaria, eu estava praticamente obcecada em "fazer o certo". No começo, eu me preocupei em saber se os meus feitiços funcionavam, mas não demorou muito para eu aprender a me preocupar se eu era realmente uma Bruxa, porque eu não estava em um Coven e não era Iniciada. Eu também não tinha Bruxas em minha família, então não havia como reivindicar algum fantástico direito de primogenitura. Anos depois, quando eu estava em um Coven, fui ensinada a me preocupar que não era o tipo certo de Coven. Alguns anos mais e vieram os debates desagradáveis sobre se a Bruxaria que eu passei a amar – a Wicca – era mesmo realmente Bruxaria. Com uma história enraizada na magia cerimonial e movimentos contemporâneos como o Novo Pensamento e a Teosofia, certamente este não era tão autêntico quanto outros tipos de Ofícios, que supostamente não eram adulterados.

Eu tive mais de duas décadas na Bruxaria vivendo este momento e nunca parou. É tão fácil encontrar algo para se sentir inseguro e – acredite em mim – só piora à medida que você se torna ativo em comunidades públicas e começa a assumir papéis de liderança. Não há nenhum ponto em que você de repente recebe confiança. Nenhum ponto em que todos reconhecerão o que você está praticando como correto e legítimo. Você tem que construir essa confiança sozinho. Esse pode ser um processo longo e terá altos e baixos, mas há vários passos práticos que você pode tomar agora para combater a insegurança mágica onde ela ocorre (especialmente agora que você sabe que não está sozinha).

Primeiro, reflita regularmente sobre onde você começou e até onde chegou. Este é o meu uso favorito para meus próprios registros mágicos. Às vezes, estamos tão ocupados nos culpando por nossas falhas percebidas que perdemos de vista o quanto aprendemos e onde crescemos. Você está mais adiantada agora do que estava na última vez que fez o check-in consigo mesmo? Então você está no caminho certo. O crescimento como uma Bruxa também não acontece em uma inclinação reta e ascendente. Ele ziguezagueia! Portanto, não se prenda aos erros que comete. Em vez disso, olhe para padrões maiores. O que você aprendeu? Que coisas novas experimentou? Onde demonstrou mais confiança, mais maturidade, mais controle? Celebre essas coisas, e faça isso com frequência!

Em segundo lugar, concentre-se em você. Faça questão de não olhar muito para o que as outras pessoas estão fazendo, seja nas mídias sociais, seja em seu próprio Coven ou Tradição. Outros podem oferecer orientação e nos fornecer inspiração e feedback, mas na maioria das vezes sua atenção precisa estar em sua própria Arte. A inveja e a dúvida podem se infiltrar sem que percebamos, e muitas pessoas transformam a Bruxaria em uma competição que ninguém pode vencer no final. Tudo o que qualquer um de nós pode fazer é o melhor que podemos, então pare de se comparar com outras Bruxas. Na mesma linha, evite drama e fofoca sempre que possível. A maioria de nós, gostemos ou não de admitir, gostamos de um bom escândalo comunitário periodicamente, mas cada momento que você passa se preocupando com outra pessoa é um tempo em que poderia estar fazendo algo para se beneficiar. Como praticar a sua Bruxaria.

Em uma nota relacionada, não faça coisas que fazem você se sentir mal mais tarde. Essa foi uma lição que aprendi aos vinte e poucos anos, quando estava em terapia pela primeira vez, lidando com automutilação e um problema de abuso de substâncias. Descobri que isso se aplica muito bem ao gerenciamento da síndrome do impostor como Bruxa também. Reserve um minuto para pensar sobre quando você mais luta. É quando está se comparando com os outros? Quando se sobrecarrega com material novo? Quando sente que deveria dominar? Quando se comprometeu demais a ajudar os outros? Trabalhe para estar consciente do que faz você se sentir menos do que é, e então... não faça essas coisas. Talvez seja mais fácil falar do que fazer (ok, definitivamente mais fácil falar do que fazer), mas mudar nossa consciência realmente pode fazer maravilhas. Abandone comportamentos que inibem sua alegria.

Finalmente, mantenha-se humilde. Não há para onde cair se você não subir em um pedestal para começar. Lembre-se de que é sempre uma estudante – sempre aprendendo e crescendo. Não importa com quantas outras Bruxas você possa aprender, realizar rituais ou fazer amizade, e não importa se é um ancião de Coven, um autor ou um líder comunitário, se você se considera uma estudante primeiro e admite abertamente o que não sabe, você não pode ser um impostor.

A confiança vem com o tempo, e até as Bruxas mais poderosas que você conhece lutam contra a síndrome do impostor. Permita-se sentir como se sente no momento, considere o que está por trás desses sentimentos e continue.

Estar na Comunidade

A ideia da Bruxa sozinha é uma espécie de paradoxo. Por um lado, estamos todos trilhando nossos próprios caminhos, conectando-nos diretamente com poderes superiores a nós (ou aproveitando esses poderes dentro de nós mesmos), e somos responsáveis por nossas escolhas e pelo cumprimento de nossa própria Vontade Divina. Mesmo se você estiver em um Coven, sua Bruxaria é sempre sua. Por outro lado, o próprio conceito de Bruxa é socialmente construído. Não se pode ser um estranho a menos que haja algo que o deixe de fora. Esses limites são erguidos culturalmente, por pessoas compartilhando experiências, concordando com a linguagem e decidindo coletivamente o que está dentro e fora desses limites. Apenas por reivindicar a palavra Bruxa, você se torna parte de algo que é coletivo. Ler livros de Bruxaria, participar de eventos místicos e de espaços de feitiçaria on-line – esses são atos sociais, mesmo que você os faça na privacidade de sua própria casa. Você não pode deixar de conversar com os outros, respondendo às ideias deles e construindo suas próprias estruturas em relação às deles, seja por meio do consumo de mídia ou da comunicação direta textual ou verbal. Nenhuma Bruxa é verdadeiramente solitária, embora todos nós caminhemos pelo caminho sozinhos. É um lugar complicado de se viver.

Não importa como sejam suas próprias comunidades de Bruxaria ou quão profundamente você esteja envolvido nelas, as ações e ideias de outras pessoas nessas comunidades têm um impacto real em todos nós. Estamos interligados, quer queiramos ou não. Se você está aberto a eles e todos têm limites saudáveis e respeito mútuo, essas conexões são realmente uma das partes mais alegres da prática da Bruxaria. Eu encorajo você a abraçar estes onde puder. Leia amplamente, seja sociável, vá a eventos públicos quando puder, faça amigos on-line e retire-se para a solidão contemplativa quando precisar. Como acontece com todas as coisas, nós nos movemos em ciclos aqui.

Às vezes, você pode sentir que a Bruxaria é um esporte competitivo. Muito da mídia social é para nos fazer comprar coisas, e até mesmo os livros se tornam uma competição entre quem leu mais, quem tem acesso aos títulos mais raros e quem os entende melhor. Por serem condutores e professores eficazes, os líderes de Covens deveriam conhecer melhor o erro de serem iniciadores prolíficos. Os organizadores comunitários ganham grandes pensadores. Todos nós somos críticos às vezes, mas há uma maneira de ser construtivo sobre isso. O julgamento pode nos servir à medida que mantemos nossos limites e praticamos o discernimento – você não precisa gostar de todos ou ser amigo de todos. Muitas vezes é um choque para as Bruxas, mesmo as experientes, que, embora a Bruxaria possa ser inerentemente política, isso não significa que nossa política seja a mesma. Você vai encontrar preconceito. Vai encontrar outras Bruxas que mantêm crenças que você considera abomináveis.

Como sempre, aprenda a centralizar sua própria Arte e use-a para melhorar o mundo onde puder. Mantenha a mente aberta quando encontrar desacordo, mas seja firme em suas convicções mais profundas. Seja bom em dizer não e seja sincero quando disser sim. Não transforme outras Bruxas em sua competição, esteja você lutando para se sentir ouvido, para pertencer ou pelo controle. Sempre vamos mais longe quando trabalhamos juntos.

• EXERCÍCIO •
Preparando para o Futuro

Espero que você esteja se sentindo encorajado e inspirado, à medida que nos aproximamos do fim. Há algumas questões difíceis neste capítulo, e espero que você tenha encontrado perguntas e ideias ao longo deste livro que gostaria de buscar e desenvolver quando terminar de ler. Ao chegarmos ao exercício final, é hora de integrar nossas quatro perspectivas elementares. Essa tarefa final varia apenas de acordo com sua própria criatividade, propensões e desejos. Você pode achar ele tão complexo quanto quiser, ou mantê-lo absolutamente tão simples quanto possível.

Praticamente tudo na Bruxaria está relacionado a ciclos, desde feriados sazonais, a muitos de nossos mitos mais queridos, aos padrões aparentes em nossa magia. Suas explorações e humores também são cíclicos. Você terá pontos em sua vida quando estiver ansiosa para aprender mais e aprimorar sua prática, e experimentará calmarias. Às vezes você vai precisar dar as costas por um tempo. Outras vezes vai bater com a cabeça nas paredes e sentir que todo o encantamento está sangrando para fora de sua vida. Isso acontece com todos nós, e é perfeitamente normal. É minha sincera esperança que eu tenha deixado você se sentindo energizada e animada para o que vem a seguir, mas você sabe que a roda continua girando. Por que não aumentar sua intenção agora e se preparar para futuras calmarias ao mesmo tempo?

Comece contemplando ou registrando o seguinte:

1. Qual é a melhor coisa de ser uma Bruxa?
2. Quais sonhos você tem para si mesmo em sua prática?
3. Quais habilidades você quer dominar?
4. Como você quer que sua prática seja daqui a dez anos?
5. Quem você adoraria conhecer?
6. Que lugares mágicos você adoraria visitar?
7. Que papéis você quer ter na comunidade?
   Pense nisso como uma lista de desejos para sua Bruxaria.
8. Que coisas positivas vieram de sua prática da Arte?
9. Como você é uma pessoa melhor por ser uma Bruxa?
10. Por que o mundo é melhor com Bruxas nele?
11. Que imagens, objetos, livros e arte deixam você mais empolgada com a Bruxaria?

Seja pretenciosa com tudo isso e vá para cima. Jogue-se. Seja o mais honesta e completa possível. Pense grande. Seja ousada sobre o que você quer e o que você ama. Isto é apenas para você. Gere o máximo de ideias possível.

Em seguida, você vai capturar esses sentimentos e guardá-los para o seu futuro Eu, caso eles precisem de uma mão (*spoiler*: eles vão precisar). Às vezes, precisamos ser lembradas do que é importante para nós, seja porque a vida atrapalha, seja porque perdemos o foco, por causa da depressão que se aproxima, seja porque ficamos tão ocupadas que nos esquecemos de nós mesmas. No entanto, sempre há novos muros para quebrar, então dê a si mesmo um martelo. Use as ideias que você teve para as perguntas anteriores e crie um lembrete a si mesma. Você pode fazê-lo na forma de uma carta autodirigida, para ser aberta em um ponto baixo da sua vida, ou apenas quando precisar de algum incentivo adicional. Ou pode criar um vídeo compartilhando seus pensamentos, ou fazer um quadro de visão ou alguma outra forma de arte visual que lhe trará inspiração, ou escrever um poema ou uma música. Você pode até criar um pacote de cuidados. Preencha-o com todas as coisas que a inspiram: sua carta, uma vela ou mistura de ervas que você criou e cobrou para inspiração ou encorajamento, um livro favorito que a deixa animada, imagens das coisas que ainda deseja realizar ou lugares que quer visitar, e qualquer outra coisa que possa imaginar. Pense nisso como um kit de emergência emocional. Coloque-o debaixo da cama ou no armário e esqueça. Quando precisar, ele estará lá. É uma coisa pequena, mas seu Eu futuro vai apreciá-lo um dia.

Conclusão

Ao longo deste livro, eu me esforcei para oferecer às Bruxas de todas as convicções, conhecimentos e conselhos sobre onde ir a seguir – como aprofundar sua prática e expandir além do que você já está fazendo. Não importa que tipo de Bruxas somos, todos podemos nos beneficiar de técnicas e estratégias específicas que abordam como aprendemos, como interagimos com os outros e como nos entendemos. Essas coisas não são específicas da Tradição. Não importa quem você é como uma Bruxa e qual parte da Arte escolheu explorar e se dedicar, existem passos práticos que você pode tomar para levar as coisas para o próximo nível.

Há um clamor real por trabalho avançado nas comunidades de Bruxaria. Em todo o meu tempo como líder de Coven, como professora e como participante de espaços mágicos, essa pode ser a reclamação que ouço com mais frequência. Com todas as pessoas que foram atraídas pela Bruxaria e com a infinidade de livros disponíveis e crescendo a cada ano, você pensaria que teríamos amadurecido coletivamente como movimento. Pensaria que esses materiais avançados seriam fáceis de encontrar. Espero ter convencido você de que existem, de fato, recursos melhores, mas o ponto ainda permanece: nosso movimento coletivo muitas vezes carece de profundidade e significado. Muitas e muitas pessoas vêm para a Bruxaria, vasculham por alguns anos (muitas vezes muito menos que isso) e depois seguem em frente. Posso citar muitos anciãos e mentores que estiveram ativos por um tempo e depois deixaram, não apenas suas comunidades públicas, mas suas Tradições como um todo.

Existem tantas coisas que podemos controlar como Bruxas Solitárias. O caráter de sua comunidade e os livros disponíveis para venda em sua livraria local podem estar fora de sua influência, mas sua abordagem pessoal à Bruxaria não. E para muitas pessoas, a falta de profundidade em sua feitiçaria se deve à sua abordagem. Muitos de nós esperam que o poder e o significado sejam apenas entregues a nós ou à venda na loja metafísica local.

É popular agora – e tem sido há anos, na verdade – insistir que a Bruxaria é o que você precisa que ela seja. Também é cada vez mais popular insistir que é apenas um ofício, não uma religião, mas um conjunto de habilidades que qualquer um pode aprender e explorar. Aceito essas posições até certo ponto e as reconheço ao longo deste livro.

Mas se tratarmos a Bruxaria apenas como uma ferramenta que podemos pegar e largar à vontade, é de se admirar que ela careça de profundidade e significado? Existem muitas definições da palavra "religião" e muitas maneiras de ser um devoto de qualquer tradição singular, mas muitos de nós descartamos essas coisas inteiramente, porque não queremos traçar paralelos com movimentos religiosos e comunidades que nos feriram. A religião nos faz recuar. Isso pode ser compreensível. Como Bruxas, estamos investidos em nossa soberania, nossa autonomia, nosso poder pessoal. Mesmo aqueles de nós que acreditam em deuses muitas vezes recusam palavras como adoração e serviço. Podemos até evitar comunidades, porque nos preocupamos que outros infrinjam nosso controle sobre nossas próprias práticas.

Mas enquanto sua Bruxaria for apenas sobre você, ou apenas sobre usar magia para manipular o mundo para ser melhor somente para você, ela estará em falta. Eventualmente você atingirá um fundo – um platô inevitável – e poderá concluir que é a própria Arte que é o problema.

Você não precisa chamar sua prática de religião e não precisa adorar deuses, mas quando encontrar pessoas que foram verdadeiramente transformadas pela Bruxaria em um nível profundo, que levaram seu trabalho ainda mais longe, considere como a abordagem deles pode ser diferente da sua. Para a maioria, essa abordagem tem sido de devoção, de sacerdócio, de centrar sua Arte fora de si, talvez a serviço de uma comunidade, de um ideal ou de um poder superior. Cada um pode reabastecer e oferecer o significado e o apoio, que é difícil, se não impossível, de alcançar sozinho.

Ninguém vai entregar significado para você. É fácil se interessar pela Bruxaria e certamente ela está disponível para todos. Mas a decisão de ir mais fundo é sua. Eu espero que você vá.

Embora eu nunca pudesse falar sobre tudo – nenhum livro é completo – espero ter dado a você muito para refletir e experimentar aqui. Na maioria das vezes, dar o próximo passo em sua Arte e elevar as coisas a certo nível tem muito pouco a ver com adquirir conhecimentos difíceis e complicado ou obter admissão em grupos secretos ou escolas e ordens exclusivas (não é uma má estratégia, mas temos que considerar que esta não é uma opção disponível para todos ou mesmo apropriada para todos). Não se trata necessariamente de fazer mais como uma Bruxa. Em vez disso, trata-se de repensar sua abordagem, reavaliar o que você já está fazendo e tentar as coisas novamente com uma nova perspectiva. E – o mais importante – ser corajoso o suficiente para mudar de ideia, brincar, não se encaixar e continuar quando as coisas estiverem difíceis.

Dê a si mesmo tempo para processar esses exercícios e conceitos. Revisite-os em um ano ou mais e veja se alguma coisa mudou para você. Leia autores que discordam de mim ou algum que faça você discorda de si mesmo. Aproveite as oportunidades que surgirem para aprender mais, mas também as crie. Valorize a si mesmo e ao trabalho que você faz e seja honesto sobre seus objetivos e intenções. Não tenha medo de explorar outra Tradição, fazer perguntas difíceis ou ser a pessoa na sala que diz: "Não, eu prefiro fazer de outra maneira".

Tenho a certeza de que, no futuro, vou olhar para trás em algumas das coisas que escrevi aqui e gostaria de tê-las reformulado ou compartilhado algo completamente diferente. A Bruxaria é um assunto enorme, especialmente se estivermos falando de maneira ampla e tentando ir a fundo. A coisa mais surpreendente para mim sobre ser uma Bruxa é que estou sempre mudando, crescendo, aprendendo novas maneiras de fazer as coisas e modificando meu pensamento sobre minha Tradição, meus deuses, minha prática pessoal, minha liderança de Coven e meu ensino. Você também, não tenho dúvidas, não importa como sua Bruxaria esteja neste momento.

A Bruxaria não fica parada. Não petrifica nem estagna. E se você praticar com sinceridade, isso a mudará de todas as maneiras imagináveis.

Bibliografia

Berger, Helen A. *Solitary Pagans: Contemporary Witches, Wiccans, and Others Who Practice Alone*. Columbia: University of South Carolina Press, 2019.

Clarke, J. J. *The Tao of the West: Western Transformations of Taoist Thought*. New York: Routledge, 2000.

Crowley, Aleister. *Magick Without Tears*. Scottsdale, AZ: New Falcon Press, 1991.

———. *Magick: Liber ABA, Book 4*. York Beach, ME: Samuel Weiser, 1997.

———. *The Revival of Magick and Other Essays*. Edited by Hymenaeus Beta and Richard Kaczynski. Scottsdale, AZ: New Falcon Press, 1998.

Cunningham, Scott. *Wicca: A Guide for the Solitary Practitioner*. St. Paul: Llewellyn Publications, 1994.

Dunlosky, John, Katherine A. Rawson, Elizabeth J. Marsh, Mitchell J. Nathan, and Daniel T. Willingham. *Improving Students' Learning with Effective Learning Techniques: Promising Directions from Cognitive and Educational Psychology*. Psychological Science in the Public Interest 14, no. 1 (2013): 4–58. doi:10.1177/1529100612453266.

Eliade, Mircea. *The Sacred and the Profane: The Nature of Religion*. Orlando, FL: Harcourt, 1957.

Fortune, Dion. *The Rationale of Magic*. London Forum 60 (1934): 175–81.

Frost, Robert. *A Witness Tree*. New York: Henry Holt and Company, 1942.

____. *The History of Bricket Wood Coven*. The Bricket Wood Coven. Accessed April 16, 2021. https://www.bricketwoodcoven.co.uk/coven-history.

Leach, Evan A., Helen A. Berger, and Leigh S. Shaffer. *Voices from the Pagan Census: A National Survey of Witches and Neo-Pagans in the United States*. Columbia: University of South Carolina Press, 2003.

Lévi, Éliphas. *Transcendental Magic: Its Doctrine and Ritual*. Translated by Arthur Edward Waite. London: Bracken Books, 1995.

Maslow, Abraham. *Motivation and Personality*. 2nd ed. New York: Harper & Row, 1970.

Murray, Margaret. *The God of the Witches*. New York: Oxford University Press, 1952.

Penczak, Christopher. *The Inner Temple of Witchcraft: Magick, Meditation, and Psychic Development*. St. Paul, MN: Llewellyn Publications, 2002.

Pratchett, Terry. *Wintersmith*. New York: HarperCollins Publishers, 2006.

Regardie, Israel. *The Golden Dawn: The Original Account of the Teachings, Rites, and Ceremonies of the Hermetic Order*. Edited by John Michael Greer. Woodbury, MN: Llewellyn Publications, 2018.

Roach, Marilynne. *The Salem Witch Trials: A Day-by-Day Chronicle of a Community Under Siege*. Lanham, MD: Taylor Trade Publishing, 2004.

Three Initiates. *The Kybalion: Centenary Edition*. New York: Tarcher-Perigee, 2018.

Leitura Adicional

Ao dar os próximos passos em sua prática pessoal de Bruxaria, há livros que podem fornecer uma orientação muito necessária na forma de histórias, conselhos sobre assuntos especializados, estratégias e perspectivas no ensino, além de liderança e contexto adicional para colocar a Bruxaria dentro do cenário mais amplo da religião e da magia como um todo.

Alguns deles são artigos acadêmicos, escritos por estudiosos treinados em história, estudos religiosos e disciplinas vizinhas. Outros são de praticantes – líderes e mentores da Arte, teólogos e pesquisadores. Alguns terão mais apelo para os Bruxos iniciantes ou intermediários, enquanto outros são mais aplicáveis a líderes de grupo.

Eu encorajo você a ler amplamente, aceitar o desafio de livros que podem parecer aparentemente intimidantes e se divertir, esforçando-se com textos fora do gênero Bruxaria.

Albanese, Catherine L. *Nature Religion in America: From the Algonkian Indians to the New Age*. Chicago, IL: University of Chicago Press, 1990.

Um clássico no campo dos estudos religiosos americanos, este é um estudo da "religião da natureza" na história americana. Pagãos e Bruxas são propensos a descrever suas tradições como "religiões da natureza" ou "baseadas na natureza", mas o que isso realmente significa? De onde vêm essas crenças? Elas são exclusivas para nós? Este livro também serve como um útil curso intensivo sobre as histórias de algumas das maiores (e muitas vezes desconhecidas) influências da Bruxaria: o Movimento Novo e o Transcendentalismo.

Boyer, Pascal. Religion Explained: *The Evolutionary Origins of Religious Thought.* New York: Basic Books, 2001.

Por que temos religião? Por que, apesar do avanço da ciência e do suposto desencanto do mundo, a religião persiste? O psicólogo e antropólogo Pascal Boyer propõe explicações evolutivas e demonstra que a religião é, apesar das críticas populares, muito razoável! Este livro é muito útil para Bruxos que desejam entender um pouco mais sobre o pensamento mágico e como ele aparece no nosso dia a dia.

Copenhaver, Brian P. Hermetica: *The Greek Corpus Hermeticum and the Latin Asclepius in a New English Translation with Notes and Introduction.* New York: Cambridge University Press, 1992.

Este livro se refere ao impacto do Hermetismo na Bruxaria, especialmente como foi interpretado pelo Movimento Novo e pela obra popularmente citada (e altamente contestada) *O Caibalion* dos Três Iniciados. Esta não é nem remotamente uma imagem completa! O *Corpus Hermeticum* é um corpo de textos que informam as tradições mágicas ocidentais há séculos. Para as Bruxas que querem mais, Copenhaver nos oferece uma tradução em inglês e uma introdução completa.

Davies, Owen. *America Bewitched: The Story of Witchcraft After Salem.* New York: Oxford University Press, 2013.

A relação da América com as Bruxas é complexa. Nesta história excelente e completa, o estudioso de magia e ocultismo de longa data, Owen Davies, leva-nos a um passeio pela Bruxaria americana desde os julgamentos de Salem. Muitas das histórias mais recomendadas lidam com a Grã-Bretanha, mas os leitores americanos fariam bem em explorar as coisas um pouco mais perto de casa.

Denton, Melinda Lundquist, and Richard Flory. *Back-Pocket God: Religion and Spirituality in the Lives of Emerging Adults.* New York: Oxford University Press, 2020.

Este é para todos nós, velhos, reclamando de jovens Bruxas nas redes sociais. O cenário religioso mudou muito para os jovens nas últimas décadas, principalmente com o advento da internet e do smartphone. Como os jovens de hoje aprendem sobre religião e a incorporam em suas vidas (ou não), e quais são as consequências? Denton e Flory são sociólogos, então este livro está repleto de dados interessantes. Um livro útil para líderes de Covens que trabalham com jovens adultos ou para qualquer pessoa interessada na mudança da cultura da Bruxaria como resultado dos jovens na internet.

Drury, Nevill. *Stealing Fire from Heaven: The Rise of Modern Western Magic.* New York: Oxford University Press, 2011.

Qualquer história da Bruxaria – independentemente da Tradição – seria incompleta sem uma exploração completa do esoterismo europeu como um todo. Nossas histórias estão entrelaçadas com as de organizações como a Ordem Hermética da Golden Dawn, a Ordo Templi Orientis e muitas outras (algumas bastante surpreendentes). Nesta pesquisa acessível, Drury apresenta os leitores a estas ordens, bem como às figuras coloridas e fascinantes que os acompanham. Isso não apenas vai fornecer informações sobre nossas práticas como Bruxas, mas também vai servir como um excelente ponto de partida para as Bruxas que se interessam em buscar o ocultismo de forma mais ampla.

Freedman, Harry. *Kabbalah: Secrecy, Scandal and the Soul.* London: Bloomsbury Continuum, 2019.

A Cabala sustenta uma série de Tradições dentro do esoterismo ocidental, incluindo a Wicca e alguns outros tipos de Bruxaria. Pode ser intimidante aprendê-la, no entanto, e, além disso, é assunto de crescente controvérsia nas comunidades mágicas. Freedman é um estudioso do judaísmo e tem doutorado em aramaico. Aqui, ele fornece aos leitores uma fascinante história da Cabala, incluindo sua apropriação por ocultistas. Uma excelente base para estudos posteriores e sem necessidade de formação acadêmica.

Fuller, Robert C. *Spiritual but Not Religious: Understanding Unchurched America*. New York: Oxford University Press, 2001.

Embora este seja um título mais antigo para os padrões acadêmicos, as tendências que Fuller detalha me parecem apenas mais aparentes. As pessoas "espiritualistas" estão necessariamente dispostas a algo distinto das pessoas "religiosas"? Por que alguém pode escolher um termo em detrimento do outro e como essa tendência se desenvolveu? Fuller observa os padrões e tendências dos americanos (embora eu ache que os europeus também acharão esses argumentos aplicáveis) que vivem fora da religião organizada. Este é um livro útil para entender muitas das tendências da Bruxaria e outras comunidades mágicas. Nossos movimentos não existem no vazio e, quando nos afastamos, podemos estar um pouco menos fora do convencional do que pensamos.

Hooks, Bell. *Teaching to Transgress: Education as the Practice of Freedom*. New York: Routledge, 1994.

Se você quer ser um melhor mentor de Bruxaria, não pode apenas estudar feitiçaria. Você deve estudar o ensino. bell hooks (e, não, a falta de letras maiúsculas não é um erro tipográfico!) oferece aos leitores uma análise absolutamente inestimável de como nossas salas de aula são impactadas por fronteiras – de raça, classe, gênero – que muitas vezes são invisíveis para pessoas em posições de poder e privilégio. Como podemos construir espaços educativos que atendam a todos os alunos? Você pode não trabalhar em uma sala de aula, mas esses problemas também existem em nossos Covens, Bosques e Círculos. Poucos livros tiveram tanto impacto em minha própria filosofia quanto um líder de Coven.

Knight, Shauna Aura, and Taylor Ellwood, eds. *Pagan Leadership Anthology: An Exploration of Leadership and Community in Paganism and Polytheism*. Stafford, UK: Megalithica Books, 2016.

Este livro promete ser particularmente útil para líderes de grupos e organizadores de eventos. Cobrindo tudo, desde construir e manter bons limites pessoais, lidar com problemas de comunicação e responder à comunidade. Esta coleção de ensaios de vários líderes experientes em uma variedade de tradições é indispensável, esteja você administrando um Coven ou sonhando em organizar um evento do Orgulho Pagão.

Lévi, Éliphas. *The Doctrine and Ritual of High Magic: A New Translation*.43 Translated by John Michael Greer and Mark Anthony Mikituk. New York: TarcherPerigee, 2017.

Este trabalho é um tesouro de conhecimentos sobre as origens de grande parte da filosofia das Bruxas, liturgia e alguns de nossos aforismos de maior circulação. Esta é uma leitura especialmente importante para as Bruxas Wiccanas, pois é um ancestral direto dessas Tradições. A tradução de Greer e Mikituk é clara e legível, e a introdução e as notas de rodapé de Greer são úteis para contextualizá-la.

MacMorgan, Kaatryn. *Wicca 333: Advanced Topics in Wiccan Belief*. Lincoln, NE: iUniverse, 2003.

Se você está procurando um livro que esteja absolutamente além dos títulos da básica Wicca, é isso. Escrevendo de uma perspectiva eclética, MacMorgan pede aos leitores que considerem a teologia, a história e a prática mágica da Wicca com um grau de seriedade raramente encontrado em livros sobre Bruxaria de qualquer tipo. Não estamos de acordo sobre todas as questões – e esse não é o ponto, é claro –, mas este livro foi um divisor de águas para mim como uma jovem Bruxa e é um dos quais muitas vezes uso no ensino hoje.

Mankey, Jason. *Transformative Witchcraft: The Greater Mysteries*. Woodbury, MN: Llewellyn Publications, 2019.

Mankey discute alguns dos ritos e rituais mais misteriosos da Bruxaria Moderna, incluindo Puxar a Lua para Baixo, o Grande Rito, Elevar o Cone de Poder e Iniciação. Em outros livros, estes são frequentemente descritos apenas de passagem, ou não, deixando o leitor imaginando como realmente explorá-los e trabalhá-los de forma eficaz. Com sua marca registrada de bom humor e pesquisa minuciosa característica, o livro de Mankey é indispensável para Bruxas de todos os tipos e é absolutamente obrigatório para Bruxas Wiccanas.

---

43. No Brasil, *Dogma e Ritual da Alta Magia*. Nova Edição. Editora Pensamento. (N. T.)

McGuire, Meredith B. *Lived Religion: Faith and Practice in Everyday Life*. New York: Oxford University Press, 2008.

Costumamos falar sobre religião como se fosse um monólito, mas a verdade é que há uma variedade impossível de conhecer de como as pessoas a praticam. Além disso, muito dessa variedade ocorre entre como as religiões existem dentro de suas estruturas e doutrinas formais versus como as pessoas realmente as vivenciam no terreno. Leia este livro para expandir sua compreensão do que é religião e como ela pode funcionar.

O'Brien, Lora. *A Practical Guide to Pagan Priesthood: Community Leadership and Vocation*. Woodbury, MN: Llewellyn Publications, 2019.

Como nossas Tradições são descentralizadas e tendem a desafiar estruturas típicas de outras religiões, os líderes Pagãos tendem a ser autodidatas, autodirigidos e carentes de muito apoio, o que torna essa vocação tão difícil. Neste livro, O'Brien adota uma abordagem ampla e completa para fornecer esse suporte. O que significa ser um Sacerdote? Como alguém serve aos outros, e por quê? Como negociar relacionamentos com divindades, lidar com dinâmicas de grupo complicadas, manter limites pessoais e se envolver em divulgação? O'Brien habilmente aborda isso e muito mais. Se você se identifica ou não como Pagão ou como membro de um sacerdócio, esta é uma leitura obrigatória para Bruxas em posições de liderança.

Rauls, Venecia. *The Second Circle: Tools for the Advancing Pagan*. New York: Citadel Press, 2004.

Não há muitos livros por aí especificamente para Pagãos que buscam maestria, muito além do estágio de iniciante, mas que precisam de orientação sobre para onde ir em seguida. Este é um deles! Bruxas que foram treinadas em Covens formais podem já ter essas ideias e técnicas em seu arsenal, mas para aqueles que confiam em livros ou mídias sociais, este é um recurso que vale a pena.

Sylvan, Dianne. *The Circle Within: Creating a Wiccan Spiritual Tradition*. St. Paul, MN: Llewellyn, 2003.

Este tem sido um título apreciado por praticantes que procuram algo mais em sua experiência de Wicca. Sylvan orienta os leitores na criação de um relacionamento mais profundo, mais significativo e altamente pessoal com os deuses da Wicca e suas principais Tradições e crenças. Este pequeno livro certamente vai agradar aos Wiccanos em todos os níveis, mas também pode fornecer algumas dicas sobre a prática diária para outros tipos de Bruxas.

Williams, Brandy. *For the Love of the Gods: The History and Modern Practice of Theurgy*. Woodbury, MN: Llewellyn Publications, 2016.

Como alguém realmente trabalha com deuses? Williams responde a esta pergunta, tanto da perspectiva do Paganismo histórico – do Egito, da Grécia e além – quanto dos professores e estudiosos Pagãos contemporâneos de hoje. Um trabalho amplo e desafiador, este livro é apropriado para Bruxas politeístas que estão interessadas em aprofundar seus próprios relacionamentos com seus deuses (ou traçar novos caminhos).

Wulf, Andrea. *The Invention of Nature: Alexander von Humboldt's New World*. New York: Vintage Books, 2015.

Não cometa o erro de pensar que esta é uma mera biografia! Por mais fascinante que seja o naturalista alemão Alexander von Humboldt, este livro fez parte da lista de leitura sugerida, porque é um relato valioso de como nossa compreensão moderna da "natureza" veio a ser, bem como como isso evoluiu para o movimento ambientalista. Como Bruxas, às vezes assumimos que nossos valores centrais são antigos e essenciais, mas a natureza, na verdade, é bastante moderna.

Conheça também...

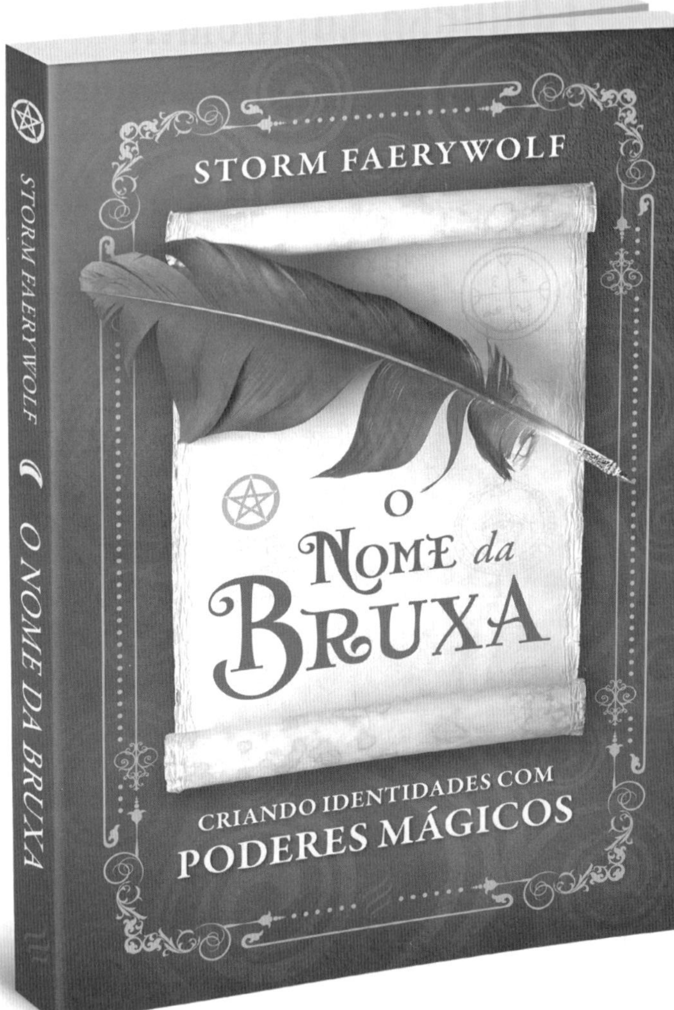
STORM FAERYWOLF
O
NOME da
BRUXA
CRIANDO IDENTIDADES COM
PODERES MÁGICOS
STORM FAERYWOLF
O NOME DA BRUXA